청년을
위한
정치는
없다

청년을 위한 정치는 없다

라종일
현종희
라경수
이나미
이상호
이현출
허태회
황인수

청년
정치의
오늘을
말하다

루아크

문재인 정부의 임기가 끝나가는 시기 우리 현대 정치사에서 빠질 수 없는 주제인 세대 간 문제가 다시 대두되었습니다. 이 주제는 우리에게만 있는 문제는 아닙니다. 그러나 근대 세계에 뒤늦게 진입하고 여러 면에 걸쳐 외부의 강한 영향을 받았으며, 한편으로는 급격한 경제 발전을 경험한 우리에게는 특별히 어려운 문제가 아니었나 생각합니다.

해외에 있을 때 친한 사람들 모임에서 얼핏 살벌한 '살부사회 殺父社會, Patricide Society'라는 주제로 집필을 계획한 일이 있습니다. 그 때 화두 하나가 엉뚱하게 서정주 시인의 시 〈자화상〉의 한 구절이었습니다.

애비는 종이었다. 밤이 깊어도 오지 않았다. … 스물 세 해 동안 나를 키운 건 팔할이 바람이다.

밤이 깊어도 돌아오지 않았던 '애비', 밖에서 불어오는 바람을 맞으며 자란 '우리'에게 세대갈등은 어쩌면 반드시 해결하고 넘어가야 할 쉽지 않은 과제인지도 모릅니다. 한때 마음을 기울였던 '살부사회' 집필은 노트에만 끄적였을 뿐 다른 일에 밀려 손도 대지 못하고 있었는데, 어느 날 평소 가깝게 지내던 분들과 살부사회에 관해 이야기할 기회가 생겼습니다. 젊은층의 어려움과 그 대안에 관한 이야기까지 포함해 말입니다. 자연스럽게 논의는 기성세대와 새로운 세대 사이에서 일어나는 문제가 무엇인지 진지하게 살펴보자는 데까지 나아갔습니다. '한국의 젊은 정치인과 기성 정치인'으로 논점을 조금 좁혀서 말입니다. 새로운 세대, 곧 청년 정치세력의 등장과 이를 가로막는 기성 정치 구조의 면면들을 적나라하게 다뤄보고자 했습니다. 이를테면, '한국에서는 왜 40대 대통령, 젊은 정치인이 나오지 않는 걸까?' 정도가 문제 제기의 큰 줄기가 될 수 있겠습니다.

이 기획에는 전공과 관심 분야가 다른 여러 분이 참여했습니다. 우리는 매번 격주로 화상회의를 통해 의견을 주고받으며 작업을 진척시켰습니다. 한 가지 기본 합의는 가능하면 많은 사람이 쉽게 읽을 수 있도록 글을 쓰자는 것이었습니다. 수개월의 노력이 모여 책으로 나오게 되었지만 늘 그렇듯 아쉬운 마음이 함께 있습니다.

작업에 참여한 분들의 노고에 위로의 말씀을 드리며, 아울러 연구 공간을 지원해주신 가천대학교 이길여 총장님과 관계자 분들,

청년을 위한 정치는 없다

책을 펴내준 출판사 그리고 이 글을 읽어주실 독자 여러분께 감사의
말씀 드립니다.

2022년 1월

가천대 연구실에서

라종일

차례

1장

새로운
세대에게서
새로운
것을

라종일

1940년 서울에서 태어났다. 서울대학교 정치학과와 동대학원에서 정치학 학사와 석사학위를, 영국 케임브리지대학 트리니티 칼리지에서 정치학 박사학위를 취득했다. 1972년 경희대학교 정치외교학과 교수로 부임했으며, 미국의 스탠퍼드대학, 미시간대학, 남가주대학, 프랑스의 소르본대학, 그리스의 아테네대학 등에서 연구교수와 교환교수를 그리고 영국 케임브리지대학에서 펠로우를 역임했다. 1995년 현실 정치에 참여하며 대통령직인수위원회 행정실장, 국가정보원 해외 담당 차장, 대통령비서실 국가안보보좌관, 국가안전보장회의 상임위원장, 주영 대사 및 주일 대사로 일했으며 우석대학교 총장을 맡기도 했다. 지금은 가천대학교 석좌교수로 재직 중이다.

지은 책으로는 《한국의 발견》《한국의 불행한 대통령들》《세계와 한국전쟁》《장성택의 길》《가장 사소한 구원》《아웅산 테러리스트 강민철》《세계의 발견》《현대서구정치론》《끝나지 않은 전쟁》《끝나지 않는 의문》《사람과 정치》《라종일의 정치 이야기》들이 있다.

— 정치인이란 어떤 사람일까?

2021년 4월, 서울과 부산 두 도시에서 동시에 시장 보궐선거를 앞두던 때였습니다. 새삼 다음 '대권'의 유력한 후보자군에 관한 평들이 나오고 있었습니다. 그중 흔하게 듣는 의견 하나가 "정치도 전문직"이라는 말이었습니다. 이 말은 주로 기성 정치권 밖에서 유력한 다크호스 후보가 등장할 때에 나왔습니다. 그렇습니다. 당연히 정치도 전문성을 요하는 직업입니다. 그러나 우리는 아직도 우리가 사는 세상을 잘 돌봐줄 전문 정치인을 어디에서 찾아야 하는지 모르는 것 같습니다. 물론 이름이 알려진 기성 정치인들이 정치 전문가일 수도 있습니다. 이분들은 나름 자신이 경험한 것에 따라 정계의 내부 사정이나 처신 방법에 관해 많이 알고 있습니다. 하지만 바람직한 의미의 정치를 생각할 때 누구든 단순히, 그것도 일정한 시기에 일정한 환경에서 정계에 오래 몸담았다 해서 정치 전문가일 수는 없지 않겠습니까.

여기에서 '정치인' 혹은 '정치 전문가'라는 말을 두 가지 다른 뜻으로 사용할 수 있겠습니다. 곧 정치 전문가란 경우에 따라 다른 의미로 쓰일 수 있다는 말입니다. 하나는 어떤 정치인이 자신의 지위와 권력을 오래 유지 또는 확장하면서 계속 좋은 자리를 차지하는 데에 능하다는 혹은 그런 것에 관해 잘 알고 있다는 뜻이고요. 다른 하나는 우리가 정치인의 본분이라고 생각하는 사회 통합을 구현할 수 있는 혹은 서로 다른 생각과 이해관계를 가지고 있는 사람들을 넓은 의미에서 공동의 목표를 위해 함께 노력하도록 이끌 수 있는 능력을 갖춘 사람이라는 뜻입니다. 이 기본 요건에 한 가지 더 바란다면 끝없이 변화하는 세상의 추이를 빠르게 파악하고 앞날을 조망하면서 닥쳐오는 큰 흐름에 대비하는, 때로는 이 변화를 이끄는 역할까지 하는 사람입니다. 이 두 유형의 정치인 혹은 정치 전문가가 반드시 상충되는 것은 아닙니다. 정치가 이상주의나 도덕의 영역만은 아니니까요. 때로 정치인은 올바른 지도력을 발휘하기 위해 자신의 지위와 영향력을 확보해야 할 때도 있습니다. 좋은 정치인이라면 이렇게 확보한 지위와 영향력을 단지 그것을 지키고 확대하는 데 쓰지 않으며, 자기 이해관계가 걸린 집단만이 아니라 모든 사람의 안전과 복지를 위해 써야 한다고 알고 그것을 실천하겠지요. 조금 더 욕심을 부리자면 좋은 정치인은 자신의 신념이나 비전과 현실 사이

청년을 위한 정치는 없다

간격 앞에서 그리고 자기 생각이나 이해관계와 입장을 달리하는 사람에게도 마음을 기울이고 적절히 배려할 수 있는 사람이겠습니다. 좋은 정치인이란 적어도 자신에게 맡겨진 지위와 영향력을 자신의 영광과 이득을 위해 사용해서는 안 된다는 것을, 주어진 권력을 행사하는 데에서도 사실을 왜곡·은폐하거나 강제해서는 안 된다는 것을 깊이 깨닫고 행동으로 옮기는 사람일 것입니다.

— 정치인은 어떤 사람이 되는 걸까?

이제 현실에서 우리가 정치인이나 정치 전문가라는 말을 할 때 어떤 사람을 뜻하는가 정리할 필요가 있겠습니다. 우리가 정치인이라 부르는 사람은 대략 국회의원이나 보좌진 등 공직에 있는 분들 외에 정당활동에 참여하고 있는 정당인은 물론 정치에 관심을 가지고 나름 정치적 활동을 하는 모든 사람을 포함합니다. 그런데 정치 전문가란 어떻게 탄생하는 걸까요? 우리는 어디에서 우리가 바라는 정치 전문가를 찾을 수 있겠습니까? 제가 정치학을 전공하던 대학교 2학년, 4·19 직후의 어느 날이라고 기억합니다. 그때에도 "국부"라는 칭호를 누리던 초대 대통령이 국민의 저항에 직면해 하야한 뒤 임시로 국정을 이끄는 정부가 있었습니다. 세상은 혼란스러웠지만 반면 더 나은 앞날에 대한 희망도 컸습니다. 그날 우연히 상과대학에 다니던 친구와 최문환 교수님 댁을 방문했습니다. 최 교수님은 이후 4·19를 "옆으로부터의 혁명Revolution von Seiten"이라는 말로 정리한 저술을 내기도 했지요. 교수님 말씀 중 아직도 기억 나는 두 가지가 있습니다. 하나는 정치란 결국 경제의 문제라는 것이었고, 다른 하나는 정치인 자격시험을 치르게 해 합격한 사람만 정치활동을 할 수 있게 해야 한다는 것이었습니다. 교수님은 "경제가 성장하면 정치는 저절로 잘 되게 되어 있다. 구태여 정치에 마음 쓸 필요가 없는데 우리나라는 온통 정치에만 정신이 팔려 있다. 그리고 아무런 자질도 없는 사람들이 정치를 한다고 나서고 있으니 정치인 자격시험으로 자격 없는 사람들을 걸러내야 한다"고 말씀하셨습니다. 천방지축이던 저는 주제넘게 강하게 반발했습니다. 교수님은 껄껄 웃으면서 "그러면 내가 한 말을 취소할게"라고 하셨지만, 아마 새파란 젊은이의 당돌한 태도를 관대하게 받아주신 것이라고 생각합니다.

그런데 최근 60년 전 그때와 같은 이야기를 들었습니다. 그분은 정치인들은 왜 아무런 자격증도 없이 "상식과 논리의 부재를 드러내면서 호통칠 수 있는 능력의 소유자들로 체화되어 있는가" 하고 물었습니다. 정치인이 되기 전에는 일정한 전문인으로서 '자격증'을 갖고 있던 사람들이 정치인이 되고 나면 전문인으로서 소양마저 잃고 여러 부작용과 함께 '아시타비我是他非'의 경지로 변모한다면서 말입니다. 곧 국가가 인증하는 '정치사' 자격증을 두어 이를 취득한 사람만 정치인으로 활동하게 해야 한다는 주장이었습니다.[1] 이런 비판과는 관점이 약간 다르지만 야당 대표에 도전해 당선한 30대 정치인도 9급 공무원을 준비하며 2년 이상 공부하는 청년의 노력을 예로 들면서 공직에 출마하는 후보자가 "기초 자격시험 정도의 준비"는 해야 한다고도 말한 적이 있습니다.[2] 작고하신 최문환 교수님이나 이와 비슷한 이야기를 건넨 분들이 얼마나 진지하게 발언했는지

청년을 위한 정치는 없다

는 알 수 없지만, 어쩌면 정치 현실, 특히 '정치인'에 대한 불만이나 비판적 시각이 이런 의견으로 표출되었는지도 모릅니다. 저는 정치인에 대한 불만이 나오는 것은 자연스러운 일이라고 생각합니다. 그 반대의 경우, 곧 정치인 또는 권력자에 대한 무한한 신뢰와 충성을 다짐하는 것보다는 좋은 일이지요.

그런데 이분들이 비현실적 이야기를 한 것은 아닙니다. 현실에서 일어난 적이 있는 일입니다. 군사혁명 직후 '정치정화법' 같은 것이 대표적입니다. 현재 일당독재를 하는 사회주의 국가는 정치에 참여하는 데에 일종의 자격을 요구합니다. 국가권력을 독점한 사람들이 이를 심사해서 자격을 부여하는 셈이지요. 정치인 자격시험에 대해서는 이미 많은 분이 비판이나 반대의견을 냈습니다.[3] 문제의식 자체가 첨예하게 충돌 내지 갈등을 빚는 정치의 영역에서 시험으로 자격을 심사하는 게 가능할까요? 정치의 전문성은 다른 전문 분야와 달리 관련된 지식을 전달·전수받는 것으로, 또는 독서 같은 것으로 갖출 수 있는 게 아닙니다. 사람에 관한 독특한 분야에 걸쳐 있는 문제니까요. 다시 말해 정치 현상에 관한 전문 지식을 가르치는 것만으로는 훌륭한 정치인을 양성할 수 없습니다. 한때 정치학과는 인기가 높아서 들어가기 어려운 시절이 있었습니다. 아직도 대부분의 큰 대학에 정치학과가 있지요. 많은 인재가 이른바 해외 선진국에까지 가서 귀중한 시간과 자원을 바쳐 정치에 관해 공부했지만 딱히 훌륭한 정치인이 나온 일은 없었습니다. 저의 세대는 좋은 정치를 할 수 있는 비방을 가르치고 배우는 곳이라는 생각으로 정치학과를 지망한 경우가 많았습니다. 이것이 큰 오해라는 것을 깨닫기까지는 그리

오랜 시간이 걸리지 않았지요. 당연히 '정치학'에 관한 열정(?)도 많이 시들었다고 생각합니다.[4]

실은 소크라테스Socrates가 사람 사회에 관해 제기한 첫 질문 중 하나도 바로 이 문제였습니다. '사람 사회에는 모든 분야에 전문가가 있다. 각기 전문 분야에 따라 의사, 법률가, 건축가, 목수가 된다. 그런데 정작 가장 중요한 도시(국가)의 운영에 관해서는 어째서 전문가가 없는가?' 소크라테스는 마침 당대 제1의 현자로 알려진 프로타고라스Protagoras가 아테네에 머물고 있다는 것을 알고 그를 찾아가 이 문제에 관해 묻습니다. 프로타고라스는 신화에 비유하면서 답하지요. '애초에 신Zeus이 사람들에게 이 세상에서 맹수에게 희생이 되지 않고 살아갈 수 있도록 정치의 기술, 곧 함께 사는 기술을 주었다. 사람들은 함께 모여 사는 기술을 통해 신체의 안전을 보장할 뿐 아니라, 먹고사는 문제나 생활 편의를 도모하는 수단을 보장하게 되었다. 나아가서는 정신적인 혹은 정서적인 영역을 포함해 점점 더 나은 생활, 곧 문명을 이루게 되었다. 말하자면 모여 살면서 흩어지지 않고 함께 살 수 있는 기술, 다시 말해, 정치의 기술을 기반으로 사람들이 다른 동물과 근본적으로 구별되는 높은 수준의 생활을 영위하게 된 것이다. 그런데 이 정치의 기술을 어떤 특정 사람에게만 주지 않고 모두에게 공평하게 주었다. 그렇기에 정치에는 전문가가 따로 있을 수 없다'고 말입니다.

정치 영역에는 특별히 가르치거나 대를 물려 전수해서 성공을 보장할 수 있는 지식 혹은 기술이 없다는 의미입니다. 그 시대에는 의사나 목수가 자기의 전문 기술을 자녀에게 전수해 대를 잇게

청년을 위한 정치는 없다

하는 일이 흔했을 것입니다. 그러나 정치에서만은 아무리 훌륭한 정치인도 그 자손에게 정치 기술을 가르쳐줄 수 없었습니다. 만약 그렇게 할 수 있었다면 훌륭한 정치인, 예를 들어 아테네의 유명한 정치인 페리클레스Pericles의 자손도 훌륭한 정치인이 되었겠지요. 소크라테스는 좋은 가르침을 받았다며 감사해 합니다. 신화에 비유해 설명했지만 프로타고라스는 정치와 정치인에 관해 매우 뜻깊은 시사를 한 것입니다.[5] 바른 정치의 길은 결국 끊임없이 이어지는 대화인 것이죠.[6]

이런 생각이 고대 그리스 민주정치의 기반이 된 것이 아닐까 합니다. 곧 정치에는 타고난 전문가가 없을뿐더러 전문가가 되기 위해 높은 지적 수준이나 교육이 필요한 것도 아닙니다. 시민의 요건을 갖추면 누구나 정치 전문가가 될 수 있는 것입니다. 만약 정치 영역에도 의사나 법률가 같은 '전문가'가 존재해야 한다면 민주정치는 근본적으로 불가능할 것입니다. 모두가 그 '전문가'의 의견을 따라야 하기 때문이지요. 역사상 실제 정치에서 일정한 역할을 하고 이름을 남긴 분들을 보면 모두 가지각색이어서 정치적 역할을 하기에 어떤 자질이나 성격이 필요한 것은 아닌 듯합니다.

그러면, 어떤 사람이 정치인이 되는 걸까요? 첫째, 정치인은 자기가 속한 공동체의 문제에 관심을 갖고 여러 사람과 함께 대처하려는 사람입니다. 사람들은 흔히 자기와 직접 관련되어 있지 않으면 공동의 문제에 개입하기를 꺼립니다. 그러나 자기 시간과 노력을 바쳐 공동의 문제를 해결하기 위해 나서는 사람들이 있습니다. 이것이 정치인으로서 첫 발걸음입니다.

둘째, 어떤 특정 문제를 다루는 데에 전문 지식이 필요할 수 있습니다. 그러나 정치인은 그런 의미의 전문가가 아닙니다. 단지 올바른 전문가를 알아보고 이들을 활용할 수 있는 사람이지요. 좋은 예가 중국의 한고조漢高祖 같은 사람입니다. 이 사람은 특정 분야의 전문가는 아니었지만 필요한 분야의 전문 인력을 잘 알아보고 활용했습니다.

셋째, 정치인은 도덕가나 종교인, 시민운동가와 달라야 합니다. 도덕가나 종교인들은 각기 자기 믿음에 따라 이상을 강조하고 이를 실현하려는 사람들입니다. 시민운동가는 자기가 추구하는 특정 문제를 중심으로 활동하고요. 이런 분들이 정계에 진출하는 일도 있습니다. 간혹 제한적인 성과가 나오기도 하지요. 그러나 이런 일은 예외적으로 매우 한정된 분야에 국한되어야 합니다. 근래에 시민운동 출신들이 대거 공직에 진출했지만 결과가 기대에 미치지 못했을 뿐 아니라 오히려 이런 일이 앞으로 반복되어서는 안 된다는 자성을 낳았다고 생각합니다.[7] 정치인은 이런 분들과는 다릅니다. 자기가 추구하는 이상이나 정책 혹은 이념이 있겠지만 이것을 절대적인 것으로 생각하지 않습니다. 자기 이상 혹은 이념을 완벽하게 실현하는 것이 최상의 목표이고 그를 위해 노력하겠지만 때로는 현실에서 차선 혹은 다른 대안보다 덜 나쁜 방안도 받아들일 준비가 되어 있어야 합니다. 동방정책을 추진하고 과거에 자국이 저지른 전쟁 범죄에 대해 유보 없는 사죄를 한 것으로 유명한 서독의 총리 빌리 브란트 Willy Brandt는 정치의 요체에 관해 "잔혹한 현실에서 올바른 추론을 도출하는 것"이라고 말한 적이 있습니다. 이상적 관점에서 현실은

청년을 위한 정치는 없다

늘 잔혹할 수밖에 없습니다. 정치인은 이런 현실에서 올바른 추론을 이끌어내야 합니다.

넷째, 정치인은 결국 생각과 이해관계가 다른 사람이 함께 살 수 있도록, 그리고 가능하면 이런 사람들이 공동의 목표를 위해 함께 진력하도록 도와야 합니다. 물론 그것만으로 충분하지 않습니다. 공동체 구성원 각자가 자기 인생을 설계할 때 최대한 넓은 선택지를 갖고 자기 실현을 추구할 수 있도록 배려해야 합니다.[8]

다섯째, 정치인은 다른 어떤 직업인과도 달라야 합니다. 곧 권력을 추구해야 합니다. 자기가 추구하는 비전과 목표를 실현하기 위해서는 권력이 필요하기 때문입니다. 이 권력을 추구하는 과정에서 그리고 그것을 지키고 더 확장시키는 과정에서 매우 힘든 경쟁을 거쳐야 합니다. 때로는 잔혹하기도 한 노력이 필요하지요. 그러나 이 과정은 투쟁이 아니라 경쟁이 되어야 합니다. 말하자면 어떤 식으로든 권력만 장악하고 그것을 지키면 되는 게 아니라 일정한 규칙과 과정에 따라야 합니다. 또 권력을 얻게 되더라도 시합이 끝난 게 아닙니다. 경쟁 상대는 그대로 남아 있으니까요. 권력을 위한 경쟁과 마찬가지로 집권 후에도 상대와 함께 참여자가 되어야 하며 동시에 심판과 관중을 겸한 국민을 의식해야 합니다. 국민은 집권한 정치인에게 높은 수준의 도덕성을 요구합니다. 경쟁 상대도 국민과 함께 집권한 정치인이 약속한 것을 현실에서 이행하는지 지켜보고 비판할 준비가 되어 있어야 하고요. 국민은 실제로 보고 느낄 수 있는 실적을 '지금 그리고 여기에서hic et nunc' 확인하고자 합니다.

정치인의 공적 활동이나 실적 외에 사생활도 사람들의 관심

대상이 되어 대부분 공개될 수밖에 없습니다. 그러니 적어도 우리가 옳다고 생각하는 정치 질서에서 성공한 정치인이 되는 것은 매우 어려운 일입니다.

— 만들어지는 정치인

정치인의 자질은 어떻게 키울 수 있을까요? 이 주제에 관해 이야기하기 전에 먼저 생각해봐야 하는 문제가 있습니다. 적어도 오늘날 민주정치를 하는 나라의 정치인들은 존경받는 사람들이 아닙니다. 정치인들은 공적 명분 뒤에 숨어 사리사욕을 추구하거나 부패한 사람들로, 곧 겉모습과 실상이 모순되는 이중적인 사람들로 흔히 묘사됩니다. 새삼스러운 일도 아닙니다. 정치인에 대한 부정적 묘사는 문학작품이나 영화에서 즐겨 나오는 주제이지요.

오늘날 정치는 좋은 직업이 아닙니다. 정치는 어려운 도전임에도 현실적 보상은 무척 작지요. 한때 한국 정치에서 큰 역할을 한 김종필 씨도 "정치란 허업"이라는 말을 자주 했습니다. 말하자면 매우 희생적인 노력이 필요하지만 세속적인 의미에서 실속은 없다는 말이지 않았나 생각합니다.

직업으로서 정치인만이 아니라 정치 자체 그리고 중요한 민주적 제도들에 비판적이거나 냉소적인 풍조도 많습니다. 이런 비판이나 공격이 반드시 부정적인 것만은 아닙니다. 당연한 것일 수도, 긍정적인 것일 수도 있습니다. 민주주의의 가장 큰 덕목 하나가 현실에 대한 끊임없는 비판과 성찰이지 자화자찬이나 자족이 아니

청년을 위한 정치는 없다

기 때문입니다. 비판은 기존 질서의 약점을 보완하고 새로운 차원으로 발전을 도모하는 계기가 됩니다. 반대의 경우를 생각해보면 우리가 운영하는 허점투성이 자유민주주의에 더 긍정적 자세가 가능하지 않을까요? 권력을 가진 사람들에 대한 존경이나 스스로 자기 현실을 지상 낙원처럼 여기는 것은 오히려 이상적인 질서와는 반대라는 증거이고, 위선적이고 인간으로서 품위를 지키지도 못하는 경우입니다. 비판적 지식인은 선거제도를 낮게 평가하면서 현실에 영향이 없는 것으로 바라보기도 합니다. 그러나 실제로 선거는 현실에서 매우 중요한 역할을 하지요. 노벨 경제학상 수상자인 아마르티아 센 Amartya Sen은 "민주국가에는 기근이 없다"라는 말을 한 일이 있습니다. 대규모 기근은 권력자를 선출할 미약한 권리조차 국민에게 없는 나라에서 일어납니다.

한편으로 우리는 현실 정치의 난맥을 비판만 할 것이 아니라 일말의 책임이라도 느끼는 자세를 가져야 합니다. '나라의 흥망에 일반 사람들의 책임도 있다天下興亡匹夫有責'는 말이 있습니다. 얼핏 오해를 살 수 있는 말이지만 생각해보면 그리 나쁜 말만은 아닙니다. 이것은 언론의 자유, 국민의 선거권과 피선거권이 있는 나라에서 특히 그렇습니다. 정치인과 시민이 별개의 세상에 존재하는 게 아닌데다 정치인을 공직으로 선출하거나 혹은 퇴출하는 일에 시민이 참여하기 때문입니다. 또 우리는 사회의 일반적 수준보다 더 높은 도덕적 자세를 정치인에게 요구하는데, 기대를 너무 높이는 것은 공평한 일이 아닐 수 있습니다. 결국 정치인도 일반인과 같은 사회, 같은 문화, 같은 도덕적 상황의 소산 아니겠습니까? 이렇게 정리하면 어떻겠습니까? 정치인이란 만들어진 기성품이나 자격증을 가진 사람이 아니라 항상 형성 과정에 있는 사람이라고.

— 정치인의 탄생과 역할

이제 정치 전문가 혹은 정치인의 탄생과 역할에 관해 살펴보겠습니다. 정치인은 정치에 관심을 가지고 참여하거나 정치적 활동을 함으로써 탄생합니다. 일정한 모습으로 지속적인 형성 과정을 거치겠지요. 앞에서 정치인은 선천적 자질이나 가정적 배경을 가지고 태어나는 것도 아니고, 후천적 교육을 통해 정치 전문가가 되는 것도 아니라고 이야기했습니다. 정치인은 정치활동에 참여하면서 전문가가 되는 것이지요. 혹 이 과정에서 다른 사람의 도움을 받을 수도 있지만 자기 관심과 경험을 반추하면서 성장하는 것은 전적으로 자기 몫입니다.[9] 다시 말해 정치인은 정치적 활동을 통해 탄생하고, 역시 같은 과정을 거치며 자라는 것입니다. 이런 '탄생'은 가능하다면 인생의 이른 시기에 이뤄지는 것이 바람직합니다. 물론 여기에 어떤 법칙이 있는 것은 아닙니다. 수많은 '예외'가 있을 수 있습니다. 그러나 습관이 인생 초반에 형성되듯 이른 시기의 경험이 정치인으로 자라는 데에 영향을 오래 그리고 강하게 남기지 않겠습니까?[10]

앞에서 정치가 인기 있는 직업이 아니라고 말했지요. 정치에 무관심하거나 혐오감이 많이 표출되는 게 사실입니다. 그럼에도 정치에 대한 관심이 사라지거나 정치 지망생이 없어서 충원에 어려움이 있는 상황은 아닙니다. 오히려 그 반대가 아닌가 합니다. 왜 그럴

청년을 위한 정치는 없다

까요? 첫째는 속된 혹은 현실적 관심 때문일 수 있습니다. 정치 참여를 통해 공직에 나아가면 이득이 있습니다. 직업적 능력이 없는 사람도 속된 말로 '한 가닥' 역할을 하며 타인에게 존경까지 받는 혹은 받는다는 착각을 누리는 경우가 있지요. 권력의 유혹도 큽니다. 헨리 키신저의Henry Kissinger의 말대로 "권력이 최고의 최음제催淫劑, aphrodisiac"인지도 모릅니다. 그러나 근본적으로 사람에게는 공동체의 공적 일에 참여해 자기 공적을 남기고 싶은 욕망이 있습니다.[11] 속된 동기이건 고상한 이상이건 정치에 참여해 개인적으로 보람을 느끼거나 세인 혹은 역사의 평가를 받으려는 바람이 있는 것이지요. 고대 희랍 속담에 "공직이야말로 사람다운 (남자다운) 자격을 보여준다"는 말이 있습니다. 조금 과장되지만 더 멋진 표현도 있습니다. 《고문진보古文眞寶》에 나오는 소식蘇軾의 글입니다.

匹夫而爲百世師(필부이위백세사)
보통 사람으로서 백 세의 스승이 되기도 하고,
一言而爲天下法(일언이위천하법)
한 마디 말이 천하의 법도가 되기도 함은
是皆有以參天地之化(시개유이참천지지화)
이는 모두 천지의 조화에 참여하는 것도 있고,
關盛衰之運(관성쇠지운)
성하고 쇠하는 운수에 관계되는 것이 있어서[12]

중국 고전답게 과장된 수사지만 "천지의 조화에 참여하는 것"

이나 "성하고 쇠하는 운수에 관계되는 것"은 '허업'이 아니지 않겠습니까? 다른 예 하나를 더 들어보겠습니다. 우리에게도 잘 알려진 미국 26대 대통령 시어도어 루스벨트Theodore Roosevelt 이야기입니다. 1919년 4월 한 연설에서 그는 이런 말을 했습니다.

> 비평가가 중요한 것이 아니다. 권력자가 어떻게 실수를 저질렀는지, 더 잘할 수도 있었는데 왜 그렇게 하지 못했는지 지적하는 사람도 마찬가지다. … (그러나 역사에서) 평가를 받는 것은 실제로 현장에서 일을 한 사람이다.[13]

권력자에 대한 비평이나 비판, 비난은 중요합니다. 어떻게 보면 필수적입니다. 사람의 운명에 큰 영향을 줄 수 있는 권력자가 절대적 도덕성까지 주장하며 대중을 설득하려 든다면 곤란한 상황이 일어날 수 있으니까요. 우리는 "가장 큰 악당은 자기 동상을 세우도록 만드는 자"라고 말한 에머슨Ralph Waldo Emerson의 통찰을 기억해야 합니다. 정치인은 자기 나름의 몫이 있습니다. 특히 자유로운 개인으로 구성된 사회에서 정치인이 수행해야 하는 어렵지만 보람 있는 역할이 있습니다.

그런데 여기서 함께 생각해보려는 것은 역사에 이름을 남긴 정치인도 아니고 현세에서 큰 영향력이 있거나 인기를 끄는 저명한 정치인도 아닌 생활인, 곧 '비직업적' 정치인입니다. 국내외에서 이런 분을 많이 만났습니다. 이들은 모두 직장에 다니는 분들이었습니다. 휴직 혹은 실직 중인 분도 있었고요. 그렇지만 자기 소신과 바라는 바에 따라 정치활동에 참여하고 있었습니다. 활동에 필요한 시간과 비용은 모두 자기의 몫입니다. 이들은 이런 활동에서 개인적 보람 외에 특별히 바라는 바가 없었습니다. 말하자면 '실존적인' 정치 참여라고 할 수 있습니다.[14] 이 가운데 전업 정치인이 나올 수도 있습니다. 아니, 어쩌면 이것이 가장 이상적인 '정치 전문가'의 탄생 과정이 아닌가 합니다. 진부한 이야기를 다시 하자면, 사람의 위대함은 자기가 당면한 문제를 다른 사람과 힘을 합쳐 해결하려는 기본 자세에서 나옵니다. 이것이 정치의 시작과 끝입니다. 젊은 세대가 선호하는 직업이 정치가 아닌 전문직이라고 해서 이들이 정치와 담 쌓을 필요는 없는 것입니다.

젊은 세대의 어려움은 한국의 빠른, 어쩌면 너무나도 빠른 발전에 기인한 점이 많습니다. 전쟁과 가난 그리고 권위주의 정치를 경험한 세대와 '선진국'에서 태어난 세대가 서로를 이해하기란 쉽지 않습니다. 그런데 사회의 기존 권력은 이른바 '86세대'를 포함한 기성세대가 가지고 있습니다. 이들은 대개 젊은 세대의 바람이나 문화를 이해하지 못합니다. 그저 "우리 때는" "우리를 봐라" 하고 말할 뿐입니다. 또는 자신들이 절실히 여겼던 '역사의식'을 전혀 다른 상황에서 성장해 다른 생각을 가진 세대에게 받아들이라고 강요합니다. 오늘날 MZ세대가 당면한 심각한 현실의 문제는 세대 간에 고착된 불평등의 문제입니다. 이른바 86세대가 정치적 지위나 조직, 연대를 통해 사회에서 확고한 지위와 역할을 확보하면서 여기에 따라오는 이득을 향유하고 있는 반면, 새로운 세대는 이들이 누리던 혜택에 대한 미래의 부담까지 짊어져야 하는 처지입니다. 이런 문제를 고민

하는 학자들은 현실적 처방을 내놓습니다. 그러나 이들도 이런 처방
이 실효를 거두기 어려울 것이라 진단합니다.

> 불행히도 과소대표된 20대, 30대 및 40대를 위한 배려가 86세대 내
> 부에서 만들어지기는 힘들 것 같다.[15]

이런 근본 문제들에 대처할 합리적 처방이 없는 것은 아닙니
다. 그러나 이런 처방들을 실현하기 위해서는 역시 정치적 능력이
있어야 합니다. 곧 젊은 세대가 할 수 있는 일은 자신들이 당면한 어
려움에 관해 기성세대에 책임을 묻거나 불평만 하는 게 아니라 스스
로 대처하는 것입니다. '정치인'이 되어야 하는 것입니다. 기성세대
가 할 수 있는 일은 새로운 세대가 자기 문제를 사회문제로 정의하
고 스스로 해결할 수 있도록 기회를 주는 일일 것입니다. 좀더 구체
적으로는 고등학생 때부터 '정치인'으로서 공적 문제에 참여해 활동
할 기회가 주어져야 합니다. 이들 중 몇몇이 실제로 직업 정치인이
될 수도 있겠지요. 윈스턴 처칠Winston Churchill의 말대로 '함께하면
불가능이 없습니다'.
　물론 이런 생각이 현실적 어려움에 부딪히리라는 것을 잘 알
고 있습니다. 대학 입시와 취업난에 시달리기 때문입니다. 그러나 새
로운 세대가 개별이 아닌 집단으로 해결해야 할 문제이며, 기성세대
에 해결을 기대해서는 만족스러운 답이 나오지 않을 것입니다. 새로
운 세대는 집단적인, 특히 폭력을 수반하는 투쟁에 참여하는 경향 대
신 자기만의 세계를 추구하려는 경향이 강합니다. 아울러 사회를 향

한 불평이나 분노를 가상현실에서 표출하기도 합니다. 서로 경쟁하는 데 치중하며 인정 욕망이 강하다고도 합니다.[16] 그러나 자기 지위와 이해관계, 추구하는 가치와 취향을 사회에서 실현하려면 "단순한 불평이 아니라 새롭게 뭉쳐 싸워 쟁취"해야 합니다.[17]

　새로운 세대가 반드시 이전 세대의 정치 행태를 답습할 필요도 없고 또 그렇게 할 수도 없습니다. 세대 간 문화가 다른 만큼 정치의 모습도 다를 것입니다. 기성세대의 역할이라면 이들이 시민단체나 정당에 들어가 자신들이 생각하는 더 나은 사회는 어떤 사회인지, 이를 실현할 방안은 무엇인지 토론하고 행동할 수 있도록 적극 지원하는 것입니다. 정치에 참여하는 것이 불온한 게 아니며 학업에 지장을 주지도 않고, 또 민주국가 시민으로서 당연히 해야 하는 일이라는 것을 알려야 하는 것이죠. 그런데 현실은 그렇지 않습니다. 투표권이 있는 학생에게 정치활동을 금지하는 학교가 전체의 절반이 넘는다고 합니다.[18] 그럼에도 일부 학생들이 정치활동에 적극적인 것은 매우 고무적입니다.

　세대 간 갈등이 나쁜 일만은 아닙니다. 오히려 기성세대의 가치관을 지속해서 전승시키는 사회가 정체된 사회지요. 전형적인 예가 북한입니다. 아직도 젊은이들을 50년, 100년 전 세상에 가두고 있지 않습니까? 문제는 세대 갈등 자체가 아니라 이 갈등을 어떻게 사회 발전에 순기능적으로 활용할 수 있는가 하는 것이겠지요.

　정치는 사람들이 자신의 선택에 따라 사람답게 살면서 사람다운 일을 할 수 있도록 만들어주는 중요한 일입니다. 정치나 정치인이 '위대'해진다면 그것은 실패한 정치입니다. 오히려 사람들이 정치에 관심을 쓰지 않게 하는 것이 정치의 성공입니다. 〈격양가擊壤歌〉나 '무릉도원武陵桃源' 혹은 《유토피아에서 온 소식News from Nowhere》등은 모두 이런 깨우침을 전해줍니다. 우리는 역사상 위대한 지도자들을 많이 압니다. 그중에는 후세에 칭찬받는 일을 한 분도 있고, 역사에서 중요한 역할을 한 분도 있습니다. 그러나 정치의 본령, 곧 원칙은 수많은 사람의 희생을 요구하는 상황이 일어나지 않도록 하는 것입니다. 근래 한국에 온 북한의 고위 인사 가족은 조금 특이한 이유로 탈북을 했습니다. 자녀가 먼저 탈북을 했기에 어쩔 수 없이 온 경우입니다. 처음에 부모는 매우 불행해 하면서 자기 처지에 불만이 많았습니다. 그러나 2년 정도 지난 뒤에는 아이들 선택이 옳았다는 생각을 했다고 합니다. 그 이유를 물었더니 "위대한 지도자가 없는 게 제일 좋다"는 말을 하더군요. 작은 일화지만 정치에 관해 많은 생각을 하게 하는 경험이었습니다. 양극단, 곧 계속 실패하는 지도자들과 억지로 추앙을 받는 지도자 중 하나를 선택해야 하는 상황은 바람직해 보이지 않습니다.

— 비직업인으로서의 정치인

한국은 2차 세계대전 이후 독립한 이른바 신생 독립국가들 중에서 정치, 경제, 사회, 문화 등 모든 분야에 걸쳐 괄목할만한 발전을 이룩했습니다. 건국 초 대내외적으로 취약하기 짝이 없어 몇 차례나 위기를 경험했지만 이제는 국제사회에서 위상과 역할을 확립했습니다.[19] 이 과정에서 각기 주역을 담당했던 세대가 일정한 역할을 해냈

청년을 위한 정치는 없다

지만 그 이면에서 한계를 노출한 것도 사실입니다.

정치 분야에서는 민주화 과정의 어려움 이후 바람직한 성취 없이 분열과 불행한 현실이 지속되고 있습니다. 역대 대통령 중 임기 말이나 퇴임 후 불행하지 않은 대통령이 드문 것이 현실입니다.[20] 정치의 영역에서 대한민국의 역사는 '과거 부정'과 '혁명' 그리고 '새로운 미래'의 연속이었습니다. 4·19혁명, 5·16군사쿠데타, 20여 년 이상 지속된 권위주의 군사정권의 역사가 그 증거입니다. 뒤이어 민주적 선거로 출범한 정권 역시 '촛불혁명'으로 이어지는 상황을 맞이했고, "한 번도 경험하지 못한 나라를 만들겠다"던 새 정부의 약속은 야당은 물론 진보진영 내에서도 비판과 희화화의 대상이 되고 있는 형편입니다. 이런 현상을 나쁘게만 볼 필요는 없습니다. 끊임없이 불만과 비판이 이어지는 정치 현실이 어떻게 보면 새로운 진보의 여지를 보여주는 것일 수도 있으니까요.

그러나 반대로 국민이 양극단으로 갈려 합의를 이루지 못하고 상대의 잘못만 비난하는 상황은 우려스러운 일입니다. 최근 서울 시민을 대상으로 한 조사에서 응답자의 87.6퍼센트는 한국 사회 전반의 갈등이 심각한 수준이며 앞으로 이 갈등은 더 심해질 것이라고 전망했습니다. 가장 우려스러운 것은 "옳고 그름을 따지지 않고 자기편을 지지하며, 중도적인 의견이 무시되는" 풍조입니다. 이른바 '내로남불' '아시타비' 상황이지요.[21] 이런 현상은 예견할 수도 있는 문제일 것입니다. 이념적인 강한 정의감 그리고 이를 실현하기 위해 권력에 집착하는 사람들은 민주정치의 기초가 되는 기본 규범들을 경시하기 쉽습니다. 그러면 권력은 부패하기 마련입니다.

사회에 옳고 그름을 판단하는 공통 기준이 없다는 것은 매우 심각한 문제입니다. 다른 한편으로 사람들이 이런 것을 문제로 인식하고 있다는 것은 이를 해소할 희망적 전망을 시사하기도 합니다. 바로 여기에 정치인의 역할이 있습니다. 그러나 그 전에 사회가 극도의 분열을 겪고 있는 것이 특히 한국과 같은 나라에 왜 치명적 결함인지 살펴보겠습니다. 앞에서도 강조한 것처럼 정치는 결국 의견과 이해관계가 다른 혹은 상충되는 사람들이 함께 살도록 하며, 나아가서는 이들이 공통 목표를 위해 함께 일할 수 있도록 만드는 것입니다. 여기서 정치인의 역할은 다른 사람의 의사와 이해관계를 대변하고 실현을 위해 투쟁하는 데 있습니다. 그러나 동시에 상대의 관심과 이해관계도 인식하고 있어야 합니다.

결국 결정은 엄격하게 규칙에 따라 공정한 경쟁을 통해 이뤄져야 합니다. 경쟁의 패배자도 결과를 받아들여야 하며 패배 때문에 신변에 위해가 있어서는 안 됩니다. 이것은 좋은 운동 경기에 비할 수 있습니다. 그런데 '내로남불'이나 '아시타비'의 현실이란 바로 정상적인 정치의 운영을 불가능하게 만듭니다. 정치인의 기본 역할은 이런 현상을 방지하는 것입니다. 나쁜 정치인일수록 이런 현상을 더 부추기고 이를 통해 자기 권력과 이해관계를 추구합니다. 이런 현실의 부정적인 면은 나라의 대외 관계에서도 드러납니다. 분열된 나라는 외세의 영향에 더 노출됩니다. 세계에는 대한민국만 있는 것이 아니고 많은 나라가 각기 자기 이해관계를 가지고 경쟁과 협력 혹은 투쟁을 합니다. 그러니 나라가 공통의 기준 없이 분열되어 있을 때 외국의 영향에 더 취약할 수밖에 없지 않겠습니까? 우리는 특히 피

　　　　　　　　　　　　　청년을 위한 정치는 없다

할 수 없는 지정학적 난제를 숙명처럼 안고 살아왔습니다. 우리 주변에는 한반도에 영향력을 행사할 수 있는 세계에서 가장 강력한 나라들이 포진해 있습니다. 그만이 아니라 같은 민족이면서 동시에 우리의 안전을 위협하는 북한이라는 존재도 있습니다.

한국의 근대사를 돌아보면 세대 간 갈등이 늘 심심치 않게 잠재되어 있던 것을 발견합니다. 1920년대에 전라남도 여수·순천 지역에서 청년회를 결성하는데, 연령 제한이 말썽이 된 일이 있습니다. 청년회 회장을 그동안 현실에서 능력 있는 연세 많은 분이 맡곤 해서 회원 자격에 연령 제한을 두어야 한다는 주장이 제기되었던 것입니다. 결국 각기 40대와 30대로 낙착되었지만 당시 30~40대라면 청년이라기보다 중년이라고 봐야 하지 않을까 하는 생각도 듭니다.[22] 4·19 직후 교내 매체에 주제넘은 글을 남긴 기억이 어렴풋합니다. '사회의 창의적인 주도력이 젊은 층에 넘어간 사회가 더이상 보수적일 수만은 없을 것'이라는 내용이었습니다. 학생층에서 참신한 활동이 없었던 것은 아닙니다. 그러나 이들이 제도권 정치에 진입할 여유 없이 정국은 바로 군사쿠데타에 휩쓸리고 말았습니다. 그리고 4·19에 주동적인 역할을 한 분들 중에는 여기에 합류하는 이들도 있었습니다. 아마도 5·16 쿠데타를 통해 권력을 장악한 분들이 우리 현대사에서 가장 젊은 층이 아니었나 싶습니다. 이들은 전쟁 중 가장 근대적인 나라 미국과 접촉해 근대 세계의 현실에 많이 노출된 경험을 가지고 있었습니다. 국가권력을 장악하고 나라를 다스리는 동안 많은 변화를 일으켰지만, 이들을 '정치인'이라고 부르기는 어렵습니다. 자신들도 스스로를 '혁명가'로 생각하지 않았나 싶습니다.

그 이후 권위주의 시기에 학생운동권이 우리 정치에 매우 중요한 요인으로 등장했고, 이들 중 후일 제도권에 진입해 정치에서 큰 역할을 한 이도 있습니다. 운동권 젊은이들이 민주화에 중요한 역할을 한 것은 인정해야 합니다. 그러나 여기서 강조하려는 것은 운동권식 정치인이 아니라 상대를 인정하고 난상토의와 타협 그리고 통합의 정치를 이끌 수 있는 새로운 세대의 정치인입니다. 현실은 1970~1980년대가 아니며 이른바 MZ세대의 의식과 필요를 기성세대의 감각으로는 가늠하기 어려운 상황이기 때문입니다. 그런데도 한국의 정치 현실은 상대를 동반자라기보다 '적'으로 인식하고 '궤멸해야 할 대상'으로 보며 '협치'는 투항, '협상'은 배신이 되는 분위기입니다. 각기 정치세력들은 핵심 지지층의 정서를 거스르기 어려워 합니다.[23] 이런 현실은 특히 북한 김씨 정권의 근본적인 불안정과 위협을 생각하면 더욱 위험해 보입니다. 이는 정치권이 어려운 현실에 제대로 대처하지 못하고 나치 독일의 군사적 위협과 국내 나치 지지자들의 압력에 무력하게 굴복한 '오스트리아 병합Anschluss Oestreiches'을 불안하게 상기시킵니다.

　　이런 상황이 쉽게 극복되리라고는 기대하지 않습니다. 사람 사회는 원래 수많은 이해관계와 옳고 그름이 충돌하는 장이니까요. 정치인의 역할은 이를 수렴하고 통합해 사회가 극심한 분열에 노정되지 않고 최대한 공동의 목표를 설정하고 공통의 규범을 지키면서 함께 노력하도록 이끄는 데에 있습니다. 나쁜 정치인들은 반대로 이런 분열을 부추겨 정치적 입지를 삼습니다. 우리는 짧은 기간에 경제적인 면만이 아니라 정치적인 면에서도 매우 단축적인 발전을 이

　　　　　　　　　　　　　　청년을 위한 정치는 없다

룩했습니다. 성공 원인 하나가 선진국을 모델로 선진화를 추진했기 때문이라고 생각합니다. 그러나 역설적으로 빠르게 바뀌는 현실에서 사람들의 경험과 의식은 아직 과거에 머물러 있는 경우가 많은 듯합니다. 그 때문에 정치권의 인식이 현실과 괴리되곤 합니다. 말하자면 반공의 시대, 수출입국의 시대, 저항과 운동의 시대가 정치인의 현실 인식에 기초가 될 수 있다는 것입니다.

> 대한민국에는 두 부류의 사람이 있다. 후진국에서 태어난 사람과 선진국에서 태어난 사람이다. 1980년 이후에 태어나 88올림픽 이후 '초등학교'를 다닌 세대는 부모 세대와 확실히 다른 국가관과 인생관을 가졌다. 1973년 이후에 태어나 1990대에 20대로 정치적 자유와 문화의 르네상스를 경험한 X세대도 (밀레니얼 정도는 아니어도) 이전 세대와 다른 가치관을 가진 듯하다. 반면 후진국에서 태어난 '국민학교' 출신들은 아직도 국가주의와 민족주의에 짓눌려 있다.[24]

어떤 평론가의 지적대로 한국의 새 세대는 "한국 역사상 최강의 경쟁력을 장착한 존재들"[25]일 수 있습니다. 그러나 아무리 개별적으로 훌륭하다 할지라도 당면한 문제를 함께 해결하려는 정치적 능력 없이는 자신들의 희망과 가치를 실현할 수 없습니다. 정치활동이란 조직이나 세력의 확장에만 있는 것이 아닙니다. 몸을 세우기立身 전에 말을 세워야 합니다立言. 그러려면 많은 생각과 토론이 있어야 합니다. 가깝게는 학업, 취업, 경제, 연금 같은 문제에서 시작해 크게는 남북관계, 세계와 인류를 포괄하는 바람직한 정치 질서에 관해서 말입니다. 윗세대에게서 들은 모든 것을 기억하고 또 모든 것을 잊어버리면서 나름의 생각과 바람을 정리할 수 있어야 합니다. 그러면서도 현학적 학문 세계나 경직된 이념 세계에 빠져들고 있지는 않은지 늘 경계해야 합니다.

— 새로운 세대에게서 새로운 것을!

몇 가지를 제안하고자 합니다. 첫째, 정당은 쉽게 대중의 관심을 끌 수 있는 유명인사, 예능인, 체육인 혹은 어떤 특수 분야 전문가나 기능인보다 실제 정치 경험이 있는, 곧 당적을 가지고 현실 정치계에서 활동한 이력이 있거나 아니면 이해가 충돌하는 영역에서 이를 조정하는 경험을 가진 '정치 전문인'을 영입해야 합니다. 한국이나 일본이 흔히 선거에서 빠른 약효를 내기 위해 유명인사나 전문가 위주의 충원을 합니다.[26] 그러나 그런 사람보다 차라리 작은 경험일지라도 학교에서 정치에 관심을 가지고 자치활동을 이끈 청소년들이 전문 정치인으로 성장할 좋은 조건을 갖추었다고 생각합니다. 특정 영역에 기득권을 대표하는 인사는 가능하다면 피해야 합니다. 어느 지역에서라도 주민과 함께 일해본 경험이 있는 이들에게 관심을 기울여야 합니다.

둘째, 자유, 민주, 인권 등이 그저 말이 아니고 자기 생활의 일부인 사람들, 자기 주장을 할 수 있는 것만큼 상대 주장도 들을 수 있는 사람들, 세계와 인류와 함께 호흡하는 젊은 사람들이 공적 활동 전면에 나서도록 지원하는 것이 기성세대의 가장 중요한 책무 중

청년을 위한 정치는 없다

하나임을 잊지 않아야 합니다.

셋째, 지금의 정치 지도자들이 공천 과정에서 앞서 이야기한 것들을 감안해 공정을 기해야 합니다. 말하자면 기득권 인사들이 정치 충원 과정에 특별한 관심을 기울여야 합니다. 한국에서 선출직에 나서려면 유력 정당의 공천을 받아야 합니다. 그 과정이 예전에 비해 많은 부분 상향식으로 바뀌고 심사 과정도 공정해진 것으로 압니다. 그러나 아직도 당 중앙의 기득권세력의 이해가 개입되고 있습니다. 이런 점들은 빨리 바뀌어야 합니다. 20~30대의 불만에 관해 집권당은 "조만간 젊은 세대를 위한 대안을 정리해 내놓을 수 있을 것"이라고 말했는데,[27] 20~30대에 대한 가장 좋은 대안은 이들이 자기 일을 공동체의 문제와 연관 지어 스스로 해결할 수 있도록 길을 열어주는 일일 것입니다.

이것은 한국에만 국한된 이야기는 아닙니다. 남북한의 가장 큰 어려움 하나는 과거의 기억입니다. 새로운 세대는 과거의 질곡에서 벗어나 자신들이 당장 절실하게 느끼는 문제에 몰두할 권리가 있습니다. 70여 년 전 민족 역사상 가장 어리석은 사건, '한국전쟁'이 끝났을 때 여기에 참전했던 나라들은 전쟁이 끝난 것을 반겼고 서로 큰 원한 없이 현실로 돌아갈 준비들을 했습니다. 그러나 우리는 달랐습니다. 반성은커녕 남루한 모습으로 폐허가 된 땅에서 아직도 풀지 못한 원한으로 상대를 노려보고 있습니다. 이는 남북한 기성세대들 일부에 이어지며 오늘날까지 내려오고 있습니다. 새로운 세대는 어리석은 원한의 대물림에서 벗어나야 합니다. 이른바 '역사의식'에 반대하는 것이 아닙니다. 정치적 어리석음이나 원한과 이해관계를 새로운 세대에게 억지로 물려주지 말아야 한다는 것입니다.

영국 대사로 근무할 때 북한 인사들을 광범위하게 초청했습니다. 주로 학자나 과학자, 기업인이었습니다. 이분들은 모두 자비로 영국에 왔습니다. 한번은 북한 대외무역 책임자라는 분을 초청해 런던 금융가와 금속거래소London Metal Exchange 등을 보여주었습니다. 이분은 젊은 직원 두 분을 수행원으로 삼아 왔는데 이들과 여러 이야기를 나눌 수 있었습니다. 오래전이지만 이들이 우리 세대와 다르다는 인상을 받았습니다. 김일성, 김정일 배지는 달았지만 모든 것이 달랐습니다. 특히 밝고 활발한 젊은 분은 자기 관심은 컴퓨터와 축구뿐이라는 말도 건넸습니다.

지금은 당시보다 세대 문제가 더 심각해진 것으로 압니다. 새로운 세대에게 기성세대의 '역사의식'을 심어주어 끝없는 논쟁과 다툼을 반복시키는 것이 옳은 일일까요? 아니, 가능한 일일까요? 물론 국가권력으로 미라를 만들고 경배하게 하는 억지를 부린다면 일정한 결과가 뒤따르겠지요. 다른 가치와 마찬가지로 '역사의식' 역시 권력의 필요로 주어지는 것이 아닙니다. 누구나, 어느 세대나 자신의 문제의식에 따라 스스로 정의하는 것이라고 여깁니다.

한나 아렌트Hannah Arendt의《인간의 조건The Human Condition》 개정판 서문의 한 구절 인용하는 것으로 장황한 이야기를 마무리하려 합니다.

우리의 사멸성을 강조하는 하이데거와는 대조적으로 아렌트는 인간사의 믿음과 희망은 새로운 사람들이 지속적으로 세계에 태어난다는 사실에서 나온다고 주장한다. 그들 모두는 유일무이하고, 또 이전의 행위로 인해 가동된 일련의 사건들과 연쇄를 방해하거나 방향을 바꿀 수도 있는 새로운 시작의 능력을 갖고 있다. 그녀는 행위(정치)가 "기적을 만들어내는 인간의 유일한 능력"이라고 말하면서, 인간사에서 기대하지 않은 것을 기대하는 것은 매우 타당하며, 사회가 정체 상태에 빠져 있거나 멈출 수 없는 과정에 처해 있는 것처럼 보일 때조차 새로운 시작들은 결코 배제될 수 없다는 것을 지적한다.[28]

2장

청년을
위한
정당은
없다

현종희

합리적인 세계에서 인간이 벌이는 비합리적인 양상에 관심이 있다. 이렇게도 말할 수 있겠다 – 멀쩡하게만 보이던 이들이 광기에 빠지는 이야기를 좋아한다.

현실에서는 길을 잃은 근대주의자로 찾을 수 없는 길을 찾으려 부단히 노력하고 있다. 한국의 오늘을 발견하려는 책《한국의 발견》을 라종일, 김현진 두 선생님을 모시고 작업했고, "바람과 함께 사라지다"의 퀴어성을 그리고 근대소설로서의 가치를 조명한《다시, 바람과 함께 사라지다》를 썼다.

— 정치도 사회와 함께 늙어가는 걸까?

박정희는 쿠데타 당시 40대. 중반이었습니다. 정말로 '공정'하게 선거했으면 아마 당선되었을 1971년의 김대중 역시 40대. '40대 기수론'을 펼치던 당시의 김영삼도 40대였어요.

이 40대들은 어느 날 갑자기 생겨난 사람들이 아니었죠. 그들은 20대에 이미 활발한 활동을 펼치며 주목받은 인물이었고, 30대에는 어느 정도 정치적 기반을 마련했습니다. 일명 '386 정치인들'(30대·80년대 학번·60년대생)이 대거 요직에 올랐던 2000년대 초반, 사람들이 젊은 대통령의 가능성을 다시 이야기하던 적도 있었어요. 불행인지 다행인지 '86 대통령'은 나오지 않았지만, 어쨌든 20대에 시작되어 있어야만 40대 대통령이 가능한 것입니다.

이런 젊음은 오늘날 오히려 어색한 것이 되었습니다. 그나마 2021년 4월 재보선 이후 청년이 주목받는 분위기에서도 청년 정치인은 주목받지 못했습니다. 이준석 정도를 제외하면 말이죠. 청년 정치의 목표 역시 공정이라는 슬로건을 제외하면 존재하지 않습니다. 애초 청년 정치인 자체가 국회에 아주아주 드뭅니다. 이준석도 국회의원에 당선된 적은 없고 말이죠. 지난 총선에서 당선된 20대 국회의원은 단 3명이고, 30대도 11명에 지나지 않습니다. 권위주의가 타파되고 다원주의 사회가 열렸다고들 하지만, 정당의, 정치인들의 생물학적 시계는 거의 20년 정도 오히려 늦춰진 듯 보입니다. 고령화 사회여서일까요. 물론 그 영향이 없지는 않겠습니다. 하지만 40세 이하 유권자는 아직까지도 전체 유권자의 3분의 1가량입니다.

이준석 씨가 사람들의 놀라움 속에 당대표가 되고 나서 '이준석 현상'이니 뭐니 난리가 났죠. 정당들은 청년 정치인의 말을 경청하네, 청년당을 육성하네 야단법석이었습니다. 물론 이준석 현상의 어떤 프론티어성은 인정할 수밖에 없습니다. 하지만 청년 정치의 후속 부대가 과연 도착하고 있습니까? 적어도 지금 시점에서는 명백히 아니죠.

— 한국의 정당에서는 그래도 되니까

정치에 관심이 조금이라도 있는 분이라면, 적어도 이 책을 펼쳐 들어 여기까지 읽은 분이라면, 전 서울시장의 '극단적 선택'과 전

부산시장의 불미스러운 사퇴를 기억하실 겁니다. 민주당의 '헌법'에 해당하는 '당헌'에는 대략 다음과 같은 규정이 있었습니다

민주당 소속 공직자의 잘못으로 보궐선거가 치러지면, 그 선거에는 후보를 내지 않는다.

하지만 민주당은 후보를 냈습니다. 당헌 자체를 바꿔서 말입니다. 이런 노골적 탈법을 저질러서 이기기라도 했으면 비열해 보이기라도 했겠지만, 모조리 참패하는 바람에 블랙코미디에 가까운 무언가가 되고 말았죠. 글쎄요, 한 100년쯤 지나면 최순실게이트나 탁현민 사건 따위와 더불어 〈여인천하〉 같은 사극의 한 장면으로 나오지 않을까요. 지금 시대의 삶과 감각을 배려할 필요가 없는 2122년의 한국인들은 이런 광경들을 아주 재미있어할 것입니다.

어쨌든 규정이 있다고 해서 꼭 지켜지리라고 기대하면 당연히 오산입니다. 만화 〈송곳〉의 명대사처럼 '그래도 되는' 상황이 벌어지면 정치인들은 일탈을 저지르곤 하니까요. 규정을 탈법적으로 회피하기도 하고, 대놓고 그것을 어기기도 하죠. 그리고 때로는, 이런 경우가 오히려 흔한데, 규범이 지나가는 길을 교묘하게 비틀어놓기도 합니다.

어떻게 생각하면 이 자체가 정당 내부 정치문화의 발전이라고 할 수도 있겠습니다. 박정희나 김영삼, 김대중, 김종필의 보스정치 시절에는 보스가 정하는 대로 당이 굴러갔고, 규정 같은 건 굳이 고려할 필요가 없는 것이었습니다. '제왕적 당대표'가 어떤 사람을

출마시키기로 마음먹으면 그 사람이 곧 후보자가 되었고, 따라서 검증이니 경선이니 하는 것은 의미가 없었죠. 공천권은 당시 정당 보스의 큰 무기였습니다. 인사권과 돈을 그들의 양대 지배수단으로 꼽는 것이 일반적이었는데,[1] 그중에서도 인사권(공천권 및 당직 임명권)이 더 중시되었고, 그중에서도 공천권이 권력의 핵심이었죠.

박정희, 김대중, 김영삼은 사자의 권위와 여우의 교활함으로 당을 지배했지만, 그런 지배력은 근본적으로 그들 자신이 '큰' 인물이었기에 가능했습니다. 그들에게는 먼저 당 내 라이벌을 압도하는 대중적 인기가 있었습니다. 그리고 그것을 가능하게 하는 시대정신의 담지자로서의 정치인이 또 그들이었죠. 거칠게 말해 박정희는 산업화, DJ는 민주화의 상징이었던 것.

그들이 떠난 뒤 그런 정치인은 존재하지 않게 되었습니다. 나중 사람들이 꼭 못나서는 아니고, 시대가 변했으니까요. 많은 이가 추억하는 인물로 노무현 전 대통령도 있겠지만, 그이는 생전의 인기가 저들처럼 확고한 편은 아니었고, 전 시대의 영웅들처럼 당을 지배하지도 못했습니다. 그 원인인지 결과인지는 모르겠지만, 오히려 노무현은 정당이라는 테마에서도 다른 분야와 비슷하게 '분권'을 모토로 걸었죠.

예전의 보스정치는 확실히 없어졌습니다. 그리고 어떤 특정 집단이 당을 독점하는 모습도 사라졌습니다. 친문으로 말이 많은 민주당에서도 친문들끼리 모든 것을 결정하지는 못하죠. 애초에 지금 당대표로 선출된 사람(송영길)부터 분류하자면 비주류고 말이죠.

하지만 과거의 유산인 인물 중심의 정치는 양대 정당에, 적어

청년을 위한 정치는 없다

도 그 줄기는 그대로 내려오고 있어요. 계파 중심인 일본이나 정파가 상대적으로 부각되는 정의당과는 다른 점입니다. 정당을 움직이는 힘은 기본적으로 정치인 개인에게서 그리고 그이가 다른 사람들을 실로 엮어 직조한 그물망에서 나온다고 하겠는데요. 선거에 여러 번 당선되어 정치적 경험을 쌓고, 당 내 주요 보직을 거치며 자신의 조직을 만들어낸 정치인과 막 당선되어 실무진을 꾸린 초선 정치인의 파워는 현격히 다른 것입니다. 그래서 현실에서는 주요 권력 중심들끼리의 나눠먹기가 여전히 이뤄지고 있죠. 3김이 간 이후 평등하고 다성적이고 민주적인 정당 환경이 만들어졌다면 얼마나 좋았겠습니까만, 권력은 결국 그다지 아래로 내려오지 않았습니다. 인선에서도 마찬가지입니다. 그것이야말로 정당 내 권력관계에서 아마도 가장 중요한 요소이니, 그럴 수밖에요.

어쨌든 이렇게 인적 파워를 만들어낸 정치인들이 정당 내부 인선을 어떻게 좌우할 수 있는지 봅시다. 그리고 청년 정치를 어떻게 고사시킬 수 있는지도.

― 카탈로그는 다들 그럴듯하지만

표창원 전 의원[2]이 청년 정치를 논하며 이 지점을 공개적으로 지적한 바 있습니다. 옮기자면, 지금의 청년 정치란 "기득권 정치 집단이 입맛에 맞는 청년 개인 몇 명을 고르고 선택하는" 과정에 불과하다는 것입니다.

그런데 양대 정당의 당직자 및 후보자 선출 규정을 실제로 찾아보면 의외의 점을 발견하게 됩니다. 인사제도가 적어도 겉으로는 아주 그럴듯하게 뽑혀 있거든요. 선거에서 공정한 경쟁을 보장하는 동시에 사회적 소수자와 약자들을(그에 더해 지역 구도가 심한 지역에서 도전하는 사람들까지) 지원하는 제도를 정당들은 준비하고 있어요. 특히 더불어민주당의 것이 아주 상세하게 잘 마련되어 있습니다. 이 책의 주제인 '청년 정치'를 놓고 볼 때도 그런데요. 비례대표 국회의원에 출마하는 청년은 물론, 지역구 출마를 원하는 청년 지원자들도 언뜻 적지 않은 지원을 받을 수 있습니다. 제도로만 따지면 거의 완벽하다고까지 말할 수 있을 겁니다. 국민의힘의 규정은 더불어민주당의 것에 비해 다소 간략합니다만, 그만해도 충분하다고 평가받는 정도입니다. 이렇게까지 공정하고 제법 미래지향적일 수 있나 싶죠. 홈페이지에 나와 있는 카탈로그들만 보면 말입니다. 그런데 왜 표창원의 지적이 나오는 걸까요? 정치에 직간접적으로 몸담고 있는 다른 분들의 지적 역시 거의 같습니다.[3] 곧 정당의 인사는, 특히 공천은 정당 내의 기존 권력집단의 뜻대로 이뤄진다는 겁니다. 기득권이 자신들 권력에 도움이 될 사람을 뽑는 과정에 지나지 않는 것이 현실.

문제는 규정 자체가 아닙니다. 그 규정에 따라, 또는 그 규정의 취지에 따라 제도가 돌아가느냐죠.

— 악마는 디테일에

스탈린이 한 유명한 말이 있지요. "표를 던지는 사람이 아니라 세는 사람이 결정한다." 한국인에게 더 익숙한 것이라면 다음 격언

청년을 위한 정치는 없다

이겠어요. "악마는 디테일에 있다."

예를 들어볼까요. 지역구 국회의원을 선출하는 방법에는 몇 가지가 있습니다. 일단 제도가 상대적으로 잘 정비된 더불어민주당의 것을 봅시다. 크게 전략공천, 단수공천, 경선 세 가지인데요. 이 가운데 가장 일반적인 케이스는 후보자 간 경쟁인 경선이죠.

더불어민주당의 규정을 좀더 자세하게 설명하면 이렇습니다. 국회의원선거가 다가오면 당은 선거 출마를 희망하는 정치인을 검증하는 기구를 마련합니다. 이름하여 '공직선거후보자검증위원회'. 혹시라도 후보자가 되면 안 될 문제가 있는지 가리기 위해서죠. 이어서 후보자를 실제로 선출하기 위한 기구가 설치됩니다. 지역구 후보자를 심사하고 선정하는 기구는 중앙당의 공천관리위원회인데, 이들이 출마 희망자들을 대략 2~3명 가려내 후보자로 추천합니다. 심사 과정에서 청년의 가산점은 10퍼센트에서 25퍼센트 사이에서 정해지고요.

추천된 후보자들끼리 경선을 치르는데, 이른바 국민참여경선이라고 해서 권리당원과 일반 국민의 의사를 종합해 판단합니다. 그 방식은 '선거인단투표' '전화면접여론조사' '휴대전화투표' 또는 '인터넷투표'가 있겠어요. 여기서도 청년의 가산점은 나이에 따라 10퍼센트에서 25퍼센트 사이입니다.

특정 사유를 만족시킬 경우 공천관리위원회가 지역구에 단한 명의 후보자만 추천할 수도 있습니다. 그러면 일정한 절차를 거쳐 그이가 후보로 확정되죠. 이 외에 '전략공천'이라는 제도도 있는데, 이것은 전략공천위원회라는 별도의 기구가 담당합니다. 거기에서 결정하는 사람이 곧 후보가 됩니다.

　참고로 비례대표 국회의원 순번이나 지방자치단체선거도 비슷한 검증과 투표 절차를 거칩니다. 여기에도 청년이나 소수자에 대한 가산점 또는 그들에 대한 쿼터가 존재합니다. 사회적 약자에 대한 배려는 비례대표에서 상대적으로 폭넓게 이뤄지고 있지요.

　어떻게 표를 셸지 정하는 방법은 여럿입니다. 경선까지 가면 경우의 수가 꽤 많아집니다. 심지어 앞서 말한 것들을 벗어나는 다른 공천 방식도 존재합니다만(실제로 쓰입니다) 너무 복잡하니 일단 여기까지만 합시다.

　만약 이 경우의 수들을 보면서 '견적'을 뽑을 수 있다면 어떨까요? 가령 군산시에 출마한 A후보자가 당원 투표 비율이 낮을수록, 여론조사가 전화보다 인터넷으로 이루어질수록 유리하다는 사실을 알 수 있다면? 더 나아가 아예 '계산'이 가능하다면? 이를테면, 군산시 공천에서 공천관리위원회가 2인을 추천하고 당원 50, 일반인 50 ARS 조사에 청년 가산점을 20퍼센트로 하면 A후보자가 선정되고, 3인 추천에 당원 30, 일반인 70 인터넷투표로 하고 청년 가산점이 15퍼센트라면 B후보자가 공천된다는 결론이 미리 뽑힌다면요.

　3김시대 초반까지만 하더라도 대한민국의 선거는 주먹구구식이었습니다. 1992년 대통령선거에 출마했던 정주영 회장은 어떻게 국민당 당원이 1200만 명인데 실제 득표는 400만이 안 나오느냐며 충격을 받았다는 얘기도(나이롱 당원들이었으니까요, 회장님) 있습니다. 상대였던 민주자유당은 득표 예측이 1퍼센트 내외의 오차로 정확했는데, 그 정도로 신뢰할 만한 선거여론조사를 뽑아낸 게 한국 역사상 최초였답니다. 여기에는 미국 유학파들의 공헌이 결정적이었죠.[4] 전국민 수준의 대단위 표본이 존재하는 대선에서조차 예상 득표율을 얼추 맞추기가 당시 한국에서는 쉽지 않았던 것입니다. 심지어 선거 당일의 방송사 여론조사마저 그 후로도 오랫동안 틀리곤 했죠. 한국인에게 민주적 선거의 경험이 부족했기 때문이었겠습니다. 한국이 지금처럼 각종 기술이 발전한 나라가 아니기도 했고요.

하지만 선거의 경험이 쌓이고 방법론이 연마된 오늘날에는 2~3달 후에 표가 얼마나 '세어질지' 미리 계산이 가능합니다. 그것도 거의 정확히. 곧 어떤 탈법을 군이 저지르지 않아도 미리 뽑아 놓은 계산대로 큰 틀을 조정하기만 하면 많은 선거구의 공천 결과를 대체로 좌우할 수 있겠습니다. 따라서 중앙의 정치인들은 조직을 가동해 명분을 개발하고 인적 영향력을 행사하는 것으로 공천 형식을 자기 인맥에 더 유리한 쪽으로 끌어가려 애쓰게 되겠어요.

현실적으로는 압도적인 지배 정파가 없기에 공천 과정은 정당 내 권력집단의 조정을 거쳐, 다시 말해 정당 안에서 이미 그려진 권력의 지도를 반영하는 방식으로 움직입니다. 경선에서 이길 것 같은 양반은 최대한 형식을 '마사지'해주고, 경선에서 못 이길 것 같은 양반은 단수공천이나 때로는 전략공천을 해서 라이벌을 아예 제거하고, 중간에 예상이 '어? 벗어난다' 싶으면 소소하게 반칙을 저질러 플랜대로 결과를 조정하는 그림, 이제 그려지실 겁니다.

물론 현실에서는 좀더 치사한 방법도 쓰입니다. 앞의 방법도 생각하기에 따라 충분히 치사하지만 말이죠. 후보자 검증에서 후보자마다 기준을 달리하는 것이 그 예. 가령 어떤 사람은 음주운전 원스트라이크 아웃이 되지만, 어떤 사람은 좀 마시고 나서 차를 몰았어도 지장이 없을 수 있다는 것입니다. 또는 경선 과정에서 규정 위반을 얼마나 용인해주느냐도 있고요.

애초에 공천관리위원회의 후보자 심사라는 것부터 그렇지 않겠어요. 야구선수가 공을 얼마나 잘 때리느냐를 놓고 점수를 매긴다고 해도 사람마다 의견이 다를 텐데, 후보자의 도덕성이나 기여도나 정체성을 객관적으로 채점하기란 퍽 어렵겠죠. 물론 기여도 같은 것을 채점하면 안 된다는 이야기는 아닙니다. 단지 그 채점되는 게 꼭 기여도일까 하는 것이죠. 지난 2014년 동계올림픽에서 소트니코바와 러시아를 욕해본 경험이 있는 분들은 아마 더 쉽게 이해하실 겁니다. 이런 주관적 평가의 영역들은 실제 본선에서 일어나는 일을 가지고 내리는 법원의 판단만 봐도 아주 자의적으로 적용되기 쉬운 분야라는 사실을 알 수 있어요. 쉽게 말해, 정의봉을 두드리는 판사 마음이라는 거죠.

그리고 위에서 말씀드린, 사실상의 탈법도 (겉으로 크게 드러나지 않는다면) 쓰일 수 있습니다. 경우에 따라 노골적인 불법이 일어날 수도 있죠. '오프 더 레코드'를 전제하고 들은 말이니만큼 그 구체적 수단들을 밝히지는 않겠습니다만, 충분히 현실에서 개연성이 있는 이야기들이었습니다. 단 이런 경우는 공천 전체에서 놓고 볼 때 아주 일부입니다.

부정적으로 평가하면 탈법을 동원하지 않고도 기득권 집단의 정치적 목적을 충분히 달성할 수 있어서, 긍정적으로 평가하면 그래도 한국 정치가 제도적으로 발전하고는 있기 때문이라고 하겠습니

청년을 위한 정치는 없다

다. 정당의 비민주성은 경향적으로 개선되고 있다는 것이 중론이긴 합니다. 규정을 잘 마련해놓은 것도 따지자면 기특한 일이겠고요. 그리고 규범을 지키려고 정치인들이 노력은 하는 것 같습니다. 하지만 관찰자 입장에서는 여전히 불만족스러울 수밖에 없죠.

이렇게 디테일에 숨은 악마가 날뛰는 상황에서 정치 신인이 단기적으로 취할 수 있는 합리적 행동은 무엇일까요. 그렇습니다. 줄을 대는 거죠. 말씀드렸듯 한국은 인물 중심적인, 다시 말해 인적 네트워크의 역할이 강한 사회인데, 정치계는 특히 그렇습니다. 이미 정계에서 잔뼈가 굵은 선수들도 줄이 약하면 현직에서 날아가거나 정치적 딜의 대상이 되는 현실에서 젊은 청년들이 이것을 벗어나기란 쉽지 않지요.

만약 그 청년이 국회의원이 되더라도 그 당선에 신세를 진 만큼 기성 정치인의 뜻을 거스르기는 쉽지 않습니다. 설령 국회의원이 된 이후 자기 뜻을 펼칠 생각을 갖고 있더라도, 다음에도 국회의원이 되어야 한다는 생각에까지 다다르면 야망은 쪼그라들기 마련이고요. 결국 젊은 정치인들은 정당의 거수기 역할에 안주하기 마련이고, 때로는 정계에서 살아남아야 한다는 강박감에 부적절한 행동에 물들기도 하지요. 예를 들면 국회에서 난투극이 벌어질 때 전위대 역할을 하거나, 정략적 네거티브 공세의 하수인이 되거나.

그렇다면 사람들이 청년에게 기대하는 청년다움, 곧 낡은 관습을 깨뜨리는 혁신성과 과단성은 오히려 현실의 청년 정치인에게 기대하기 어려운 것이 됩니다. 성공하는 청년 정치인은 정당 안에서는 생존할지 몰라도 대중적으로는 자신의 의미를 상실하게 되는 셈입니다. 그러면 정당은 선거가 닥치면 다른 새로움을 찾아 떠나죠. 이렇게 문제는 반복됩니다. 그러는 동안 정당의 기존 권력 구조는 그대로 유지되지요.

다양한 계층과 각종 소수자를 정당이 인사에서 배려하고 제도적으로 보호한다 해도 기성 유력 정치인과 연줄이 있는 이들부터 공천을 받습니다. 과거에도 운동선수, 연예인, 사회 저명인사들이 매번 새로운 얼굴로 국회에 등장했습니다. 하지만 이들 가운데 정치인으로 일정 기간 살아남아 의미 있는 업적을 남긴 사례는 극히 드물었어요. 단지 정당의 이미지 쇄신용으로만 이용될 뿐이었죠. 이제는 국민도 이 문제점을 의식적으로든 무의식적으로든 자각하고 있어서 오히려 이렇게 직능을 대표하는 사람들을 안 좋게 넘겨짚는 경향까지 생겨났지요.

어쩌면 기성 정치인이 혁신을 거부하는 것은 당연한 일입니다. 사람은 자신이 이룩한 성과를 사랑하고, 자신과 비슷한 사람들 사이에서 안정을 추구하려 하죠. 나이가 들수록 이런 경향이 대체로 깊어지기 마련이고요. 어느 조직이나 마찬가지겠지만, 정당 역시 기본적으로 관성을 따르려는 성향을 보이고, 그런 의미에서 보수적이라고 말할 수 있겠습니다.

하지만 외부에서 충격이 가해질 경우 정당의 이런 태도는 변화합니다. 가장 강한 것은 유권자의 압력이죠. 정당에서 공천받는 것은 그 자체로 의미가 아주 크지는 않습니다. 결국은 본선에서 경쟁 정당의 후보자와 맞붙어 이겨야 하니까요. 막대기만 꽂아도 당선되는 지역도 있긴 하지만, 최소한 경합지에서는 유권자들에게 어떻게

든 표를 얻어야 하기에 정당의 나눠먹기식 인선은 일정한 한계를 지 닙니다. 지금까지 청년들을 비롯한 새로운 얼굴들이, 마케팅용이든 어떻든, 정계에 등장한 이유도 기본적으로는 거기에 있다고 하겠습 니다. 대중에게 어필할 수 있는 사람은 공천에서 더 유리해지죠.

선거에서 만약 패배할 경우 충격은 더 강해집니다. 눌려 있던 혁신의 목소리들이 언론에 하나둘 보도되기 시작합니다. 정당은 대 책위원회를 설치하고, 이런저런 개혁을 하겠다고 공언하죠. 그렇게 법석을 떨다 늘 그랬듯 사람들은 차츰 다시 관성으로 돌아가곤 합니 다. 선거에서 여러 차례 패배할 경우 특단의 조치를 취해야 한다는 공감대가 정당을 지배할 수도 있습니다. 정당의 기성 권력 구조라는 현실과 당선자를 내야 한다는 당위 사이에 괴리가 크다면, 아예 이 해관계가 없는 외부인사를 영입해 대대적 혁신을 꾀하는 경우도 생 겨요. 그 혁신이 그저 눈앞에 닥친 선거에 그치더라도 말이죠. 이런 작업의 집도자로 유명해지신 분이 바로 비상대책위원회의 아이콘 김종인 전 대표 아니겠어요.

2021년 초에 만나본 국민의힘 계열의 어떤 분은 이제 자기네 들에게 기회가 왔다고 단언했습니다. 이유인즉 선거에서 계속 패배 한 탓에 당내 계파가 사실상 궤멸했고, 그래서 혁신이 가능한 환경 이 만들어졌다는 것입니다. 이준석 대표의 당선으로 그 예측은 어느 정도 실현되었지요.

제 감상으로는 보수적이라고 평가되는 국민의힘 사람들이 오 히려 위기의식이 컸고, 정당 구조 개혁에 대한 열망이 강했습니다. 연이은 패배의 결과로 말이죠. 물론 재보선 승리와 지지율 상승이 그들의 열망을 좀 누그러뜨리는 것 같긴 하지만요. 만약 더불어민주당과 국민의힘 모두 앞으로 5년간만 계속 선거에서 참패한다면 한국의 의회민주주의는 단시간에 발전하지 않을까 싶은데요. 이뤄질 수 없는 소망이라는 점이 아쉽습니다.

— 조직의 쓴맛

한국인들은 권위주의적 조직에 대한 반감, 적어도 문제의식이 있습니다. 특히 젊은 세대일수록 과거의 위계적 조직문화에 알레르기 반응을 보이곤 하죠. 이 글을 쓰는 시점에도 이어지는, 아니 오히려 격화되는 양대 정당의 계파갈등을(상대적으로 가려져 있기는 합니다만 민주노동당 등 진보정당들에서도 정파갈등은 고질병이었습니다) 좋게 봐줄 분은 아마 없을 겁니다.

만약 정당 공천에서 권력자들의 나눠먹기가 없다면 어떨까요. 그래서 공천 심사와 경선에서 순수한 경쟁이 벌어진다면, 그러니까 요새 흔히 하는 말로 '공정'하다면 우리는 국회나 지방의회에서 그리고 시장, 지사, 구청장 등 지방자치단체장들의 목록에서 청년들을 더 많이 발견할 수 있지 않을까요? 분명히 어떤 면에서 나아지기는 할 겁니다. 하지만 이 나아짐에는 한계가 있죠. 이것은 최근의 일명 '공정' 담론과 통하는 이야기입니다. 오늘날 많은 청년 (남성) 인텔리는 고시적 경쟁으로 세상이 공정해질 것이라고 이야기합니다. 가령 정치인의 자질까지 시험으로 재단한다든가.

물론 그분들은 근거 없는 정성평가를 배격하는 블라인드 채용 같은 제도에는 찬성하지 않습니다. 학벌과 계급과 성에 따른 차별이 있어야 더 유리하니까요. 불편한 진실이지만, '공정'한 운동장은 기울어져 있지요. 이 '선출 정치인 되기'라는 테마에서도 그것은 정확히 마찬가지입니다. 당연히 평범한 청년에게 불리한 방식으로 기울어집니다.

공정한 공천에서 상대 후보를 누르려면 무엇이 필요할까요? 흔한 방식인 당원 반, 일반인 반의 투표와 여론조사로 최종 후보자가 결정된다고 가정해봅시다. 당원에게 지지를 얻으려면 그간의 활동으로 지역 당원들 사이에서 인정받는 쪽이 유리하겠죠. 물론 확실히 더 유리한 쪽은 친한 당원이 많은 후보겠고요. 지역구 국회의원이 되기 위해 자기편으로 끌어들여야 할 당원 숫자는 경험칙상 최소 네 자리라고 합니다. 평소에 이들을 '관리'해 놔야겠죠. 그러기 위해서는 돈과 시간과 열정이 필요합니다. 청년에게 돈과 시간이 있으려면 이른바 '금수저' 집안이어야 가능한 일. 만약 그런 배경이 없는 평범한 청년이 국회의원 출마를 계획한다면, 이 청년은 자신의 노력만으로 승부해야 하는데, 다른 사람은 노력하지 않는 것도 아니고 말이죠. 이미 기반을 가진 중장년을 이기기란 쉽지 않겠죠.

일반인의 지지를 얻으려면 대중적 인기가 있는 편이 유리합니다. 아니, 그 이전에 인지도를 쌓는 것부터 신인에게는 쉬운 일이 아니죠. 정치인은 당원들처럼 지역 주민도 평소에 관리해놔야 합니다. 지속적으로 그들과 컨택하며 그들에게 이름을 알리고 자신을 홍보해야 하죠. 가령 유력 정치인까지 지역에 설치하는 사무소는 확실히 경제적으로 부담스러운 것입니다. 그것이 없다면 자기 정당이나 다른 정당 경쟁자에게 그 점에서는 뒤처지고 마니, 혼자만 안 하기는 어려운 일.

　현실적으로 정치인들에게는 사람으로 이뤄진 조직이 꼭 필요합니다. 당연히 현실 정치에 뛰어든 청년에게도 조직이 있어야 합니다. 조직이 없으면 경선 통과도 안 되고, 당연한 이야기겠지만 본선에서도 이길 수가 없어요. 하지만 그런 조직을 만드는 것은 젊은 정치 신인 혼자의 힘으로는 거의 불가능한 일입니다. 가능하다면 오히려 그게 반칙에 가까운 일 아니겠어요. 그게 안 되니까 청년들은 이미 조직을 갖춘 정치인에게 줄을 댈 수밖에 없는 것이죠. 물론 극소수 능력자들이 있다는 사실은 인정합니다. 맨땅에서 맨주먹으로 시작해도 무언가 이룰 수 있는 사람은 있기 마련이죠. 하지만 정치는 평범한 사람의 것이기도 한 법(1장의 프로타고라스와 소크라테스의 토론을 참조하세요!).

　이 문제를 해결하기 위해 분권을 모토로 한 블록체인 정당을 주장하는 분도 있었습니다. 인터넷과 블록체인으로 권력을 분산해서 계파를 해체하고 삶과 정치를 병행하는 당원들을 중심으로 당을 새로 짜자는 이야기인데요. 동문들의 작은 단톡방에서도, 아담한 성당 청년회에서조차 그 안의 권력을 놓고 다투는 것이 인간이라는 점을 상기해본다면, 권력을 쟁취하는 것이 지상 과제인 정당에서 그런 반권력적 구조가 가능할지는 좀 넌센스죠. 가장 큰 문제는 이것일 텐데요. 한국적 과노동 상황에서 생활과 정치의 '투잡'을 뛴다는 것은 일반인 대부분에게 불가능한 미션입니다.

　그러니까 8장에서 황인수 선생님이 이야기하는 서유럽이나 북유럽의 이상적 모델을 한국에 그대로 적용하는 것은 쉽지 않습니다. 근본적인 전제 하나가 빠져 있기 때문입니다. 사람들은 의정활동이 끝나면 본업이었던 어부나 간호사로 돌아가는 스웨덴 국회의원들을 보며 왜 한국에는 이런 국회의원이 나오지 않느냐고 한탄하는데, 한국이 간호사가 정치를 하도록 놔두는 사회가 여러모로 아니라는 사실은 간과하고 있는 겁니다. 본업에 충실하면서 정치를 병행할 수 있는 간호사가 한국에 꼭 있을 수 없다는 이야기는 아닙니다만, 그렇게 성공할 간호사보다는 그렇게 하다 과로사할 간호사가 100배쯤 더 많겠죠.

이러니 생활정치가 어려울 수밖에요. 본격 정치인 라이프는 물론이고 단순히 일반 당원으로 정치에 발목까지만 담그기도 쉽지 않습니다. 시간과 열정과 스테미너가 필요하니까요. 게다가 한국에서는 그런 투자를 상쇄할 만큼 생활정치의 실질적 효능감 자체도 높지 않습니다. 왜냐하면 우선 권력이 몇몇 인맥으로 집중되어 있고, 의사결정 과정이 불투명한 고로, 당원들이 당 내 문제를 실질적으로 결정할 힘이 (아직까지는) 미약합니다. 이런 상황에 지치지도 않을 자발적 당원들이란, 평소 정치에 유달리 관심이 많은 경우, 곧 정치가 취미의 일환인 사람이어야 가능하죠. 그런데 이들이 인맥으로 입당한 사람들의 조직력을 당해낼 수 있을까요?

이런 정치적 무관심의 결과로 당의 권력 구조는 더 공고해지고, 당 안에서의 권력 행사에 대한 감시는 약화되기 마련입니다. 그러면 정당에서 평당원들이 실제로 할 수 있는 일은 더 없어지고, 정당정치는 시민에게는 더 매력 없는 일이 되고 말지요. 그럼, 시민의 정치참여는 더 줄어들고, 당은 더 폐쇄적인 그들만의 리그가 됩니다. 악순환이지요. 물론 취미생활도 수행하면서 효능감을 얻는 '상상적' 으로 간단한 방법이 하나 있긴 합니다. 속칭 '빠질'을 하는 거죠.

　그것의 나쁨에 대해서는 이 책 6장에서 좀더 상세하게 언급 하고 있으니 여기서는 줄이겠습니다. 강준만도《정치를 종교로 만든 사람들》에서 이 문제를 다뤘지요. 그건 그렇고, 시민의 정치효능감 이 낮은 다른 이유(어쩌면 더 큰 이유)도 있을 텐데요. 바로 정치 자체 의 영역이 축소되고 있다는 점이겠어요. 이 문제는 잠시 후에 이야 기하도록 하죠.

　어쨌든 개인 차원에서 조직관리는 정치인이 성공하기 위한 전제조건이고 모든 정치인의 과제죠. 정치인들이 당내 보직, 특히 당 대표를 기를 쓰고 하려는 이유가 그것이기도 합니다. 당대표가 갖는 인사권과 재정 운용권으로 사람들을 여기저기 꽂고 부릴 수 있는데, 그것이 곧 자신의 조직이 되고 곧 강력한 정치적 자산으로 기능하거 든요. 그에 더해 알아서는 안 되지만 자연스레(?) 알게 되는 정보도 많이 얻을 수 있고요. 이것들도 향후 선거에 도움이 됩니다.

　지역구에서 지역위원장(아마 이것은 일반인에게는 좀 생소한 보직 일 텐데요)이 중요한 이유도 비슷합니다. 곧 자신만의 인적 네트워크 를 만들 수 있는 자리라는 거죠. 들리는 이야기로는 지역위원장이라 는 것 자체만으로도 지역구 공천에서 한 20퍼센트 정도는 먹고 들어 간다고…. 국회의원이 되는 것보다는 용이하지만 기반이 없는 청년 이 쟁취하기에는 역시 쉬운 자리가 아니죠.

　정치를 지망하는 청년들은 아무래도 지방의회 의원부터 시작하면서 차근차근 자신의 위치를 구축해가는 편이 낫겠습니다. 물론 이것도 요새는 경쟁이 치열하기 때문에 쉽지 않지요. 대중의 주목도가 낮아서 오히려 정치인의 인간 동원력에 따라 당락이 크게 좌우되기도 하고요. 의외로 청년들에게는 기초자치단체 의원보다 도의원 등 광역의원이 더 유리하다는 지적도 있습니다. 마음대로 쓸 수 있는 예산이 오히려 기초자치단체보다 없어 권력이 적고, 그래서 지역 유지들의 관심이 덜하다나요.

어떻게 해야 정당이라는 조직 안에서 개인의 자율성을 최대한 보장하면서 조직의 효율성이 말단에까지 작용하게 만들지 다들 고민하지만, 이것은 정답이 쉽게 나오지 않는 어려운 문제입니다. 어쩌면 인류적 숙제에 가깝지 않을까도 싶은데요. 물론 1장에서 빌리 브란트가 한 말을 우리는 기억해야 마땅할 것입니다. 정치란 "잔혹한 현실에서 올바른 추론을 도출하는 것"이라는 말을요.

인맥과 조직이라는 불편한 현실에도 불구하고 그 현실 안에서 노력하는 청년에게는 여전히 다른 불편한 진실이 마주하고 있습니다. 어쩌면 더 거대한 문제죠.

— 돈

정유라 씨가 부모의 돈도 실력이라고 했던가요. 정의롭지 못해 화가 나는 발언이었고, 어떤 의미로는 그게 현실의 반영이어서 더 분개할 수밖에 없었죠. 고대 그리스의 트라쉬마코스Thrasymachus도 플라톤Plato의 대화편 《국가The Republic》에서 비슷한 발언을 합니다. "정의란 곧 강자의 이익이다." 여기에는 '우리의 현실에서 강자의 이익이 정의로 여겨진다'라는 뜻과 '정의는 강자의 이익이어야 한다'라는 뜻이 불건전하게 섞여 있습니다.

돈은 정치에서 얼마나 필요할까요? 어떤 의미에서 모든 것은 돈입니다. 자본주의 사회라서일까요? 어디, 앞서 나온 사례들을 한 번 쭉 되짚어봅시다.

경선에서 이기기 위해서는 자기편인 당원이 지역구에 1000명은 되어야 한다고 말씀드렸죠. 문제는 돈입니다. 이 당원들에게 경선 전날 돈을 뿌리라는 이야기가 아닙니다. 단지 '이 정치인은 나의 프렌드구나!'라고 생각하게 만드는 데만도 돈이 들어갑니다. 왜냐하면 친분을 유지하기 위해서는 두세 달에 한 번은 그 사람들을 만나야 하죠. 만나서 단지 차 한 잔 같이 마시더라도 누군가의 지불이 필요합니다. 경조사 제대로 안 챙기면 원수지간 되기 십상인 한국 사회에서 장례식에 갔다 3만 원 내고 올 수는 없는 노릇 아니겠어요.

경선은 당원투표와 여론조사로 판가름난다고 말씀드렸죠. 여론조사에는 적지 않은 비용이 드는데, 이것은 후보자들이 서로 나눠 내야 합니다. 3인 복수경선이 2인 복수경선보다 그래서 경선 후보자들에게 늘 유리하다는 우스갯소리도 있죠. 세 명이 나눠 내면 싸니까요. 어떤 의미에서 여론조사는 경선에 정말 필수적입니다. 당연히 본선에서도 그렇고요. 왜냐하면 자체 여론조사를 굴려야 지금 판세가 어떻게 돌아가는지 알 수 있으니까요. 여론조사 없는 선거란 눈 가리고 마라톤을 뛰는 것과 같습니다. 계획은 여론조사를 돌리고 난 다음에야 비로소 세울 수 있는 것.

울며 겨자 먹기로 너도나도 여론조사를 할 수밖에 없지만, 여론조사 자체에서도 빈부격차가 드러납니다. 표본 수가 많을수록 조사가 정확하고, ARS조사(기계가 질문하고 답변하는 것)보다 전화대면조사(사람이 질문하고 답변하는 것)가 더 믿을 만하다는 것은 상식인데요. 표본을 유의미하게 수집하기 위해서는 한 번에 1000만 원쯤 든다고 합니다. 여론조사만 꾸준히 해도 전셋집이 왔다갔다 하죠.

또 지역민들과 만나기 위해서라면 사무실, 사무소를 내는 것이 가장 무난한 해법이죠. 그게 있으려면 임대료가 준비되어야 하고, 상주 인원 한 명은 있어야 하니 그 인건비가 빠지죠. 자기 벌어먹기도 힘든 청년이 할 수 있는 지출은 전혀 아닌 셈이에요.

여기에 브로커라는 문제도 있는데요. 정치 브로커 말이죠. 브로커는 정당 내 인맥을 이어주거나 선거 전략을 대행하는 일명 정치 컨설턴트와 자기가 몇백, 몇천 표를 끌어모을 수 있다며 접근하는 매표 브로커로 나뉩니다. 이 부분은 6장 이현출 선생님의 글에서 상세히 볼 수 있습니다. 불법이지만, 이들이 여전히, 지방으로 갈수록 활개친다는 전언입니다.

사실 이것도 많이 나아진 것입니다. 과거 정계에 '오당사락'이라는 농담이 있었는데요. 40억 쓰면 떨어지고 50억 쓰면 붙는다나요. 지방 시장 선거도 20억은 든다는 이야기가 정설처럼 나돌기도 했습니다. 결국 그렇게 당선된 사람들은 적지 않은 수가 탐관오리가 되고 말았죠. 지금은 금전 살포도 많이 누그러들었고, 선거공영제라고 해서 본선 선거에 드는 돈을 국가에서 상당 부분 보전해주니, 거대 양당의 공천을 받아 일단 출전하기만 하면 예전만큼은 돈이 들지 않는다고 합니다. 물론 돈이 아예 안 든다는 이야기는 아니고요. 게다가 지역에 따라 선거자금에 따른 격차가 심한 편입니다. 또 무소속이나 소수정당 후보자들은 국가가 비용을 돌려주는 기준인 15퍼센트(전액)와 10퍼센트(절반)의 득표율을 채우지 못하는 경우가 많으니, 선거비용 마련이 여전히 아주 고역이죠.

정치에 뜻을 품었지만 형편이 좋지 않은 사람들에게 '돈'은 거대한 장벽입니다. 돈이 있는 이에게는 대개 인맥과 조직이 따라오기 마련이니, 그런 정치인에게 맨주먹으로 대항하기는 쉽지 않지요. 물론 불가능이란 없습니다. 가난한 집에서 태어나 과외 안 받고 살아도 부잣집 아이보다 수능을 잘 볼 수 있는 것처럼, 돈 없는 정치인도 때로 선거에서 승리하곤 합니다. 하지만 그것은 그만큼 그 정치인이 더 뛰고, 더 고심했고, 어쩌면 운이 더 좋았다는 이야기죠. 돈이 있었으면 애초에 더 쉽게 되었을 당선이고, 공천 따위 걱정하는 시간에 이미 정계에서 더 높이 올라갔을 수 있지 않았겠어요. 예외가 존재한다고 그 현실의 룰이 공정한 것은 아닙니다. 그런 불평등은 결국 현실의 권력관계를, 더 나아가서는 민주주의적 질서마저 왜곡시키고 말겠죠.

또 돈은 선거나 정치권 진입 이전에 생활정치부터 현실적으로 매우 어렵게 하는 요소이기도 합니다. 저는 이 프로젝트를 기회로 정치에 관심이 많은 청년 몇몇을 만나보았는데, 주변인까지 포함해 하나같이 걱정한다는 점이 바로 그것, 경제적 문제였습니다. 어찌어찌 청년의 오늘은 버텨나간다 해도 현대인은 이제 노후대비까지 해야 하니 말입니다. 오늘날 늙기 전에 죽으리라는 영웅적 야망은 성취하기 무척 어렵고, 그런 마인드로는 병원비만 더 나갈 뿐 아니겠어요. 농담 반 진담 반으로 이런 이야기도 있더군요. "청년 정치의 적임자는 돈 많은 한량이다." 다른 '농반진반'으로는 이런 게 있었습니다. "정치를 하고 싶은가? 안정된 직장을 구하라."

결국 정치는 자본에 이중으로 지배되는 셈입니다. 한편으로는 앞서 살펴보았듯 돈이 정치에 직간접적으로 영향을 미치기 때문이고, 또 한편으로는 노무현 전 대통령 말마따나 이제 '권력은 시장에 있어서'이기도 합니다. 그러니까 오늘날 정치는 권력, 곧 사회 안에서 자원을 배분하는 힘을 많이 잃어버렸습니다. 한국 사회의 자본주의적 고도화로 권위주의는 상당히 타파되었지만, 정치 자체가 독자적으로 해결할 수 있는 부분은 오히려 축소된 것입니다. 민주화의 역설이죠.

— 예루살렘

시장은 특히 오늘날의 청년세대에게 거의 전부가 되었습니다. 또는 거의 전부가 되었으면 하는 일부의 생각이 청년세대의 상층 담론을 상당 부분 장악하고 있지요. 인상적이었던 이화여대 시위가 성공한 중요한 이유 역시 그것이 어떤 정치적 이득을 따지지 않는 소규모 이익연대에 가까워서였습니다. 언론과 여론은 일종의 민사법원 역할을 한 셈이죠.

20년 전에 비슷한 일이 있었다고 가정해본다면, 이대 시위의 주동자는 아마도 국회에 너끈히 입성할 수 있었을 것입니다. 하지만 이제 시장 바깥의 것들, 특히 정치는 나쁜 것이 되었습니다. 그런 주술적 믿음이 존재하죠. 미국에서 바이든 대통령의 지휘 아래 국가의 부활(다시 말해 정치의 부활)이 벌어지고 있는 것과는 대조적이죠. 물론 그 정치의 부활이 과연 성공할지는 모르겠지만요.

가령 KBS 통합뉴스룸의 여론조사 "20대에게 물었다… 우리가 분노한 이유는"을 보면, '20대를 힘들게 하는 요인'으로 양극화 42.7퍼센트, 저성장 21.9퍼센트, 기성세대의 기득권 16.4퍼센트, 특정 성별 우대정책 7.3퍼센트라는 답변이 나왔는데요. 보궐선거 이후 청년 정치를 논하는 정치권에서는 정확히 저 순서대로 무관심합니다. 그냥, 정치고 언론이고 청년의 실제 고난에는 관심이 없는 것입니다. 여전히. 심지어 '젊다'고 여겨지는 정치인들마저도.

이런 시장에 대한 불만은 현대 한국의 트라쉬마코스 이준석이나 그이를 열렬히 지지하는 에브리타임(대학생 커뮤니티 사이트. 일명 '에타')의 명문대생들 역시 공유하는 것입니다. 시험에 의한 지위가, 곧 학벌이, 면허가, 공기업 사원증이 주는 안정감이라는, 한국 사회에 마지막으로 남은 반시장적인 것을 그들은 절박하게 원하고 있으니까요.

오늘날 청년들에게 사회적 발언권이 꼭 없지는 않습니다. 하지만 발언권만 있습니다. 그것도 제도 밖 인터넷상에서의 발언권만 무척 자유롭죠. 결과는 발언권의 결정권으로의 대체, 곧 사이버불링입니다. 어떤 의미로는 이것 역시 정치 실패의 한 결과인 셈이죠.

정치가 사람의 문제를 해결할 가능성, 그 이전에 그 의지 자체마저 점점 낮아지는 만큼, 젊은 세대가 정치에 무관심해지는 것은

청년을 위한 정치는 없다

어쩌면 당연한 결과입니다. 젊은 세대가 정치에 무관심해지면, 그만큼 정치는 또 청년문제를 해결하는 데 무관심해지겠죠. 정치 자체의 힘, 사회문제를 해결하는 능력 역시 청년들의 그 무관심만큼 상실하게 되겠고요. 그 빈 자리는 앞서의 뒤틀린 공정 담론이나 트럼프 스타일의 혐오 정치가 채울 것입니다.

여기서 우리는 조그만 결론에 이르게 됩니다. 청년 정치의 문제는 그것 자체로 원인이기도 하고 결과이기도 하다는 것을요. 언뜻 작은 주제지만, 아주 거대한 것들과 연결되어 있지요. 물론 세상에 안 그런 게 어디 하나라도 있겠냐마는요.

지금 이 장에서 우리는 몇 가지 것의 원인과 결과를 살펴봤습니다. 공천이 인맥으로 좌우되는 것은 권력이 몇몇 정치인에게 쏠리기 때문이었죠. 그것은 시민이 정당에 대해 상시적인 영향력을 미칠 방법이 없어서였습니다. 그것은 또 정당 안에서 당원들의, 또는 일반 국민의 생활정치가 안 되기 때문인데, 이는 사회안전망이 부실하고 너무 많은 노동을 요구하는 한국적 상황에서는 필연에 가까운 일이었습니다. 이런 요소들을 접어놓고 봐도 공정한 경쟁은 사실 그리 공정하지 않기에 청년들에게 불리했죠. 정치적 경쟁에 돈과 배경이 요구되면 요구될수록 점점 더 가난해지는 청년세대는 정치적 힘마저 잃는 것이었습니다. 곧 과노동 사회와 사회안전망의 부재 그리고 빈부격차야말로 정당에서 청년 정치인이 나오지 않게 하는, 그 이전에 청년 정치 자체를 취약하게 만드는 핵심 원인입니다.

청년 정치가 해결해야 할 최우선 과제야말로 청년 정치가 이뤄지기 위한 필수 전제였던 셈이죠. 우리는 다른 장에서도 정치와 사회의 이런저런 문제를 해결하기 위해 청년 정치가 필요하다는 걸 볼 수 있습니다. 그런데 이 장에서는 청년 정치가 가능해지기 위해서는 사회의 그 문제가 해결되어야 한다는 것을 알 수 있습니다.

시대정신이 없는 시대라고 많이들 말합니다만, 저 모순성을 타파하고 정치, 더 나아가 사회의 부활을 이루는 것이 청년세대의 그 것이지 않을까 싶습니다. 물론 청년들의 청년 정치만으로는 어떤 문제도 해결할 수 없을 것입니다. 하지만 청년 시민의 정치적 노력이 없다면, 한국 사회의 어느 문제도 해결되지 않겠죠. 영화 〈킹덤 오브 헤븐Kingdom Of Heaven〉에서 주인공은 이런 질문을 던집니다. "예루살렘은 무엇인가?" 그 답은 이랬지요. "아무것도 아니다. 그러나 모든 것이다."

청년을 위한 정치는 없다

3장

청년 세대는 준비되어 있는가

라경수

런던정치경제대학에서 사회학 학사를 취득한 이후 공군 통역장교로 복무했다. 국가정보원에서 근무했으며, 국회의장실과 국회의원실에서 정책비서관을 역임했다. 제20대 대통령선거 경선에서는 더불어민주당 정세균 후보 캠프에서 공보차장으로 일했다. 지금은 대한럭비협회 스포츠공정위원회 위원으로 활동 중이다.

— 청년 정치의 오늘

무장한 예언자만이 권력을 쟁취한다.

Age is no guarantee of efficiency and youth is no guarantee of inno-
vation._〈007스카이폴〉

정치의 목적은 사회가 직면한 문제를 해결하는 데에 있습니
다. 어떤 문제는 특정 시기를 대표하기도 하며, 또 어떤 문제는 시대
를 타고 대물림되기도 합니다. 중요한 것은 문제를 정의하는 능력입
니다. 그리고 이에 대한 해결 방안을 제시하고 대중을 설득하는 것
이 바로 정치인의 일입니다. 정치에서 흔히 '민심은 천심이다'라고

말합니다. 아무리 좋은 문제의식과 비전을 가졌더라도 민심이 이를 수용하지 않는다면 정치인으로서 대중을 이끌 명분이 없다는 뜻입니다. 청년 정치인도 마찬가지입니다. 세계 여러 국가에서 '젊은 정치인'들의 활약 사례가 심심치 않게 들리는 가운데 한국에서도 청년 세대가 정계로 더 많이 진출해야 한다는 목소리가 도처에서 제기되고 있습니다. 한국의 경우, 현재 국회의원 평균 연령이 59.4세인 점과 현행 〈헌법〉에 따라 40세 이상만 대통령에 출마할 수 있다는 제도적 장치를 보면 정치 환경이 젊은 정치인에게 그다지 친화적이지 않다고 할 수 있겠습니다. 그렇다고 단순히 젊다는 이유로 또는 외국에서 한다는 이유로 젊은 정치인이 더 많아져야 한다는 논리는 설득력이 떨어집니다. 핵심은 '청년세대가 어떤 특정 문제를 공동체의 문제로 인식하게 만들 수 있느냐'이며, 동시에 '이를 해결하기 위한 방법을 제시하고 실천하는 과정에 필요한 세력을 조직하고 동원할 수 있는가'입니다.

— 무장한 예언자의 등장

흔히 마키아벨리Niccolò Machiavelli 하면 '배신' '음모' '권모술수' 같은 이미지, 곧 수단과 방법을 가리지 않고 정치적 목적을 달성해야 한다고 주창하는 이미지가 떠오릅니다. 이는 일견 타당합니다. 《군주론Il Principe》에서 마키아벨리는 냉혹한 정치 현실에서 고결성과 도덕성을 국정 운영의 자격요건으로 부여해서는 안 된다고 주장했습니다. 이런 군주의 비도덕성을 강조하는 마키아벨리에 대해 철

학자 레오 스트라우스Leo Strauss는 "악의 교사"라고 규정하기도 했고
요. 하지만 시대의 시험대를 견디며 마키아벨리가 여전히 근대 정치
사상의 선각자로 인정받는 것은 현실 정치에서의 권력 확립에 대한
통찰이 아직까지 유효하기 때문일 겁니다.

《군주론》에서 마키아벨리는 혈연 등을 통해 권좌에 오르는 세
습 군주국보다는 자신의 힘과 노련함 등으로 권력을 쟁취하는 신생
군주국이 유지하거나 관리하는 데 더 어렵다는 이유로 신생 군주국
에 집중했습니다. 곧 《군주론》은 무에서 유를 창조하는Creatio Ex Nihilo
능력으로 권력을 창출해낼 수 있는 잠재적 군주를 위한 책인 것입니
다. 마키아벨리는 군주가 권력을 확립하기 위해서는 국가와 민족을
건설한 모세 같은 지도자를 모방하고 '무장한 예언자'가 되어야 한
다고 강조합니다.

무장한 예언자들은 모두 승리했고, 무장하지 않은 예언자들은 멸망
했다.

마키아벨리는 잠재적 군주들을 예언자로 비유합니다. 왜 예언
자일까요. 예언자는 신과 대화하고 '신의 뜻' 혹은 '계시'를 받고 전
파하는 사람입니다. 이를 통해 예언자는 불확실한 미래에 대해 개인
또는 사회 전체가 나아가야 할 방향과 비전 그리고 구현 방법을 제
시합니다. 무엇보다 예언자는 자신이 전파하는 말에 대한 대중의 믿
음을 사야 합니다. 불가능한 일을 가능하게 만들면서 자기 말이 옳
다는 것을 증명하고, 점진적으로 대중이 이를 믿게 만드는 능력이야

말로 진정한 예언자의 능력이라 할 수 있겠습니다. 아울러 마키아벨리는 군주가 대중의 '믿음'도 사고 '무장'되어야 한다고 주장합니다. 사람들은 변덕스러워서 '믿음'의 유효기간이 오래가지 못하기 때문에 '힘'으로 믿게끔 강제해야 할 필요성을 이야기한 것입니다. 여기서 말하는 '힘'이란 폭력이 수반되는 강제력을 지칭합니다. 이로 인해 자칫 마키아벨리가 시민의 자유를 억압하는 폭군을 옹호하는 것처럼 비칠 수 있지만, 마키아벨리는 반대로 시민 스스로 자신들의 자유를 찾아야 한다고 강조했고, 군주도 이들의 호의를 얻어 집권해야 귀족들의 동의를 얻어 집권할 때보다 권력을 더 안정적으로 유지할 수 있다고 주장했습니다. 곧 마키아벨리가 생각하는 사회의 지배적 정치세력은 일반 국민이라고 볼 수 있습니다.

마키아벨리는 이런 조건을 충족시킨 신생 군주가 바로 모세라고 말합니다. 애굽에서 오랜 기간 핍박받던 이스라엘 민족은 모세를 통해 신이 그들을 위해 '약속의 땅'을 준비했다는 믿음과 희망을 가졌습니다. 하지만 현실의 어려움으로 이스라엘 민족의 믿음은 종종 사그라들 때가 있었고, 모세는 그럴 때마다 신의 무력을 통한 힘을 과시함으로써 '약속의 땅'을 향한 이들의 믿음을 재확인시켰습니다. 아울러 모세는 십계명을 만들어 법과 제도를 부여했으며, 궁극적으로는 이스라엘 민족의 자치를 준비함으로써 이들이 스스로 자유를 찾을 수 있게끔 만들었습니다.

정리하자면, 마키아벨리는 권력을 잡고 새로운 질서를 구축하려는 이들에게 두 가지의 요건이 반드시 충족되어야 한다고 강조합니다. 하나는 대중의 동의와 믿음을 얻을 수 있는 '말씀'으로, 곧 다

청년을 위한 정치는 없다

수가 공감하고 원하는 미래에 대한 약속입니다. 다른 하나는 이런 약속을 실천하기 위해 필요한 실질적 '힘'으로, 이는 단순히 폭력을 행사하는 물리적 힘을 넘어 근대 자유민주주의 국가에서는 유권자, 곧 대중의 '지지세력'을 조직하거나 동원할 수 있는 능력이라고 넓게 해석할 수 있겠습니다.

― 대한민국의 '무장한 예언자'는 누구였는가?

대한민국 현대 정치사에서 가장 영향력 있었던 정치인을 꼽으라면 이승만, 박정희, 김대중 전 대통령을 택할 것 같습니다. 물론 세 분 모두 공과에 있어 여러 지적이 있지만 한 시대를 정의하고 대한민국 정치사의 새로운 전환기를 창출해냈다는 점에서 이런 평가를 내리고자 합니다. 특히 구체제에 의존하지 않고 오직 자기 '힘'으로 자기 시대를 만들었다는 점에서 이들을 '무장한 예언자'에 비유할 수도 있겠습니다. 여기에서 '자기 시대'란 새로운 시대정신을 정의하고 담론화해 권력을 구축한 다음, 이를 실제로 실천에 옮겨 실질적 성과를 창출해낸 일련의 과정으로 볼 수 있습니다. 언론인 강준식은 세 분이 "국가의 큰 방향을 새로 선택했다는 점"에서 가장 '준비된 대통령'이었다고 평한 바 있습니다. 아울러 세 분 모두 정치적 세력 기반이 비교적 약하거나 불리한 상황에서 시작해 궁극적으로 집권에 성공했다는 사실에 주목합니다. 그렇다면 이분들의 '말씀'은 무엇이었는지 살펴볼까요?

이승만·박정희 전 대통령은 둘 다 '반공'을 토대로 자기 권력의 이념적 정당성을 부여했다는 점에서 비슷해 보이지만 기여도는 다릅니다. 초대 대통령 이승만은 해방 직후 자유민주주의를 지향하는 독립국가를 건설했고, 대한민국을 공산화로부터 지켜냈습니다. 로버트 올리버Robert T. Oliver 교수는 "이승만 대통령의 투철한 반공 이념과 탁월한 지도력이 없었더라면 베트남 공산화 이전에 남한 공산화도 불가피했을지 모른다"고 말했습니다. 아울러 1951년 유엔 한국위원회도 대한민국의 전쟁 극복력을 높이 평가하면서 "모든 어려움과 혼란과 위험 속에서도 정부조직은 와해되지 않았다"고 강조했습니다.

박정희 전 대통령의 비전과 성과는 '산업화'입니다. 이강로 교수는 "박정희가 추구한 쿠데타의 목적이 민주주의 회복이 아니라 굶주리는 사람이 없는 나라, 잘사는 나라로 만드는 길"이었다고 말합니다. 당시 상황에 대해 카터 에커트Carter Eckert 교수는 1961년 장면 정부가 직면한 위기는 단순히 "정치적 성질의 것만이 아닌 심각한 경제적·사회적 문제들"이었다면서 "만성적 식량 부족, 극심한 농촌 궁핍, 높은 실업률" 등을 언급합니다. 경제개발을 최우선 과제로 삼은 박정희 전 대통령은 장면 정권의 경제개발 5개년 계획을 4차에 걸친 5개년 계획으로 보완해 대한민국이 중화학공업 중심의 국가로 도약할 수 있게 했습니다. 그 결과 1962~1981년 사이 대한민국은 연평균 9.4퍼센트의 경제성장률을 기록했고, 1960년 100달러 미만이었던 1인당 국민소득은 800달러 수준에 이르렀습니다.

김대중 전 대통령은 대한민국 정치사에서 민주화운동의 상징이라고 할 수 있습니다. 정치인으로서 진정한 민주주의를 실천하다

청년을 위한 정치는 없다

가 투옥되거나 납치당하기도, 사형선고를 받기도 하는 등 온갖 어려움을 겪었지만 그럼에도 군부 독재에 저항했고, 결국 1997년 '수평적 정권교체'를 통해 한국 정치사에서 최초로 야당이 평화적으로 집권한 역사적 사건을 창출해냈습니다. 이는 대한민국이 안정적으로 민주주의 발전을 이룩했음을 대외적으로 과시하는 계기가 되었지요. 당시 프랑스 〈르 몽드Le Monde〉(1997년 12월 19일자)는 이를 두고 "한국 유권자들이 정권교체를 이룩함으로써 진정한 정치적 성숙을 보여주었다"고 했으며, 〈LA타임스Los Angeles Times〉(1997년 12월 23일자)는 "김대중 씨는 아시아의 넬슨 만델라"라고 극찬했습니다. 아울러 햇볕정책은 '반공'의 이념이 깊숙이 내재되어 있던 대한민국 사회에 큰 인식의 전환을 가져다주었습니다. 강원택 교수는 햇볕정책은 남북이 평화적으로 공존할 수 있다는 점을 정책을 통해 실천한 것이라면서 "한국 정치에서 민주화 이후에도 금기로 남아 있던 반공 이데올로기에 대한 최초의 근본적 도전이었고, 권위주의 체제가 남긴 부정적 유산의 극복 과정이었다"라고 평했습니다.

　　앞서 이야기한 것처럼 좋은 '말씀'만으로는 권력을 획득하기 어렵습니다. 말씀과 더불어 중요한 것은 이를 실천할 수 있는 '힘'인데, 세 분은 어떻게 그 힘을 얻어 집권에 성공했을까요? 일단 세 분 모두 국내 기반이 비교적 유리한 상황은 아니었지만 정치권 밖에서 점진적으로 조직을 확보해 중앙으로 진입한 사례입니다. 공권력 등을 포함한 물리적 영향력 행사를 통해 권력 기반을 확보하고, 궁극적으로 집권에 성공한 사례는 이승만·박정희 전 대통령입니다. 김대중 전 대통령은 정치권 밖에서 조직을 구축한 이후에 창당과 연정을 통해 정권교체를 이루었지만, 이는 공권력이 수반된 방식이 아닌 정치적 '노련함'이 토대였다고 볼 수 있습니다.

이승만 전 대통령은 1900년대 초부터 미국에서 생활한 터라 국내 기반이 약한 편이었는데, 새로운 조직을 구성하기보다 기존의 우익 정치세력을 흡수해 장악하는 쪽을 택했습니다. 해당 조직은 미군정기에 만들어진 우익 단체들로 대한독립촉성국민회와 대한청년단 등입니다. 당시 대한독립촉성국민회의 주도권은 김구 선생에게 있었는데, 이는 1946년 6월 이승만 전 대통령의 지방 순회를 통해 역전됩니다. 지방순회에서 대한독립촉성국민회는 전국 2000여 지부, 700만 명의 회원을 보유한 최대 우익 조직으로 거듭났으며, 이승만 전 대통령은 해당 조직의 실질적 운영권을 행사할 수 있는 총재로 추대됩니다. 미군정은 이런 조직 장악 과정에 중요한 역할을 합니다. 반공주의자로 알려진 이승만 전 대통령에 대해 미군정은 처음에는 회의적이었지만 점차 정치적 파트너로서 많은 지원을 하게 되는데, 특히 물리적 권력을 행사할 수 있는 경찰권력과 재정 지원이 핵심이었습니다. 당시 경찰은 이미 전국적으로 체계를 갖추었으며, 미군정 시대부터는 국내 좌익세력을 견제하는 최대 기구로 기능했기에 이승만 전 대통령이 물리적 기반을 확대해나가는 과정에서 중요한 역할을 담당했지요. 이 외에도 이승만 전 대통령은 군부를 통제하고, 우익 청년단체인 대한청년단을 조직해 자신의 지지기반을 공고히 했습니다. 그 결과 1948년 5·10 총선에서 이승만 지지세력은 총 200석 가운데 168석을 차지하게 됩니다.

박정희 전 대통령은 1961년 5월 16일 일부 육군·해병대 부대

청년을 위한 정치는 없다

가 참여한 쿠데타를 통해 입법·사법·행정 3권을 물리적으로 장악하고 국가재건최고회의를 최고통치기구로 만들어 자신의 권력 기반을 확보했습니다. 비민주적 방식으로 권력을 획득했지만 당시 미군 방첩대가 실시한 국내 여론조사에서는 오히려 국민의 60퍼센트가 쿠데타에 찬성한다는 결과가 나왔으며, 미 국무부도 이를 두고 "젊은 세대의 불만이 반영된 것"이라고 분석하며 사실상 쿠데타를 인정했습니다(〈한국일보〉 1962년 8월 15일). 이렇듯 대내외적 여건이 조성된 가운데 박정희 전 대통령은 국가재건최고회의를 통해 국가기구를 개편하고 중앙정보부를 신설하는 등 중앙집권화를 강화했습니다. 그러고는 민주공화당을 창당하고 정계 진출 활로를 구축해 민정 이양 뒤 자신의 집권 가도를 확보했습니다. 이 외에도 박정희 전 대통령은 재건국민운동 등을 추진해 전국민 지지를 조직화하고, 장면 정부 때 활발하게 활동했던 노동조합 등을 통제함으로써 집권에 유리한 환경을 점진적으로 조성했습니다. 결국 박정희 전 대통령은 제5대 대통령선거에서 민정당의 윤보선 후보를 1.5퍼센트포인트의 근소한 차이로 꺾고 당선됩니다.

김대중 전 대통령 역시 정치권 밖에서 조직을 동원해 중앙으로 진출했습니다. 1992년 대통령선거 패배로 대선에서 총 세 번이나 낙방한 그는 정계 은퇴를 선언합니다. 40년간의 정치 인생의 종지부를 찍는 일에 많은 결단이 필요했겠지만, 무엇보다 정치인으로서 대선에서 여러 번 패배한 데 대한 책임감이 크지 않았을까 하는 생각이 듭니다. 이는 그만큼 김대중 전 대통령의 정계 복귀가 어려웠음을 시사합니다. 하지만 그는 '한반도의 평화를 통해 세계 평화에 기여한다'라는 명분으로 1994년 '아시아태평양평화재단'을 출범시켜 국내외 각계각층의 유명 인사를 포진시킴으로써 정계 진출의 교두보를 마련합니다. 이후 1995년 6월 지방선거 때 민주당의 유세 지원 요청을 받아 전국을 순회하면서 '지역등권론'을 주창합니다. 결국 수도권과 호남권은 물론 여권의 강세 지역이던 강원과 충북 지역에서도 승리해 민주당의 압승에 기여합니다.

지방선거 승리로 민심을 확인한 김대중 전 대통령은 국회의원 51명의 결의로 정치 재개를 요청받은 뒤 '새정치국민회의'를 창당하고 1996년 총선에서 79석을 확보함으로써 대선에 도전할 수 있는 조직적 기반을 다시 만듭니다. 하지만 여기서 김대중 전 대통령은 노련한 정치인의 면모를 보여주는데, 바로 자민련의 김종필, 박태준과 'DJT연합'을 구축한 것입니다. 군부세력과의 결탁은 민주화운동계의 반발을 불러왔지만 김대중 전 대통령은 정권교체를 위해서는 충청권의 지지가 필수적이라고 판단해 '호남 고립 구도 타파'를 목적으로 이들과 손을 잡습니다. 이런 노력의 결과 충청권의 지지를 등에 업고 김대중 전 대통령은 이회창 후보에게 1.6퍼센트포인트라는 아슬아슬한 차이로 제15대 대통령선거에서 네 번의 도전 끝에 당선됩니다.

— 586세대는 무장한 예언자인가?

우리는 지금까지 신생 정치 지도자가 어떻게 권력을 획득하는지에 대한 마키아벨리의 주장을, 그리고 그것의 산증인이었던 대한민국의 주요 지도자들 사례를 살펴봤습니다. 그렇다면 오늘의 '무장한 예언자'는 누구일까요? 당장 떠오르는 특정 인물은 없지만 우리 사회의 중추를 형성하고 있는 '586세대'를 언급할 수 있을 것 같습니다. 본래 386세대(30대·80년대 학번·60년대생)로 알려져 있으나 현재 대부분이 50대이니 여기서는 '586세대'라 부르겠습니다. 물론 586세대의 정의가 단순히 1960년대에 태어난 대학생으로만 분류되는 것은 아닙니다. 당시 대학 진학률이 30퍼센트대 수준이었고 민주화운동이 활발한 시기였기에 586세대에는 통상 민주화운동을 직간접적으로 경험하고 공유한 고학력자 이미지가 내포되어 있습니다. 이철승 교수는 586세대를 "산업화세대의 주도 아래 불균형 발전을 초래한 권위주의적 폭압과의 대결 산물"이라면서 "제도 변화를 통해 세상을 바꿀 수 있다는 집단적 믿음을 공유한 세대라는 점에서 동아시아 최초의 절차적 제도주의자들이다"라고 정의한 바 있습니다.

586세대를 기득권이라고 하는 이유는 이들이 이미 국내 정치·경제·교육 분야의 중추를 형성하고 있어서입니다. 정치권의 경우, 586세대는 '국민의 정부' 시기부터 본격적으로 정계에 진출해 '참여정부' 때 대거 입성했습니다. 2000년 총선 당시 여야는 '새 피 수혈'을 목적으로 이들을 상당수 공천했고, 총 14명이 당선되었습니다. 4년 뒤 탄핵 역풍을 계기로 586세대 당선인은 68명으로 급증했고(〈중앙일보〉 2019년 9월 24일자), 이후 국회 의석을 차지하는 586세대의 비율은 꾸준히 늘어 21대 총선에서는 58퍼센트에 이르는 것으로 확인되었습니다. 국민을 대표하는 자리에 특정 세대가 장기간 집권하고, 아울러 의석의 3분의 2를 차지하는 현상은 해당 세대가 이미 한국 사회의 기득권임을 방증하는 것입니다. 그렇다면 이들은 어떤

'말씀'과 '힘'으로 이런 기득권을 형성할 수 있었을까요?

먼저 '말씀'을 보겠습니다. 박정희 전 대통령은 초고속으로 '한강의 기적'을 이루었지만 이는 소수 재벌 기업에게만 막대한 이익을 가져다주는 모델로 일반인의 생활 수준은 그에 비해 뒤떨어져 있었습니다. 불균형한 경제 발전의 지속은 서민 생활을 불안정하게 만들었으며, 전두환 정부로 이어진 오랜 군부 독재의 폭압, 특히 광주 유혈사태는 그에 맞서 강력히 저항하는 세력을 낳습니다. 이들은 민주주의 이념으로 무장했으며 '공정' '분배' '평등'의 가치를 주장했죠. 또 '독재 타도'를 외치며 군부 독재에 반대하는 세력을 조직하고 동원했습니다.

586세대는 자신의 세력을 전국적으로 확대하는데, 이철승 교수는 이들을 두고 "처음으로 도시 빈민 및 노동자 계층과 중산층의 연대를 시도함으로써 자본주의 아래 시민사회를 조직화한 첫 지식인 그룹이다"라고 평했습니다. 586세대는 수도권과 주요 공업 지역에 위치한 공장 등에 취업했고, 방학 때는 농촌 봉사활동을 통해 '노동자 군대'를 조직하는 데 투신했습니다. 그 결과 1990년대 초 시민사회는 노동단체와 진보 성향 시민단체들이 주도했고, 1997년 들어서는 이런 단체들이 분야별로 수천 개로 늘어나 전국적 네트워크를 구축합니다. 이 네트워크는 국가에 대항하거나 압력을 행사할 때 동원되었고, 또 국가와 정책을 협상하고 조율할 수 있는 조직들이었습니다. 참여연대와 민주노총이 대표적입니다. 네트워크는 학연과 지연을 초월해 이념으로 무장하고 결집했으며, 서민의 이익을 대변하는 '연대의 정치'를 추구했습니다. 이철승 교수는 586세대가 2000년

청년을 위한 정치는 없다

대에 이미 1950년대생을 제쳤고, 2010년대에는 "시민사회 조직의 기초를 장악"했다고 분석했습니다. 곧 586세대는 강력한 시민사회 단체를 기반으로 기층 민중의 지지를 확보했고, 이 조직을 주도하고 이끈 인사들이 정계에 대거 입성하면서 정치권력을 장악하게 된 것, 곧 "시민사회가 국가화된 것"이라고 볼 수 있겠습니다.

'말씀'과 '힘'을 모두 가진 586세대의 지지 기반은 현재로서는 견고해 보입니다. 하지만 조금씩 이 기반에 균열이 생기고 있다는 지적이 있습니다. 제도 변화를 통해 세상을 바꿀 수 있다는 집단적 믿음을 공유하고 '공정' '분배' '평등'의 가치를 주장함으로써 대중의 '믿음'을 사 권력을 획득한 586세대가 지금은 오히려 불평등을 생산하고 계층 세습을 실현하고 있기 때문입니다.

이철승 교수는 1997년 금융위기 이후 세계화된 시장에서 '유연화된 위계 구조', 곧 비정규직, 파견직이 도입되는 시기에 586세대 대부분이 이미 '정규직' 지위에 진입했다고 말합니다. 따라서 586세대는 "상층은 보호되고 하층은 유연화된" '이중 경제화 구조'가 사회에 안착되는 시기 동안 내부자 지위를 가장 오래 누렸다는 것입니다. 문제는 이 현상이 인사 적체를 유발하고, 권력을 소수에게만 집중시킴으로써 그다음 세대가 상승할 기회를 줄인다는 점입니다. 이 현상은 비단 정치권만이 아니라 재계에서도 일어나고 있습니다. 2010년대 초반 국내 100대 기업에서 1960~1964년생이 차지하는 임원진 비율은 41.8퍼센트였는데, 2010년 후반이 되어서도 38.1퍼센트로 여전히 건재함을 과시했습니다. 아울러 부모-자녀 세대 간 소득 비율에서도 586세대 부모와 1990년대생 자녀의 소득 차이가

여타 세대에 비해 크게 벌어지고 있어(2010년 44.3퍼센트→2016년 52.4
퍼센트) 세대 간 불평등이 존재한다는 것을 확인해줍니다. 《K를 생각
한다》의 지은이 임영묵은 586세대를 소련 후기의 공산당 노멘클라
투라에 비유합니다. "이들이 자신들의 지배력을 활용해 계층 세습을
실현하고자 했다"는 것인데요. "자신들의 사회자본, 문화자본을 이용
해 자녀들에게 가장 좋은 교육과 가장 촉망받는 커리어를 물려주려
했고, 자녀들은 그런 특혜를 거부하지 않았다"면서 "때에 따라 편법
이 동원되기도 했다"는 주장입니다.

　　돌아보면 한국 현대 정치사에서 세대교체는 상승하고자 하는
세대와 이를 저지하려는 기득권세력 사이에 발생하는 갈등의 결과
라고도 볼 수 있겠습니다. 대한민국 정부 수립 이후 이승만 대통령
의 비민주적 방식을 통한 권력 연장은 결국 소수에게 권력을 집중시
켜 정치적 부패를 낳았고, 이에 반발한 군부세력이 쿠데타를 일으켜
권력을 잡게 만들었습니다. 그런데 이 세력 또한 군부와 소수 재벌
기업에게만 재원을 분배해 이에 저항하는 민주화세력을 키우게 된
것이죠. 이 민주화세력 또는 586세대는 건재한 조직력을 갖춘 기득
권으로 발전했지만 시간이 지나면서 사람들은 이 세력의 진정성에
조금씩 의문을 갖기 시작합니다. 한번 잡은 권력은 쉽게 내려놓지
못하는 것이 권력의 속성이란 점을 역사는 말해주고 있는데요. 과연
586세대는 전 세대와 달리 자신의 기득권을 평화적으로 다음 세대
에 물려줄 수 있을까요? 만약 가능하다면 이를 물려받는 혹은 쟁취
하는 세대는 누구일까요?

　　　　　　　　　　　　　　　　　청년을 위한 정치는 없다

— 청년세대, '무장한 예언자'가 될 수 있는가?

청년들을 정의하는 기준은 기관에 따라 각기 다릅니다. 최근 언론에 자주 등장하는 'MZ세대'란 사실 미국에서 건너온 명칭인데, 이는 1980년대 출생자인 '밀레니얼 세대'와 1995년 이후 출생한 'Z세대'를 결합한 말입니다. 한편, 더불어민주당과 국민의힘은 청년을 45세 미만으로 정의하는 반면, 정의당은 35세 이하로 규정하고 있습니다. 청년에 대한 기준이 서로 다르지만 여기서는 편의상 '청년세대'로 통칭하겠습니다.

청년세대가 586세대를 교체할 수 있는 '무장한 예언자'가 될 수 있는지 살펴보기 위해서는 몇 가지 중요한 질문을 해야 합니다. 먼저 이들이 유권자층으로 유의미한 영향력을 행사할 수 있는지, 대중을 설득할 '말씀'과 이를 실천할 실질적 '조직력'이 있는지, 마지막으로 청년세대가 정치에 투신할 의향이 있는지입니다

먼저 유권자층으로서 청년세대의 영향력을 살펴보겠습니다. 최장집 교수는 냉전 반공주의에 따른 보수적 민주주의가 정치로 하여금 사회의 상층계급에만 편향되게 만들었는데, 이에 저항할 정치적 반대 채널이 억압되었을 때 유권자 이탈 현상이 발생한다고 말합니다. 특히 이런 현상이 민주화 이후 세대인 20대 신규 유권자 사이에서 드러난다고 주장했는데, 그 이유는 젊은 층이 정치에 대한 환멸을 느껴 투표에 참여하지 않는다는 것입니다.

최근 선거 유형별 투표율을 살펴보면 최장집 교수가 말하는 유권자 이탈 현상과는 반대로 오히려 젊은층의 투표 참여율이 증가

선거 유형별 투표율

연도	대통령선거(%)			국회의원선거(%)				지방선거(%)		
	2007	2012	2017	2008	2012	2016	2020	2010	2014	2018
전체	63	75.8	77.2	46.1	54.2	58	66.2	54.5	56.8	60.2
20대	47	68.4	76	39.2	41.4	52.6	58.8	41.5	48.3	52
30대	54.9	70	74.2	35.2	45.5	50.5	57.1	46	47.5	54.2

*출처 e나라지표

하는 추세라는 것을 알 수 있습니다.

이 시기 전체 투표율을 보면 2007년 대선 대비 2017년 대선에서 14.2퍼센트포인트 증가했습니다. 국회의원선거의 경우 2008년 총선(46.1퍼센트) 대비 2020년 총선(66.2퍼센트) 때 무려 20.1퍼센트포인트 증가했고요. 지방선거에서도 유사한 경향이 나타났는데, 2010년 지선(54.5퍼센트) 대비 2018년 지선(60.2퍼센트)에서 5.7퍼센트포인트 증가했습니다. 가장 최근의 4·7재보궐선거 사전투표에서는 역대 재보선 최고 수치인 20.54퍼센트의 투표율을 기록했는데, 이는 20~30대 유권자층 모두에서 투표율이 증가했기 때문입니다. 2017년 대선에서는 74퍼센트 이상이 투표에 참여했으며, 가장 최근 총선과 지방선거 투표율 역시 50퍼센트 이상을 상회하고 있습니다. 이 추세는 실제 선거 결과에도 영향을 미치면서 청년세대가 더이상 무시할 수 없는 유권자층으로 발전했다는 것을 보여줍니다.

2021년 4월의 재보궐선거는 정치 지형의 새로운 바람을 보여준 중요한 계기였습니다. 당시 진보진영에서는 20~30대 유권자가 자신에게 투표할 것이라는 믿음이 있었습니다. 실제로 박영선 후보는 4월에 실시한 여론조사를 두고 "(20~30대) 샤이진보층 중 전화를 안 받는 사람들이 있다"면서 "역대 최고 사전 투표율의 배경에는 '샤이진보층'이 있다"고 자신했습니다(《한겨레》 4월 4일자). 하지만 당일 출구조사 결과는 정확히 그 반대였습니다. 지상파 3사에서 실시한 조사 결과, 20대 유권자 중 박 후보에 투표한 비율은 34.1퍼센트에 그치며 55.3퍼센트를 기록한 오세훈 후보에게 21.2퍼센트포인트라는 격차로 밀렸습니다. 30대에서도 오 후보는 56.5퍼센트를 얻어 박 후보를 17.8퍼센트포인트 차이로 따돌렸습니다. 오 후보는 20~30대의 압도적 지지를 받으며 당선된 것입니다. 선거 패배 직후 청와대는 사태의 심각성을 의식했는지 '특단의 대책'을 강구해 청년들의 어려움을 해소하라는 지시까지 내렸지요(《전자신문》 2021년 4월 27일자). 이 상황들로 미뤄볼 때 유권자층으로서 청년세대의 영향력은 어느 정도 입증되었다고 볼 수 있겠습니다. 그렇다면 국회 내 청년세대의 영향력은 어느 정도일까요?

2021년 6월 국민의힘 당대표 선거에서는 선거인단 투표율이 45.36퍼센트에 달해 역대 최고치를 기록하면서 헌정사상 처음으로 30대 당대표가 선출되었습니다. 청년세대 입장에서 이준석 대표의 업적은 매우 고무적일 것입니다. 하지만 국회 내 청년세대의 목소리가 그만큼 영향력이 있는지에 대해서는 고민해볼 필요가 있습니다. 먼저 21대 총선에서 낙선된 40대 미만 청년 정치인은 모두 13명입니다. 20대에 3명이었던 점을 감안하면 장족의 발전이지만 이는 전체 비율의 4.3퍼센트에 불과합니다. 특히 지난 21대 총선 유권자 가운데 20~30대가 차지하는 비중이 30퍼센트를 상회한 것을 고려하면 청년세대가 국회에서 과소대표되어 있다고 볼 수 있습니다. 국제의원연맹IPU에서 조사한 40세 이하 청년 의원 비율에서도 대한민국은 121개국 가운데 118위를 기록해 청년 대표성이 글로벌 기준에 비해서도 현저히 낮은 것으로 나타났습니다.

이철승 교수는 '포스트 386(또는 586) 약체론'을 주장하면서 586세대의 '경험과 노하우의 세대 독점'을 언급합니다. 곧 586세대는 이미 30대부터 시민단체들을 조직해 국가와 정치권을 상대함으로써 현장에서의 리더십을 체득하며 권력 기반을 공고히 다졌다는 것입니다. 반면 이를 추종하고 따랐던 후배 세대는 리더십을 직접 경험하지 못해 권력 주변부에만 머물면서 '허드렛일'만 해왔다고 분석합니다. 이는 청년 정치인의 고충을 일부 설명할 수 있다고 생각합니다. 같은 국회의원이더라도 권력 중심부에 속하지 못하기 때문에 독자적인 목소리를 사실상 내기 어려운 상황이고, 설령 목소리를 내더라도 엄청난 뒷감당을 감수해야 하므로 당 안에서 눈치를 볼 수밖에 없습니다. 실제로 2021년 4월 재보궐선거 참패 이후 여당 초선 의원들은 자성의 목소리를 냈다가 일부 지지자들을 포함한 당 안팎에서 비난이 쇄도하자 몇몇 의원은 입장을 번복하기도 했습니다. 이런 탓에 외부에서는 청년 정치인들을 보는 시선이 좋지 않고, '정당의 거수기로 전락했다'고 평하기도 합니다(《시사오늘》 2020년 6월 5일자).

21대 국회에서는 청년의 정치 참여를 장려하기 위해 피선거권 연령과 기탁금을 낮추고 청년할당제를 추진하는 법안들이 여러

청년을 위한 정치는 없다

청년 정치인의 노력으로 발의되었습니다. 제도적 노력은 청년 대표성을 제고하는 데 있어 필수적이기에 앞으로도 이런 법안이 꾸준히 발의되어야 한다고 생각합니다. 하지만 청년세대가 진정한 세대교체를 이루고 미래 세대를 이끌기 위해서는 청년세대 외에 다른 세대와도 공감대를 형성할 수 있는 인류 보편적 가치에 기반한 '말씀'이 있어야 합니다. 청년세대에만 한정된 문제를 가지고는 대중적 '믿음'을 사기는 어렵기 때문입니다. 민주화 이후의 어젠다를 설정하기 위해서는 청년문제를 공동의 문제로 만들 수 있어야 합니다.

마지막으로 청년세대는 정치라는 직업을 선호할까요? 최근 20~30대를 대상으로 실시한 '직장 선택 기준'에 대한 설문조사(《아웃소싱타임즈》 2021년 9월 29일자)에 따르면, 20~30대에게 가장 중요한 조건은 '연봉' '워라밸' '고용 안정성' 순이라고 합니다. 아주 짧은 기간의 국회 경력을 가지고 감히 한 가지 확신을 가지고 이야기하자면, 국회에서 일하는 분들에게 이 조건은 해당되지 않습니다. 일단 연봉에서부터 서류 '광탈'입니다. 올해 통계청이 발표한 자료(《연합뉴스》 2021년 2월 24일자)에 따르면, 임금근로자의 월평균 소득은 309만 원인 반면 2020년 국회 보좌직원 보수 지급 기준으로 9급 비서의 월급은 268만 원 정도입니다. 게다가 워라밸은 거의 없다고 봐야 합니다. 일단 공무원은 근로자가 아니므로 주 52시간 근무제에 해당하지 않고, 국정감사 등 주요 행사가 있을 때는 야근과 주말 출근을 자연스럽게 감수해야 합니다. 한 명의 국회의원을 모시는 일이지만 정무·정책을 포함한 다양한 영역에서 보죄해야 하기에 한가한 날을 찾기 어렵습니다. 아마 같은 맥락에서 국회 보좌진이 가장 듣기 억울

한 말이 "왜 국회는 일 안 해?"일 겁니다. '고용 안정성' 역시 공무원답지 않게 매우 취약합니다. 만약 의원이 직을 상실하면 국회 보좌진 역시 면직 처리가 됩니다. 이를 두고 '보좌진은 모시는 의원과 운명을 같이 한다'고도 표현하지만, 보좌진만 운명을 달리하는 경우가 적지 않으니, 의원 마음에 따라 언제든 교체될 수 있기 때문입니다. 안정된 직장을 원하는 청년들에게 직업 정치란 매력이 덜할 수밖에 없습니다. 한편 일각에서는 청년세대가 정치를 선호하지 않는 것은 이들이 추구하는 가치가 부재하고 "확실하게 보장된 지위 상승의 기회 또는 감각적 즐거움이 없기 때문"이라는 분석을 내놓기도 합니다(임명묵, 《K를 생각한다》). 이런 주장에 동의할 수 있을지는 모르겠지만, 1970년대 초등학생의 장래희망 1순위가 대통령이었던 반면 2000년대 들어서는 1순위가 운동선수, 연예인으로 바뀐 점을 미뤄볼 때 청년세대에게 정치인이 인기 높은 직업은 아닐 거라는 추측을 해볼 수 있겠습니다. 실제로 21대 국회의원선거에 등록한 후보 중 20~30대가 차지한 비율은 6.4퍼센트에 불과했습니다.

　　토머스 홉스Thomas Hobbes는 저서 《리바이어던Leviathan》에서 "권력을 쉬지 않고 영원히 추구하는 것이 인간의 일반적인 경향이며, 이런 권력 욕구는 오직 죽어서만 멈춘다"고 했습니다. 대한민국의 현대 정치사를 돌아볼 때 권력 교체가 30년 주기로 반복되는 패턴이 되풀이된다는 가정 아래(이철승 《불평등의 시대》) 향후 1990년대생들이 586세대를 대체할 수 있을지도 모릅니다. 물론 현재 여건들만 놓고 보면 청년세대가 당장 준비된 것 같지는 않습니다. 그렇다고 이런 변화가 단순히 기다린다고 해서 오지는 않을 것입니다. 앞

　　　　　　　　　　　　　청년을 위한 정치는 없다

서도 살펴보았지만 세대교체 시기에는 그만큼 큰 진통이 따랐고 이를 극복해야 비로소 새로운 시대정신을 실현시킬 수 있기 때문입니다. 청년세대가 만약 새로운 시대를 이끌어갈 의지가 있다면, 자신들의 문제를 586세대에 의존해 해결하지 않고, 스스로 힘을 키워 '무장한 예언자'가 되어 권력을 쟁취해야 할 것입니다.

─ 청년세대의 어젠다에 대해 생각하며

"안정적이고 좋은 국정원 놔두고 왜 이런 데에 왔어?" 국회로 이직하면서 가장 많이 들었던 말입니다. 퇴사한 지금까지도 여전히 그 질문은 단골 메뉴입니다. 어떤 분은 심지어 제가 불안정한 직장을 가졌기에 결혼하지 못할 수 있다고 걱정합니다.

사실, 이 질문의 핵심은 국정원과 국회에서 왜 일을 해보고 싶었는지에 대한 배경 또는 개인의 가치를 묻는 것이 아니라 '안정적인 삶'을 지향하는 것이 우리 사회의 미덕임을 강조하는 수사적 표현입니다. 애초에 '안정성'을 보고 국정원에 입사한 것이 아니었기에 퇴사를 결심하고 국회로 향한 것 역시 '안정성'하고는 무관한 개인적 가치의 문제였습니다. 아무에게도 피해를 주지 않는 이런 가치관이 왜 가정을 이룰 수 없는 원인이 되어야만 하고 또 '흠'으로 인식되는 걸까요? 왜 나 자체만으로 사회에서 존중받을 수 없는 걸까요? 잘 이해가 되지 않아 속상했습니다. 어쩌면 이 모든 것을 관통하는 '안정성'이란 관념과 이를 달성하기 위해 사회적으로 합의된 이상적 수단은 어느새 우리 삶 자체의 목적이 되어 앞 세대로부터 꾸준히 주입되어왔을지도 모릅니다. 그 선택의 여지가 없는 외적 기준이 자신도 모르는 사이 내면화되었고, 사람들이 그에 적응하다 못해 적극 추구하게 된 것이 지금의 상황 아닐까요? '좋은 학교'에 입학하고, '좋은 직장'에 취업해서 '안정적인 삶'을 만들어야 한다는 압박 그리고 그 목적을 달성하기 위해 투입되는 자원의 불균형은 결국 새로운 불평등을 만듭니다. 한국의 자녀 일인당 월평균 사교육비가 꾸준히 증가하고 있다는 점과 더불어 그 차이가 저소득층과 고소득층 사이에 5배나 된다는 사실(《매일경제》 2021년 3월 9일자)을 미뤄볼 때 이는 일견 타당하다고 볼 수 있습니다.

　이 글을 통해 민주화 이후의 새로운 시대정신을 규정하겠다거나 청년세대의 아픔과 고충을 대변함으로써 '제3의 길'을 제시하겠다는 식의 말을 하려는 게 아닙니다. 그 정도로 뻔뻔하지는 않습니다. 최근 뉴스에서 어느 청년의 비극적 이야기를 듣고 매우 속상해했던 적이 있습니다. 다리가 불편한 아버지와 사는 스물한 살 청년이 폭염 특보에도 불구하고 생업을 유지하기 위해 전단지를 돌리다 생수를 사 먹을 돈이 없어 열사병으로 쓰러져 끝내 사망했다는 참담한 이야기였습니다. 생수 사 먹을 돈이 없을 정도의 처지에 놓인 적이 없기에 한국 사회의 어두운 현실을 직면하고 있는 청년의 고통을 대변할 수 있다고 제가 감히 말할 수는 없습니다. 다만, 그 청년이 사회 구성원으로서 존중받고 품위를 유지할 수 있는 대안은 정녕 없었나 고민하게 될 뿐입니다. 만약, 모두 각자의 상황과 배경에 따라 추구하는 가치가 존중받는 사회에서 이를 실천하기 위해 가용한 수단의 선택지가 풍부하고 이에 따른 삶의 질이 보장된다면, 지금처럼 사회에서 대물림되는 구조적 '불평등'은 어느 정도 해소될 수 있지 않을까요? 파키스탄의 경제학자 마부브 울 하크Mahbub ul Haq가 주장했듯이 발전의 진정한 목표가 한 국가의 생산에 국한되지 않고 사람들의 선택을 넓히는 데 있다고 한 점에 주목할 수도 있겠습니다.

　가치를 창출한다는 것은 문제를 해결하는 능력이고, 기존의 문제를 해결하기 위해서는 문제를 새롭게 정의할 수 있어야 합니다. 앞 세대의 노력에도 한국 사회에는 아직까지 세대 간 불평등이나 분단 환경 같은 꾸준히 대물림되는 문제들이 존재합니다. 미래를 선도하고자 하는 다음 세대는 바로 이런 문제들을 새롭게 정의하고 해결 방안을 제시함으로써 대중의 믿음을 사고, 나아가 이를 실천할 수 있는 조직력을 마련해야 합니다.

― 청년세대 앞에 놓인 선택의 길

　이 글을 통해 전달하려는 메시지는 하나입니다. 권력을 쟁취하고자 하는 이들은 '무장한 예언자'가 되어 대중을 설득하고 이를 실천할 조직력을 구축해야 한다는 것입니다. 건국, 산업화, 민주화 같은 시대정신을 거친 70년 남짓의 대한민국 현대사가 이를 입증하고 있습니다. 앞서 살펴보았듯 한 시대를 정의하고 이를 실천한 이승만, 박정희, 김대중 전 대통령은 누구 하나 세습적 방식으로 권력을 거저 얻지 않았습니다. 어렵고 불리한 상황이었지만 자신에게 유리한 방향으로 여건을 조성하고 문제 해결에 대한 새로운 청사진을 제시하거나 설득함으로써 권력을 쟁취했습니다. 586세대도 똑같습니다. 군부의 폭압 속에서도 미래 가치를 구현하기 위해 스스로 희생을 강행해 기층 민중의 지지를 확보했고 궁극적으로 시대의 변화를 추동해 권력을 획득했습니다. 문제는 그다음입니다. 70여 년이 지났는데도 아직까지 해결되지 않은 문제들, 혹은 앞 세대로 인해 더 악화된 문제들을 물려받을 다음 세대는 이를 해결할 수 있을까요? 청년세대가 586세대를 밀어내고 새롭게 주류세력으로 등장하고자 한다면 반드시 이 문제를 고민하고 해결할 수 있는 방책을 제시하는 '무장한 예언자'가 되어야만 합니다.

4장

젊은
대통령은
어떻게
만들어지는가

이나미

이화여자대학교 정치외교학과를 졸업하고 고려대학교에서 정치학 석박사학위를 받았다. 고려대학교 아세아문제연구소 연구교수, 하와이대학 한국학센터 방문학자, 방송통신대학교 전임연구원, 한서대학교 동양고전연구소 연구교수, 한신대학교·성공회대학교 외래교수 등을 역임했다. 지금은 한서대학교 동양고전연구소 연구위원, 경희사이버대학교 외래교수로 재직하고 있으며, 생명사상연구소와 한국 NGO학회에서는 이사로 몸담고 있다. 생태적지혜연구소, 생명학연구회에서도 활동 중이다. 지은 책으로는《한국자유주의의 기원》《한국의 보수와 수구》《이념과 학살》《한국시민사회사: 국가형성기 1945~1960》들이 있다.

— 현장의 소리를 듣는 자

런던 중심지 웨스트민스터의 작은 아파트에 사는 스탠은 사는 데 큰 어려움은 없지만 외로운 노인입니다. 그는 자부심이 강한 사람으로 자기가 무엇을 좋아하는지, 어디에서 행복을 느끼는지 잘 압니다. 그가 현재 원하는 것은 사람들과 함께 좋아하는 음악을 듣는 것입니다. 그의 바람은 단순하고 명확합니다. 정치는 바로 이런 관찰에서 시작되어야 합니다. 현장의 소리를 듣지 못한 채 정부 청사 사무실에서 태어난 아이디어는 "문서상 그럴듯해 보이는 논리"가 될 뿐입니다. 그리고 그것에 따라 "보고서와 예신이 만들이지고, 뜬금없이 요란한 홍보와 함께 새로운 프로그램이 시작"됩니다. 뭔가 활발히 진행된다는 것을 보여줄 건물의 개소식, 리본 커팅이 병행되며, 그 결과는 언제나 고비용의 실패입니다.[1] 예산은 꼭 쓰여야 할 곳에 쓰이지 않고 엉뚱한 곳으로 흘러갑니다.

한편, 사회활동가 힐러리 코텀Hilary Cottam은 "이미 있는 것들로부터 시작"합니다. 스탠의 소망은 그가 사는 아파트에서 실현될 수 있습니다. 코텀은 스탠이 사는 아파트 관리인에게 혹시 음악동아리를 운영하면 어떻겠냐고 물었고 좋다는 답을 듣습니다. 그리하여 매주 화요일 저녁이 '음악이 있는 저녁'으로 정해졌고 원하는 거주자들에게 전화로 음악을 들려주었습니다. 하루 종일 누구와도 이야기한 적 없던 스탠의 얼굴이 덥수룩한 흰색 턱수염 뒤로 환해집니다. 이것이 바로 스탠이 원하는 "자기에게 딱 맞는 도움"이었습니다.

30대 여성 엘라의 가족은 문제가 많습니다. 아들은 통제 불능이고 집안이 늘 시끄러워 이웃들의 민원이 끊이지 않습니다. 그 아들은 어느 날 엄마인 엘라를 칼로 위협하고, 또 어떤 날은 자해를 합니다. 막내딸은 아프고, 열여섯 살 둘째는 임신 중입니다. 엘라는 자기 삶이 지옥이라고 묘사합니다. 그녀는 빚 독촉, 퇴거 경고, 아이들의 앞날 문제로 분노로 가득 차 있고 두려움에 싸여 있습니다. 엘라는 도움이 절실했는데 그녀를 위해 73명의 전문가가 그녀의 삶에 관여하고 있습니다. 그러나 그들의 지시와 요구는 엘라가 피하고 싶은 또다른 고통일 뿐입니다. 엘라는 무엇보다 낙인찍히는 것과 창피당하는 것이 너무나 싫습니다. 그녀는 오히려 복지당국이 자기 삶에서 나가주기를 바랍니다. 정부는 융통성이 없고 스탠이 원하는 것처럼 일상의 무게를 조금 가볍게 해줄 작은 것들을 제공하지 못합니다.

청년을 위한 정치는 없다

또 정부는 엘라의 고통과 소망을 제대로 이해하지 못합니다.

시민의 이런 고충을 해결하기 위해 좌익은 돈을 더 써야 한다고 말하고, 우익은 복지국가의 거대함을 우려합니다. 그러나 양측 모두 돈에 초점을 맞추고 있고, 정부 조직들은 서로 그 새로운 일을 맡아 부서의 규모를 키우고 싶어 합니다. 정부 조직들은 자기 이익에 따라 움직이지 시민의 문제를 해결하는 데에는 관심이 없습니다.

코텀에 따르면, 기존 정부시스템의 해결 방식은 포드주의의 컨베이어벨트식으로 이미 낡은 것입니다. 이에 그녀는 수천 명의 사람과 실험을 하면서 대안을 마련했습니다. 그녀는 자신들이 개발한 대안은 돈이 들지 않는다고 말합니다. 사람들의 실제 삶의 현장에서 변화를 일으키기 때문에 전달 비용이 적게 들고 예산을 절약할 수 있다는 것입니다. 이들은 사람들이 '도움에 덜 의존하도록' 돕습니다. 기존 복지서비스는 '어떻게 고칠 것인가'를 질문하는데, 이들은 도움이 필요한 사람 곁에 다가가서 '변화를 만들어내기 위해 어떻게 도울지' 묻습니다. 무엇이 삶에 문제를 일으키는지, 밑바닥에 있는 것이 무엇인지 근본에 대한 탐색부터 시작합니다. 그들은 필요를 관리하는 것이 아니라 역량을 기릅니다. 사람들의 내적 감정을 중시하고 그들의 현실을 바라봅니다. 이들은 사람들을 연결하는 것에 집중하면서 단순하고 쉽게 협력하며 관계를 맺을 수 있는 시스템을 만듭니다. 인간관계의 큰 잠재력이 가장 큰 자원이니까요.

그동안 엘라 가족에게 쓰인 국가의 돈은 1년에 25만 파운드였는데 그것은 문제의 단편적 해결을 위한 구태적 시스템을 유지하는 데 들어가는 것이지, 그중 단 한 푼도 그들에게 기회를 주거나 그들의 발전을 위해 쓰이지 않았습니다. 아이를 돌보는 사회복지사는 근무시간의 86퍼센트를 서류를 작성하고 회의하는 데 씁니다. 아이와 만나는 짧은 시간마저도 통계와 보고서 작성을 위한 단순한 질문과 대답에 할애됩니다. 술을 얼마나 마시는지, 담배는 얼마나 피우는지 같은 질문입니다. 이런 방식은 문제를 계속 제자리에 맴돌게 할 뿐 해결하지는 못합니다.

근본 문제를 해결하기 위해 코팀은 우선 지역 지도자들에게 두 가지를 제안했고 그들은 그것을 수용했습니다. 첫째는 담당자들이 가족과 직접 만나는 시간을 80퍼센트로 늘리는 것이고, 둘째는 그 담당자들을 뽑는 일에 해당 가족이 참여하도록 한 것입니다. 이런 변화를 위해 새로 예산이 증액되지는 않았습니다. 단지 그 예산의 사용 방식을 해당 가족이 결정하도록 했을 뿐입니다. 그러자 한 가족은 저녁식사를 하면서 서로 대화하는 데 썼고, 다른 가족은 집을 고치는 데 썼습니다. 또다른 가족은 사회적기업을 시작하는 데 사용했고요. 가족이 참여한 면접에서 뽑힌 전문가들은 문제를 그 가족과 함께 해결했습니다. 이들은 이전에 시간을 주로 보고서 쓰고 회의하는 데 썼던 바로 그 사람들입니다. 그러나 이들은 이제 해당 가족을 만나 좋은 관계를 형성하는 데 시간을 할애합니다. 이들의 전문적 해결 능력과 활동이 중요한 것이 아니라 이들에게 가족이 마음을 열고 고민과 희망을 털어놓았다는 것 그리고 함께 문제를 해결했다는 것이 중요합니다. 전문가들은 해결사라기보다 친절한 이웃이 되었던 것입니다. 코팀은 가장 중요한 자원과 역량은 '관계'라고 말합니다. 이 방식의 결과 12주 만에 여섯 가족 모두에게 변화가 생

청년을 위한 정치는 없다

겠습니다. 엘라는 취직을 했고 아이들은 더이상 말썽을 부리지 않습니다. 이웃과도 친하게 지냅니다.

탐험가 어니스트 섀클턴Ernest Shackleton은 탐험대원을 뽑을 때 '다양한 사람과 같이 일할 수 있는 능력을 갖춘 이들'을 선정했습니다. 그는 대원들 간의 자발적 토론을 유도했고 대원들 각자가 리더십을 갖도록 동기를 유발했습니다. 피터 드러커Peter Drucker에 따르면, 좋은 지도자는 '사랑받고 칭찬받으려는' 사람이 아니라 '자신을 따르는 사람이 올바른 일을 하도록' 독려하는 사람입니다. 섀클턴은 솔선수범하는 자상한 사람이었습니다. 물품 분배를 할 때 자신과 간부들은 제일 나중에 받았고 거주 공간도 더 불편한 곳으로 삼았습니다. 조난 위기에 식량이 부족해진 상황에서 섀클턴은 자신에게 할당된 비스킷 네 개 중 하나를 강제로 부대장에게 먹였고 이것은 부대장에게 평생 잊을 수 없는 기억이 되었습니다. 섀클턴은 이런 리더십으로 전원을 무사히 귀환시켜 세상을 놀라게 했습니다.[2]

이렇듯 사람들과 직접 만나고 그들의 말을 진정으로 듣는 리더들이 가끔 눈에 띕니다. 뉴질랜드의 젊은 총리 저신다 아던Jacinda Ardern은 크라이스트처치 이슬람사원 테러 직후 현장을 찾아가 피해자 가족을 위로했습니다. 그녀는 무슬림 스카프를 머리에 두르고 슬픔에 가득 찬 태도로 깊은 애도를 표했습니다. 뉴질랜드 국민 역시 그녀의 진정한 애도에 응답해 이슬람사원 앞에는 꽃이 쌓였고 피해자 가족은 많은 기부를 받았습니다. 이런 아던의 태도에 세계 이슬람 문회귄온 감동을 받았습니다. 아랍에미리트 부르즈칼리파 진면에 아던 총리가 피해자 가족을 안고 위로하는 모습이 투영되기도 했습니다.

핀란드의 최연소 총리 산나 마린Sanna Marin은 집권 후 유급 육아휴가를 남녀가 동등하게 받을 수 있도록 법을 개정하고 성소수자도 혜택에서 제외되지 않도록 했습니다. 그녀는 연설문도 손수 쓰고 때때로 총리 공관도 직접 청소합니다. 마린 내각은 코로나19 대유행에 효과적으로 대처했습니다. 선별 진료, 사회적 거리두기, 고령자 외출 자제 등을 국민에게 적극 홍보하고 의료물자를 효율적으로 활용해 마스크 부족 사태도 발생하지 않았습니다. 적극적이고 선제적인 조치로 여당만이 아니라 야당 인사 대다수도 그녀에게 지지를 보냈습니다.

좀 옛날 이야기지만 한국 사례도 있습니다. 미국에 공부하러 간 안창호는 동포끼리 서로 상투 잡고 싸우는 것을 보고 공부를 뒤로 미룬 채 동포들의 생활부터 개선해야겠다고 생각했습니다. 그는 교민들 집 앞은 물론 화장실까지 청소해줍니다. 그러자 교민 사회가 깨끗해지고 사람들도 달라졌습니다. 이에 "한국에서 얼마나 위대한 지도자가 왔기에 한국 사람들이 저렇게 바뀌었나"라고 미국인들이 감탄했다고 합니다. 변화된 한국 교민들은 합심해 공립협회를 만들고 안창호를 회장으로 추대합니다. 공립협회는 상부상조, 애국심 고양, 범법행위 금지, 밤 9시에 취침할 것, 속옷 차림으로 외출하지 말 것, 방을 깨끗이 정리할 것, 번 돈을 저축할 것, 차이나타운에 가서 돈을 쓰지 말 것 같은 아주 구체적이고 명확한 규범을 정합니다. 결코 어렵거나 추상적인 내용이 아니었습니다.

이런 리더십은 '서번트 리더십servant leadership'이라 불릴 만합니다. 이 개념은 헤르만 헤세Hermann Hesse의 《동방순례Journey to the East》가 준 영감으로 탄생한 것입니다. 주인공 레오는 여행단의 잡일을 도맡아 하는 심부름꾼 자격으로 여행에 참여하는데 여행단이 지치고 힘들 때는 노래를 불러 활기를 불어넣습니다. 덕분에 일행은 즐겁고 순조롭게 여행을 했습니다. 그러나 레오가 사라지면서 여행단은 혼란에 빠져 여행을 계속할 수 없게 되었고 이에 레오가 실질적 지도자이며 정신적 지주였음을 깨닫습니다. 서번트 리더십에 따르면, '리더란 서번트로서 충실한 사람'입니다. 그린리프Robert K. Greenleaf는 "위대한 리더는 처음에는 서번트처럼 보인다"고 말하기도 했습니다.[3]

마침, 오늘날 젊은 세대도 이러한 리더십을 원합니다. 새로운 세대는 '나를 따르라'고 외치는 리더보다는 '당신을 지원하겠다'는 리더를 필요로 합니다. 이들이 원하는 리더는 '리더 자신의 역량만이 아니라 구성원들의 동기와 역량을 이끌어내 조직의 목표를 달성할 수 있는 리더'입니다. 리더십 연구자들은 밀레니얼세대의 가장 두드러진 특징으로 다음 세 가지를 꼽습니다. 첫째, 이들은 언제나 다른 이들과 연결되기를 기대합니다. 둘째, 이들은 사회 및 시민의식에 기반해 참여하고자 합니다. 셋째, 이들은 기술 이용에 익숙합니다. 그다음으로 제시되는 특징은 다섯 가지로 첫째, 강한 자기주관, 둘째, 성공 또는 성취에 대한 높은 기대, 셋째, 실패를 두려워하지 않는 마음, 넷째, 권위와 강압적 규율에 대한 반발, 다섯째, SNS 학습에 대한 익숙함입니다.[4]

젊은 대통령이란 이와 같은 새로운 세대의 요구에 응답하는 사람일 것입니다. 이런 대통령은 자세를 낮추고 현장으로 달려가 사람들과 섞여 그들과 대화합니다. 도움이 필요한 현장에서 문제가 구체적으로 무엇인지 살펴보고 사람들의 의견을 경청해 그 해결을 그들과 함께 모색합니다. 그리하여 그 문제에 딱 맞는 '맞춤형 해결책'이 나올 수 있게 노력합니다.

— 활력 있고 유연한 자

현장에 직접 들어가 사람들의 생생한 소리를 듣고, 기민하게 움직이고, 그들과 함께 문제를 해결하고, 또 자신을 낮추는 미덕을 가지려면 아무래도 젊을수록 유리할 것입니다. 젊으면 육체적으로 더 활력 있고 청력과 시력 등 감각적 능력도 나을 것이기 때문입니다. 또 열정과 의욕도 더 강할 것입니다. 실제로 젊은 리더들이 팬데믹 위기 상황에서 더 뛰어난 능력을 보여주었습니다. 핀란드, 오스트리아, 뉴질랜드 등 대체로 젊은 지도자들이 있는 국가들이 코로나19 상황에서 두각을 나타냈습니다. 이에 대해 이념이나 진영보다 실리를 택하고 과학을 존중했기 때문이란 분석이 있습니다.[5]

물론 나이가 들수록 갖게 되는 장점이 있습니다. 그러나 많은 사람이 나이가 들수록 대개 완고해지고 자기 확신이 강해집니다. 이것이 유연하고 유능한 정치인이 되는 것을 방해합니다. 생물학적으로, 심리적으로 나이가 들어간다는 것은 대체로 폐쇄적·방어적 성격으로 변한다는 것을 의미한다고 합니다.[6] 이는 적으로부터 자신을 보호하기 위함입니다. 또 나이가 들면 대체로 정보를 처리하는 능력

청년을 위한 정치는 없다

과 속도가 둔화되면서 이를 상쇄하기 위해 사고가 '경제화'되는데, 이것의 극단적 형태가 '흑백논리'입니다.[7] 이미 선악이 무엇인지 정해져 있으면 어떤 문제에 대해 머리 아프게 생각할 필요 없이 그것을 선악의 범주 안에 대입하기만 하면 되기 때문입니다.

이와 같은 특징이 노인들로 하여금 '보수화'되도록 합니다. 기존 생각을 잘 바꾸지 않는 것입니다. 보수주의자들은 혐오스러운 대상을 자신의 '좋고 싫음'이라는 '호오'의 대상으로 판단하기보다는 '옳고 그름'이라는 '선악'의 개념으로 판단하려는 경향이 있다고 합니다.[8] 그래서 완고한 노인들은 어떤 사물이나 현상을 판단할 때 숙고하거나 다양한 관점을 수용하는 '수고로운' 방식보다는 자신의 호오를 선악으로 연결하는 '경제적' 방식을 추구하는 경향이 있다는 것입니다.

이런 자동적 판단은 다른 한편 '오래된 지혜'일 수 있고, 익숙한 문제를 신속하게 해결하는 데에 도움이 될 수도 있습니다. 그러나 직관적이고 신속하며 효율적이고 무의식적인 사고는 잘못된 분석 결과를 낳기도 합니다. 그것이 인지적 편향과 직관적 오류의 공통 원인입니다.[9] 더구나 세상은 과거와 달리 급속도로 바뀌고 있습니다. 문제들이 더이상 익숙하지 않습니다. 난생처음 겪어보는 문제들이 발생하는 것입니다. 과학과 기술도 빠르게 변화합니다. 이런 변화 속도로 인지적 편향과 직관적 오류의 위험성은 더 커지고 있습니다.

그런데 젊을수록 인지적 편향의 위험성이 덜합니다. 젊은 세대가 잘 쓰는 표현 중에 "중립기어 박는다"는 말이 있습니다. 확실한 증거가 나올 때까지 의견을 보류한다는 뜻입니다. 젊은 세대에게 배울 점이 참 많습니다. 아이들도 어른에게 없는 장점이 있습니다. 아이들은 편견, 선입견이 덜하고 어른에게 없는 상상력과 유연성이 있습니다. 아이들이 한 가지 대상을 지칭할 때 그것은 고정된 한 대상이 아니라 연결되는 것들의 움직임에 따라 수시로 변화하는 요소들의 집합입니다.[10] 그래서 아버지가 아이를 등에 태우면 아버지는 말이 되고, 아이가 공룡 소리를 내면 다시 공룡이 됩니다. 이 상상력과 유연성이 리더의 한 자질입니다. 라다크의 전통적 공동체에서는 갈등이 생기면 아이들이 자발적 중재자로 나섭니다. 거래나 사소한 분쟁이나 분배의 문제에서 아이들은 수완과 재능을 발휘합니다. 소규모 공동체의 갈등 해결 능력의 가장 큰 부분이 사실상 아이들의 미시정치에 달려 있는 셈입니다.[11]

그는 쌀을 한 자루를 가지고 와서 그것으로 그 유명한 잔스카르산 버터를 구하려고 했다. 그가 한 나이 든 아주머니에게 다가가자 많은 사람이 몰려들었다. 그때 열두 살 남짓 되어 보이는 어린 소년이 두 사람 사이에 중재를 맡고 나섰다. 소년은 바로 그 '도로의 제왕'이라 불리는 트럭 기사에게 어느 정도 가격을 기대하는지, 어느 정도가 적당한지를 이야기해주었다. … 그 거구의 사나이가 자기 체구의 절반 정도밖에 되지 않는 소년의 말을 순순히 따랐다는 사실이 조금 어색한 느낌이긴 했지만 그래도 그것은 아주 적절한 선택이었다.[12]

라다크만이 아니라 한국의 전통 사회에서도 아이들은 그저 철없는 존재만은 아니었습니다. 동생들을 돌보고 집을 지키고 여

　　　　　　　　　　　　청년을 위한 정치는 없다

러 잡다한 일을 처리했습니다. 조선을 방문한 새비지 랜도어Savage Landor는 조선의 아이들이 어른처럼 점잖았다고 말합니다. "조선의 아이들은 천성적으로 조용"하며 처신하는 것을 보면 "태어난 순간부터 실제로 작은 한 성인"인 것 같다고 말입니다. 아이들끼리 별로 다투지 않으며 "수줍음을 타고 말수가 적은 편"이라고도 했습니다.[13]

아이의 활약은 오늘날에도 보입니다. 환경운동 분야의 세계적 리더 그레타 툰베리Greta Thunberg는 10대 소녀이고, 탈레반에 저항한 인권운동가 말라라 유사프자이Malala Yousafzai도 10대에 노벨상을 받아 최연소 수상자가 되었습니다. 세계 곳곳에는 이와 같은 청소년 리더, 청년 리더들이 있습니다. SNS 같은 정보통신기술은 이런 활동을 더욱 용이하게 합니다. 코로나19 감염병 확산 초기, 어른들이 대책을 내놓지 못하고 우왕좌왕할 때 한 중학생이 코로나19 현황정보 앱을 만들기도 했습니다. 최신 기술과 관련해서는 오히려 어른들이 아이들에게 배워야 할 판입니다. 기술적 측면만이 아니라 인간관계에서도 순수하고 관계를 중시하는 어린이에게 배울 점이 많습니다.

변호사, 경찰, 법관으로 일하는 준엄하고 딱딱한 어른들은 많은 경우 문제를 근본적으로 해결하지 못할뿐더러 공동체가 스스로 갈등을 해결할 수 있는 능력을 길러주지 못합니다. 이들에게만 의존하면 공동체 자체의 갈등 해결 능력은 고갈됩니다. 노르웨이의 범죄 사회학자 닐스 크리스티Nils Christie는 범죄 문제에 대해 피해자, 가해자, 지역사회 등이 머리를 맞대고 공동으로 해결하는 방안을 강구해야 하며, 이를 통해 공동체의 갈등 해결 능력을 높여야 한다고 강조합니다.[14]

이런 이유들로, 우리에게는 머리가 굳고 딱딱하고 준엄한 노인 대통령이 아니라 활력 있고 유연하고 상상력이 풍부한 젊은 대통령이 필요합니다.

— 돌보며 함께 성장하는 자

활력과 상상력을 발휘해 사람들을 지원하고 이들의 역량을 키우면서 동시에 본인도 함께 성장하는 젊은 대통령의 리더십으로 '스튜어드십Stewardship'을 제안하고자 합니다. 스튜어드십은 본래 경영학에서 많이 쓰이는 용어인데 '주주가 주식을 사고파는 것에 머물지 않고 기업 경영에 개입함으로써 기업의 성장을 이끌어내는 것'을 의미합니다. 앞서 언급한 서번트 리더십은 자신을 낮춰 사람들에게 봉사하는 훌륭한 리더십이지만 상하관계의 질서가 전제되어 있고, 또 봉사의 방향이 일방적이라는 한계가 있습니다. 반면 스튜어드십은 옆에서 협력하는 수평적 리더십이며 팔로워가 수혜 대상이면서 참여 주체가 되는 쌍방적 관계를 지향합니다. 스튜어드는 옆에서 조력하고 도와주고 부추김으로써 일을 합니다.[15] 코텀은 정부가 더 이상 기계적으로 권력을 좌우해서는 안 되고 대신 "정원을 설계하고 식물을 심고 돌보고 가꾸며 필요하면 잡초도 뽑는 수석 정원사 같은 역할을 해야 한다"고 강조합니다.[16] 또 스튜어드는 봉사하면서 동시에 본인도 성장합니다. 리더와 팔로워의 구분은 흐릿하며 서로가 서로에게 도움이 됩니다.

스튜어드는 배, 비행기, 기차의 승무원, 특정 행사의 간사, 집

안일을 총괄하는 청지기, 집사 등을 일컫습니다. 승무원은 승객들을 돌보고 위기 상황에서 승객들의 안전을 최우선으로 삼습니다. 간사는 가장 바쁘고 가장 활동적인 역할을 맡은 이며, 집사는 모든 일을 다 파악하고 총괄하는 사람입니다. 청지기는 '충성스럽고 슬기로운' 이로서 다른 종들에게 '제때에 양식을 공급할 책임'을 맡은 이로 성경에서 묘사됩니다.[17] 이 각각의 일은 모두 현장 사람들과 함께하고 또 정서적으로도 깊이 개입한다는 공통점이 있습니다. 매니저가 단순 관리자라면, 스튜어드는 일만이 아니라 마음까지 살피는 사람입니다. 스튜어드는 관리자와 양육자의 마인드를 다 가지고 있는 것입니다.[18] 요즘 반려동물을 키우는 사람이 많습니다. 특히 '누가 주인인지 모르는' 도도한 고양이를 모시는 '집사'가 늘고 있습니다. 여기서 집사는 단순히 관리하는 차원을 넘어 관심과 사랑을 가지고 상대와 교감하며 위로를 받는 존재입니다. 사람이 고양이를 돌보는 것 같지만 사실 그 반대로 고양이가 사람을 돌보는 것이라고 말하는 사람도 있습니다. 돌봄과 사랑을 통해 다른 존재와 교감하고 관계를 풍성히 하며 자신을 키워가는 '집사'가 늘어나는 현실은 고무적입니다.

이런 스튜어드십은 지구의 미래를 걱정하는 생태학자들이 권하는 리더십이기도 합니다. 즈베이르스Wim Zweers는 스튜어드십을 인간의 자연에 대한 태도 중 하나로 제시했습니다. '자연에 대한 완전한 지배'라는 한 극단과 '자연과의 완전한 통합'이라는 또다른 극단 사이에 '자연을 돌본다'는 스튜어드십을 놓은 것입니다.[19] 록스트룀Johan Rockstrom과 글룸Mattias Klum에 따르면, 세계는 지금 '독창성과 소중한 가치와 휴머니즘'을 가진 '지혜로운 스튜어드'를 필요로 합니다. 이는 "제도, 집행기관, 국제 사법제도, 국가 간 협업, 새로운 무역질서, 지구 차원의 변화를 요구하는 데 따른 세계적 규정 등 '위로부터' 권력을 동원하는 것"과 동시에 "'아래로부터'의 풀뿌리 활동가, 지역사회 관리자, 기업 혁신가, 교육 실험가, 지역 차원에서 재능을 발휘하는 공공부문·민간부문의 조직가들"이 필요하다는 것을 의미합니다.[20]

　　스튜어드십의 특징은 '무엇은 무엇이다'라는 정언적 명제, '무엇이 옳고 그르다'는 단정적 말을 일방적으로 하지 않는다는 것입니다. 집사는 서번트, 곧 하인도 아니고 마스터, 곧 주인도 아닙니다. 공화국이라면 그 나라의 주인은 당연히 국민입니다. 주인에게 명령하는 집사가 없는 것처럼 집사인 정치인이 주인인 국민에게 '이것이 옳다, 저것이 옳다'라고 주장하는 것은 주제넘은 행동입니다. 특히 이념이나 사상 문제에서 그 판단은 국민 개개인의 몫이고, 그 논의는 시민사회의 공론장에서 이뤄져야 하는 것입니다. 〈헌법〉도 그 권리를 보장하고 있습니다. 따라서 스튜어드십은 어떤 확실한 답이 있다고 단정하지 않고 끊임없이 고민하며 수정하는 과정을 이어갑니다. 또 집사가 던져야 하는 질문은 본질과 이유에 대한 질문인 '왜why'가 아니라 작동과 양상, 방법론의 질문인 '어떻게how'여야 합니다. 시민이 '무엇'을 그리고 '왜'라는 점을 제시하면, 집사인 정치인은 '어떻게'를 고민해야 하는 것입니다.[21]

　　그런데 집사가 '어떻게' 해야 하는지와 관련해 참고할 만한 것이 있습니다. 캐롤 크리스트Carole Crist는 새로운 모델의 윤리적 가이드라인으로 아홉 개의 '시금석touchstone'을 제안합니다. 시금석은 강경하고 굳은 개념인 원리, 원칙, 강령과는 다릅니다. 시금석은 본래 금이나 은의 순도를 확인하기 위해 사용하는 돌로서, 어떤 가치를 판단하기 위한 방식이나 기준 정도로 이해할 수 있을 것입니다. 따라서 시금석은 절대 명령이 아닙니다. 시금석은 각자 사람들이 판단하기 위해 사용하는 도구이므로 사람들의 능동적이고 자율적 판단을 존중합니다. 그녀의 '아홉 시금석'은 성경의 '십계명'과는 다릅니다. 십계명은 '명령'이라는 점에서 시금석과 차별화됩니다. 그녀의 시금석은 아래와 같습니다.

> 생명을 양육하라.
>
> 사랑과 아름다움을 느끼며 걸으라.
>
> 몸을 통해 오는 지식을 신뢰하라.
>
> 갈등, 아픔, 고통을 사실대로 말하라.
>
> 오직 필요한 것만을 취하라.
>
> 당신의 행동이 다음 일곱 세대에 미칠 영향을 생각하라.
>
> 생명을 죽여야 할 때는 자제하는 마음으로 하라.
>
> 넓은 자애심을 펼쳐라.
>
> 생명의 그물망을 보수하라.

이 시금석 몇 개는 미국 선주민의 교훈에 뿌리를 두고 있다고 합니다. 그 내용을 보면 보편적, 초월적, 우주적이면서 동시에 구체적이고 미세합니다. 또 모세의 십계명은 금지사항이 대부분이지만 위의 시금석은 모두 긍정문으로 되어 있습니다. 더 나아가 "살인하지 말라"는 소극적 내용 대신 "생명을 양육하라"는 적극적 권고를 말합니다. 동학 2대 교주인 최시형도 '양천주養天主'를 주장했습니다. 양천주는 사람마다 가지고 있는 신성을 잘 길러줘야 한다는 돌봄과 양육을 강조한 말입니다. 또 앞의 시금석은 불가피하게 생명을 죽여야 할 때를 상정하는 등 현실적이며, 만약 그런 상황에 처할 경우 "자제해야 한다"라고 말합니다. 그 생명에는 사람만이 아니라 다른 생명체도 포함됩니다.

이 지침은 지도자, 리더만을 염두에 둔 것이 아니라 모든 이에게 권하는 것입니다. 그러나 많은 사람을 대하는, 사람만이 아니라 다른 무수한 생명에도 영향을 미치는 대통령이라면 이를 특별히 더 마음에 새겨야 할 것 같습니다. "오직 필요한 것만을 취하라"는 것은 사리사욕, 부정부패를 경고하는 것이고, "일곱 세대에 미칠 영향을 생각하라"는 것은 다음 선거에서 자신의 정당이 이길 궁리만 하지 말라는 것이며, 생명, 양육, 자애심 등을 강조하는 것은 평화와 생태 문제를 해결하라고 촉구하는 것으로 읽힙니다.

— 양극 정치를 벗어나는 자

'무엇은 무엇이다'라고 단정 짓는 정언명제, '무엇을 꼭 하라 또는 하지 말라'는 명령, '너는 누구 편'인지 묻는 패거리 정치[22]는 집사가 아닌 제왕에게 속하는 것들입니다. 왕조시대 군왕을 연상시키는 '대권'이라는 명칭이나 '2인자' '실세' '가신' 같은 말도 제왕적 권력의 폐해입니다.[23] 대한민국 대통령의 권력은 절대적입니다. 내각을

청년을 위한 정치는 없다

조직하고 이끌어야 할 총리는 실질적으로 별 영향력이 없고 청와대가 절대적 권력을 가집니다.[24] 만일 총리가 고유 권한을 행사하려 든다면 단명하는 것이 현실입니다.[25] 한국의 대통령제도는 미국의 경우보다 더 막강한 권한을 가집니다.[26] 이런 제왕적 대통령제는 소통과 협력을 경시하게 만듭니다.

제왕적 권력은 재난에도 취약합니다. 독재자가 군림한 에티오피아에서는 1983~1985년 가뭄으로 100만 명이 아사했지만, 민주국가인 보츠와나에서는 같은 가뭄을 겪었음에도 한 명도 굶어 죽은 이가 없었습니다. 더구나 에티오피아는 대기근 발생 한 해 전 곡물 생산량이 역대 최고였고 기근이 발생한 해에도 평년보다 곡물생산량이 높았습니다. 그러나 곡물이 시장에 풀리지 않으면서 가격은 하늘을 치솟았습니다. 반면 보츠와나는 취약계층에게 식량을 배급하고 일자리를 제공했습니다.[27] 노벨 경제학상을 받은 아마르티아 센Amartya Sen은 "민주국가에는 기근이 없다"라고 주장했는데, 그 이유는 공적 자원을 적시에 투입하면 기근은 막기 쉬운 재난이어서입니다. 국정의 우선순위를 국민이 결정하는 것이 민주주의이며 따라서 선거권, 투표권이 중요하다는 것입니다. 민주국가에서는 정치인이나 행정가가 빨리 반응해 사태를 안정시켜야 자신의 자리를 보전할 수 있습니다. 또 재난 대응에 가장 중요한 자원은 물자보다 정보인데, 권위주의는 정보 생산에 취약합니다. 아랫사람들이 지도자의 의중을 살피는 데 급급하고 그가 원하지 않는 정보는 제공하지 않기 때문입니다. 앞서 말했듯 팬데믹 정국에서 젊은 리더를 가진 나라들이 위기 극복을 빨리 한 이유도 이와 관련이 있을 것입니다.

제왕적 리더십의 또다른 폐해는 '편가르기'입니다. 분열과 갈등은 제왕이 자신의 권력을 유지하는 데 필요한 좋은 평계입니다. 또 이것이 자신의 지지자들로 하여금 절대적 충성을 하도록 유도할 수 있습니다. 이로 인해 보수-진보, 영남-호남, 여성-남성 등 사람들이 나뉘어 서로 적대합니다. 상대 집단을 증오하는 사람들은 자기 편을 대표하는 사람이 강하기를 바랍니다. 곧 방송이나 온라인 공간에서 상대를 세게 공격할수록 지지자가 늘어납니다. 이 방법은 또한 무능한 정치인이 권력을 쉽게 쥘 수 있는 방법이기도 합니다. 그래서 싸움만 잘하는 무능한 제왕이 우두머리가 됩니다. 따라서 "정치란 흔히 '싸워서 정권을 잡는 것' 그리고 '지배 권력을 놓고 특정 이해집단끼리 대개는 교활하고 부정직한 방법으로 겨루는 것'으로 정의"되곤 합니다. "이원성이 대치하고 서로 다른 이해관계가 경쟁"하고 모두가 "자신만을 위해 다투는 그런 세계에서는 정치가 이기적 목적을 향한 경쟁과 지배와 부도덕한 짓거리를 의미하는 것"도 무리는 아닐 것입니다.[28]

립튼Bruce Lipton과 베어맨Steve Bhaerman에 따르면, 양당체제 정치 방식은 중지를 모으기 위한 것이 아니라 여론을 조작하기 위해 고안된 것입니다. 그 결과 사람들은 "늘 두 가지의 시원찮은 대안 중 하나를 선택해야만" 합니다. 또 이원성, 양극성은 강한 지배자가 나오기 쉬운 토양을 제공합니다. 언론은 이에 편승해 사회를 양극적으로 보이게 만듭니다. 양극화는 제대로 된 논의를 시작하기도 전에 구성원들을 평균적인 방향보다는 극단적인 방향으로 유도합니다.[29]

'조국 사태' 당시 언론은 서초동과 광화문을 대비시켜 진보와

청년을 위한 정치는 없다

보수가 대결하는 것처럼 묘사했습니다. 그러나 조국 지지자들이 결집했다고 알려진 서초동 집회에는 조국을 비판하면서 검찰개혁을 촉구하는 이들도 있었습니다. 태극기부대 같은 극우 보수가 모였다고 알려진 광화문 집회에는 보수주의자는 아니지만 정부를 비판하기 위해 모인 이들도 섞여 있었습니다. 그 외에 두 광장에 가지 않은 훨씬 더 많은 사람이 있었습니다. 이들이 사실상 대다수입니다. 이들 중에는 정치에 무관심한 사람도 있고, 또 이 두 그룹을 강력히 비판하는 사람도 있습니다. 광화문 집회보다 서초동 집회를 더 비판하는 좌파도 있고, 탈성장, 문명 위기, 지구 위기를 거론하며 근본적 전환을 말하는 녹색파도 있습니다. 따라서 진보-보수의 낡은 구도로 여당-야당 간 대치 상황이나 사회 내 정치적 이념 사이의 갈등을 설명하기는 어렵습니다. 현재 한국 사회는 보수-진보의 양극성 구도가 아닌 다원적 구도로 봐야 합니다.

베이트슨Gregory Bateson은 강자 간에 팽팽한 대결이 이뤄지는 '대칭적' 경쟁 패턴과 약자가 강자에게 순응하는 '보완적' 경쟁 패턴을 비교하면서 전자의 경우로 영국을 꼽습니다. 국제관계에서는 '세력 균형'을 전자, '편승'을 후자라고 할 수 있을 것입니다. 영국과 같은 나라는 상대가 강할 때 자극을 받아 더 강해지려 하고 상대를 이기려 노력합니다. 영국과 미국에서는 약자를 이기려는 사람은 큰 비난을 받으며 공공연한 복종적 행동은 금기시됩니다.[30] 곧 '강자에게 강하게 약자에게 약하게' 대응하는 것이 옳은 것이라는 문화가 전수됩니다. 베이드슨은 이런 과거의 경험과 학습이 국민성을 형성한다고 말합니다.

그런데 대칭적 경쟁패턴을 보이는 영국의 공동체는 양극성의 이원적이 아닌 삼원적 체계를 형성하려는 경향이 있습니다. 곧 부모-보모-자녀, 왕-장관-국민, 장교-하사관-사병 같은 삼원체계를 만들려 한다는 것입니다. 아마도 이것이 '강 대 강' 대치 상황의 갈등과 혼란을 완화시키는 방식일 수도 있겠습니다. 그러나 사람들은 이 구조를 잘 깨닫지 못하고 대체로 이원적으로 세상을 본다는 것입니다. 다시 말해 공화당-민주당, 우파-좌파, 여성-남성, 신-악마의 양극적 분화만을 보고 심지어 "본래 이원적이지 않은 현상에도 이원적 패턴을 부과하려고" 애쓴다고 합니다. 그 예로 청년-노인, 정신-물질 등을 듭니다.[31]

한국 사회의 과거 역사를 봐도, 또 오늘의 국민적 특성을 봐도 보완적이기보다는 대체로 대칭적입니다. 흔히 한국 사회의 특성으로 진보-보수의 양극성이 거론되곤 합니다. 그러나 과거 역사를 곰곰이 돌이켜보면 양극단 사이에서 형세를 지켜보고 판단하는 역동적이고 유연한 집단이 다수였습니다. 동학혁명을 이끈 농민들은 유무상자有無相資, 관민상화官民相和라고 해서 부자와 양반도 참여할 기회를 주고 관과도 협력했습니다. 왕에 대한 충성도 이어갔습니다. 이를 두고 동학혁명의 전근대성을 지적하는 사람도 있지만, 이는 '끝까지 지켜보고 판단하려는 집단지성', 요즘 말로 '중립기어를 박는 것'으로 봐야 한다고 생각합니다. 많은 이의 존경과 지지를 받은 안창호, 조소앙, 여운형 등도 극단에 섰던 인물이 아닙니다.

사실, 더 정확히 표현하자면 한국인들은 그 어떤 정치인에게도 온전하게 마음을 주지 않았습니다. 한국사에서 뚜렷하게 족적

청년을 위한 정치는 없다

을 남긴 큰 리더를 찾으라면 좀 어렵습니다. 인도의 간디, 중국의 모택동, 러시아의 레닌 같은 존재가 한국에는 없습니다. 그리고 전횡을 일삼은 인물 또는 집단은 결국 반드시 다수에 의해 심판을 받았습니다. 섣부른 판단을 하지 않고 침묵하며 사태를 바라보다가 때로는 생각을 바꾸기도 하는 이들을 단순히 '중도'라는 경직된 이름으로 '박제화'해서는 안 됩니다. 이들은 허균이 말하는 호민豪民과 유사합니다. "자취를 푸줏간 속에 숨기고 몰래 딴마음을 품고서 천지간天地間을 흘겨보다가 혹시 시대적인 변고라도 있다면 자기의 소원을 실현하고 싶어 하는 사람들"로서 정치인들이 "몹시 두려워해야 할" 존재들입니다. 이들이 "나라의 허술한 틈을 엿보고 일의 형세가 편승할 만한가를 노리다가 팔을 휘두르며 밭두렁 위에서 한 차례 소리 지르면" 그동안 핍박받았던 원민, 그저 그렇게 살아왔던 항민들도 동참하게 됩니다.

이 사람들은 들뢰즈Gilles Deleuze와 가타리Felix Guattari가 말한 '무리'에 가깝습니다. 무리는 군중과 구분됩니다. '군중'은 안전하게 다수 속에 묻혀 있으면서 되도록 권력 중앙에 가까이 가고자 합니다. 가장자리에 있기를 꺼립니다. 그러고 보니 가장자리는 공격당하기 쉬운 위치입니다. 반면 '무리'는 사냥하는 늑대처럼 자신이 "타자들과 함께 있을 때에도 혼자라는 점을 주목"합니다. 동양의 화이부동和而不同의 덕성을 지녔습니다. 그리고 이들은 늘 중앙에서 벗어나 가장자리에 있습니다.[32] 가장자리에 있으면 외부 공격에는 취약하지만 내부 전체를 지켜보기는 용이합니다. 교실에서 모범생은 수보 교사 바로 앞 가운데 자리에, 삐딱한 학생은 가장자리나 뒤에 앉습니다. 뒤나 가장자리에 앉는 학생은 교사의 경계 대상이며 신경 쓰이는 존재입니다. 이들은 중앙이 갖는 권력의 크기에 관계없이 자기만의 영향력을 갖는 이들입니다. 허준의 호민과 유사합니다.

현재에도 한국 사회에는 이런 '무리'가 '군중'보다 많습니다. 그럼에도 정치계와 언론은 특정 파에 지지를 보내는 군중 간 갈등적 대치 상황을 지속적으로 강조해 사람들이 현실에 대한 왜곡된 인식을 갖게 합니다. 립튼과 베어맨에 따르면, 양극적 구도를 강조하는 것은 언론 조작과 관계가 깊습니다. 곧 양극성은 실제 사회현상을 반영한 것이 아니라 특정 권력의 필요에 따라 현상을 왜곡시킨 것이라는 이야기입니다. 누구 편인가를 묻는 여론조사도 사회를 양극적으로 보이게 합니다. 그러나 양쪽에 포함되지 않는 경우를 고려한다면 이 부분에 속한 사람들이 더 많다는 것을 알 수 있습니다. 그리고 이 사람들이 어디에 투표하느냐에 따라 정치 지형이 달라지곤 했습니다. 정치가에게 제왕이 아닌 집사의 직분을 부여하는 근거가 바로 이런 다수를 이루는 집단의 지성입니다. 지난 한국 역사는 '정치가가 망친 나라를 국민이 구한 이야기'라고 해도 과언이 아닐 겁니다. 한국의 근대화, 산업화, 민주화는 권력의 부패와 무능에도 불구하고 온 시민이 들고일어나 합심했기 때문에 이룩한 성과입니다.

코텀에 따르면, 새로운 시대에 맞는 조직은 "당신이 가장 잘 알고 있다"고 말해주는 문화를 가진 조직입니다.[33] 조직의 리더에 대해 오랫동안 연구해온 피터 센게Peter Senge는 효과적인 리더는 공통적으로 '어떻게 내려놓을지 아는' 사람들이라고 합니다. 그들은 조직 내에서 변화와 성찰과 타인의 성장을 돕는 공간을 창출해냅니다.[34]

인간의 능력을 연구하는 일에 평생을 바친 과학자 프랜시스 골턴Francis Galton은 본래 사람들이란 어리석고 무지해서 도저히 신뢰할 수 없는 존재라고 생각했습니다. 그런 그가 한 농업박람회에 구경을 가서는 생각을 완전히 바꿉니다. 그곳에서 그는 사람들이 소 한 마리에게서 어느 정도 무게의 고기가 나오는지 내기하는 것을 보았습니다. 그들 중에는 정육점 주인과 같이 소고기를 잘 아는 이도 있었지만, 대체로 육가공에 대해 아는 것이 없는 사람들이 대부분이었습니다. 당연히 이들의 답은 들쭉날쭉했습니다. 그런데 이들의 답을 모두 더한 다음 평균을 내보니 소고기의 실제 무게와 거의 같았습니다. 그 수치는 그 내기에서 1등을 한 사람의 답보다 훨씬 더 실제 무게에 근접했습니다. 곧 집단의 추정치가 전문가의 답보다 훨씬 더 정확했던 것입니다.[35]

집단지성의 힘을 보여주는 사례는 이것 말고도 많이 있습니다. 그렇기 때문에 오늘날 1인 전문가의 작업보다 팀 단위의 작업이 더 많이 수행됩니다. 더구나 현대로 올수록 문제는 더 복합적이고 정보는 빠르게 변화하기 때문에 다양한 사람의 지식이 필요합니다. 한 전문가에게 일을 맡기면 신속하게는 처리되겠지만 그가 가진 편향으로 실패의 위험이 높아집니다. 성급한 결론은 다양한 대안을 충분히 검토하거나 선택 방안에 대한 부정적 측면을 고려하지 못하게 만듭니다.[36] 구성원들이 다양한 아이디어, 의견, 전망 등을 제시할 때 집단은 훌륭한 결정을 내릴 수 있습니다. 실험에 따르면, 단 하나의 반대 의견이 있는 경우라도 그것이 전체에 영향을 줄뿐더러 의사결정 과정에 활력을 불어넣을 수 있습니다. 반대 의견은 상황을 재검

토하게 하거나 그냥 간과하고 넘어갈 수 있는 대안을 확인하는 계기가 됩니다. 따라서 리더는 구성원들이 다양한 의견, 아이디어, 전망 등을 활발하게 개진할 수 있도록 해야 합니다.[37]

2016년 거대한 촛불의 물결의 신호탄이 되었던 이화여대생들의 총장 퇴진운동은 '달팽이 민주주의'라고 불릴 만큼 느린 논의 과정을 거쳤습니다. 논의의 장이 된 온라인 커뮤니티 '이화이언'에는 특별히 주도하는 인물이 없었습니다. 대학 총학생회도 주도하지 못했습니다. 그러나 학생 다수의 힘이 운동의 동력을 지속시켜 총장을 퇴진시켰고 결국 대통령 탄핵으로까지 이어졌습니다.

한나 아렌트Hannah Arendt에 따르면, '지도자leader'라는 말은 "어떤 일을 시작하고 그 일을 수행하도록 도와줄 동료를 찾는 사람"으로 해석해야 합니다.[38] 그녀는 모든 행위는 "함께 하는" 행위이며, "친구와 신뢰할 만한 동료 없이 행위할 수 없다"고 합니다.[39] 아무도 혼자서는 자신의 경험으로 객관세계를 그 완전한 모습대로 파악할 수 없습니다. 만일 어떤 이가 세계를 '진정으로' 있는 그대로 보고 경험하기를 원한다면 "그것은 세계를 수많은 사람이 공유하고, 그들 사이에 있고, 그들을 분리시키는 동시에 연결시키는 어떤 것으로서 이해하는 방법을 통해서만 가능하다"고 합니다. "세계는 사람마다 다른 모습을 드러내며, 수많은 사람이 관점에 관해 말할 수 있고, 서로가 더불어 그리고 대립하면서 의견과 관점을 교환할 수 있는 한 이해할 수 있다"는 것입니다.[40]

청년을 위한 정치는 없다

— 전환과 통합으로 나아가는 자

젊은 대통령은 적을 공격하는 자가 아닌, 아렌트의 말처럼 자신의 일을 도와줄 "동료를 찾는 사람"이 되어야 합니다. 같은 위기를 접했을 때 히틀러Adolf Hitler는 배제와 증오로, 루스벨트Franklin Roosevelt는 통합과 포용으로 임했습니다.[41] 정치에 대해 "한 사회 안에 사는 사람들 간의 관계의 총복합체"라는 정의가 있습니다. 본래 자연도 모범 공동체입니다. "우리의 50조 개 세포들은 전형적인 모범 공동체"로서 "조화로운 정치 환경을 일궈낸 세포들의 지혜는 함께 조직하고 관계하고 행동하는 건강한 국가체제의 창출에 새로운 룰로서 적용될 수 있다"는 것입니다.[42] 따라서 "정치란 전체 인류와 그 안의 '모든' 개인의 건강을 증진시키기 위해 함께 조직하고 어울려 행동하는 방식"이라고 말합니다.[43]

뉴턴Isaac Newton과 다윈Charles Darwin의 우주는 독립적인 개개의 물리적 요소 사이의 메커니즘을 강조하지만, 양자역학의 우주는 만물이 상호 연결되어 있으며 분리는 착각임을 보여줍니다. 립튼과 베어맨은 각 개인을 인류라는 신체 안에서 동등한 가치를 지닌 하나하나의 세포로 바라보는 새로운 정치 질서를 탄생시키려면 두려움에서 비롯되는 국토안보homeland security의 개념으로부터 벗어나 사랑에서 비롯되는 심장(마음)안보heartland security로 주의를 돌려야 한다고 주장합니다.

애틀리Tom Atlee에 따르면, 지혜란 "눈앞의 섣보습 너머를 보고 만물의 생명과 발전을 긍정하는 큰 시야에 입각해 행동하는 것"으로 "한 공동체가 얼마나 지혜로울 수 있는가는 각 관점이 얼마나 협동적, 창조적으로 잘 어우러져서 그 다양성을 통해 가장 지혜롭고 포괄적이고 강력한 진실이 드러나게 하느냐"에 달려 있습니다. 그는 지혜에 접근하는 수단을 '공지능co-intelligence'이라 부르면서 이를 "만인의 다양한 재능을 만인의 이익을 위해 통합하기"로 정의합니다.[44]

갈등의 해결 방식도 기존과 다르게 제시되어야 합니다. 로저 피셔Roger Fisher는 "갈등의 돌파는 자신의 입장을 누그러뜨리고 상대방에 대한 관심을 진심으로 표출할 때 일어난다"고 합니다. 가장 먼저는 자기 관심사를 분명히 밝혀야 합니다. 이념이나 명분 속에 감춰진 자기 의도를 먼저 솔직히 말해야 해답이 도출될 수 있습니다. "서로 의견이 엇갈리는 양쪽이 각자의 관심사를 분명히 밝히고 나면 그들은 갈등을 공동의 문제로서 다시 바라볼 수" 있게 됩니다. 그래서 "서로가 상대방을 그 문제를 함께 해결해갈 작업의 동료로서 바라볼 수 있게 되는 것"입니다.[45]

또 "문제가 발생한 차원보다 높은 의식 차원에서 해결책을 추구"해야 합니다. 그래야 "더 높은 지혜에 쉽게 가닿을 수 있을 것"입니다. 예를 들면, 이웃집 개가 자신의 양을 물어 죽였을 때 이웃집을 고소함으로써 문제를 해결하는 것이 아니라 이웃에게 새끼 양을 선물하는 것입니다. 그러면 이웃은 자신의 양을 보호하기 위해서라도 개를 묶어둔다는 것입니다.[46]

갈퉁Johan Galtung은 모든 갈등에는 다음의 다섯 가지 해결 방식이 있다고 합니다. 첫째, 내가 이기고 상대는 진다는 것, 둘째, 네가 이기고 나는 진다는 것, 셋째, 문제를 완전히 외면해버리는 부정

청년을 위한 정치는 없다

적인 방식의 초월, 넷째, 양쪽 다 조금씩 손해보기로 하는 타협, 다섯째, 문제를 뛰어넘는 해결책을 이끌어내는 초월입니다. 종래의 정치는 이 가운데 주로 타협을 통해 문제를 해결하려 했는데 이는 모든 당사자를 똑같이 불만스러운 상태로 남겨놓는 것입니다. 두 반대편이 중간에서 절충하는 것이 아니라 가장 좋은 해법을 위해 두 힘을 결합시켜 함께 가게끔 만드는 것이 최선입니다. 페루와 에콰도르의 국경분쟁 해결책이 대표적입니다. 양측은 국경을 아예 없애고 분쟁지역을 이중국적 지역으로 만들어 번영을 구가하게 했습니다. 따라서 '이것 아니면 저것'이라는 이원적 갈등을 넘어 '이것도 저것도' 포용하는 새로운 해결책을 찾아야 합니다.[47]

모든 시스템은 보수와 진보 모두를 필요로 한다고 합니다. 모든 시스템은 적절하게 "교정되지 않으면 기하급수적인 폭주 상태가 되는 하부 시스템"을 가지고 있기 때문입니다. "인구 증가, 군비 경쟁"을 그 예로 들 수 있습니다. 시스템의 재생적 잠재력은 '정상 상태'를 이루려는 관리 회로에 따라 억제되고, 그런 의미에서 '보수적'입니다. 또 그와 동시에 동일한 상태를 유지하기 위해서라도 '변화'는 요구되므로 항구성은 변화에 의해 유지됩니다. 이는 돌연변이가 생존을 유지하는 데 기여하는 것과 같습니다. 그리고 동일한 원리가 학습, 사회 변화 등에도 적용됩니다.[48]

클레어 그레이브스Clare Graves, 켄 윌버Ken Wilber 등 전환을 강조한 이론가들의 주장을 참고하면, 현재 한국 사회는 능력주의가 특징인 오렌지색 단계와 공동체주의가 특징인 녹색 단계가 섞여 있는 듯합니다. 오렌지색 단계는 성취 지향적, 물질적 이익, 과학, 시장, 승자 위주의 사회를 의미하고, 녹색 단계는 수평적 유대, 네트워킹, 생태주의, 공동체주의, 평등주의 등이 강조된 사회에 해당합니다. 녹색 단계의 이념을 내면화한 이들은 연대를 강조하지만 자신의 단계보다 하위 단계에 속한다고 여겨지는 가치관을 가진 이들을 매몰차게 공격한다는 점에서 배타적입니다. 그레이브스는 녹색 다음의 단계로 노란색(통합) 단계를 제시합니다. 이 단계는 다른 단계들을 모두 포함하면서 초월합니다.

> 삶은 자연적 계층 구조 홀라키와 체계, 형태로 이루어진 만화경이다. 융통성, 자발성, 기능성이 가장 우선시된다. 차이와 다원성은 상호의존적인 자연스러운 흐름으로 통합될 수 있다. 평등주의는 필요하다면 타고난 능력의 정도에 따라 보완되어야 한다. 지식과 능력이 계급, 권력, 지위나 집단을 대신해야 한다. 현재 만연한 세계의 질서는 실재의 다양한 수준이 존재하는 결과이며 역동적 나선을 따라 위아래로 움직이는 필연적인 패턴의 결과다. 바람직한 지배 구조는 증가되는 복잡성의 수준을 통해 실체가 출현하는 것을 촉진한다.[49]

젊은 대통령은 경쟁 상대의 약점을 잡아 끌어내리지 않고, 능력주의를 표방하는 자들을 구시대적이라고 무시하지 않으며, 개개인의 필요와 처지에 따라 다양한 입장이 표명되는 현실에 주목합니다. 사람들은 "타인들로부터 자신을 방어할 필요를 덜 느낄수록" 행복을 추구할 자유를 더 많이 갖게 될 것입니다. 경쟁세력이 "서로 이기려고 애쓰는 대치된 양극이 아니라 멋지게 협동하는, 생기 넘치는

청년을 위한 정치는 없다

한 쌍의 무용수로 변신"하여 "우리는 어떻게 진보해가기를 원하는 가" "우리는 무엇을 지키기 원하는가"라고 질문하는 세상을 꿈꿔봅 니다.[50] 그리고 그 질문에 답을 내기 위해 젊은 대통령은 경쟁세력이 나 국민을 "문제를 함께 해결해갈 작업의 동료로서 바라볼 수 있는 사람"이기를 기대해봅니다.

5장

젊은 정치인의
등장을
막아서는
것들

이상호

건국대학교 사학과를 졸업하고 동대학원에서 석사학위를, 한국학중앙연구원 한국학대학원에서 역사학 박사학위를 받았다. 한국학중앙연구원 전임 연구원으로 한국민족문화대백과사전 개정증보사업을 담당했으며, 건국대학교 글로벌캠퍼스 강의교수, 경찰대학교 치안정책연구소 자문위원을 역임했다. 지금은 건국대학교 사학과 겸임교수로 재직 중이다. 지은 책으로는《맥아더와 한국전쟁》《인천상륙작전과 맥아더》《한국전쟁: 전쟁을 불러온 것들, 전쟁이 불러온 것들》《제국주의 열강의 해군과 동아시아》(공저)《6·25전쟁 소년병 연구》(공저)《4·19혁명과 민주주의》(공저)《반대를 론하다》(공저) 들이 있다.

― 영웅, 지도자, 정치인

《영웅숭배론On Heroes, Hero-Worship, and the Heroic in History》은 19세기 영국의 학자 토머스 칼라일Thomas Carlyle이 쓴 책입니다. 여기서 칼라일은 영웅이란 어떤 사람인지 한 줄로 요약합니다. 그에게 영웅은 "성실성과 통찰력이라는 정신적 자질을 갖춘 사람"입니다.[1]

어떤 사람은 여기서 물을 것입니다. "오늘날과 같은 민주주의 사회에서 판타지나 마블 영화도 아니고, 대체 어디에 (보통사람과는 전혀 다른) '히어로'가 있겠는가?" "우리가 기대하는 정치인은 오히려 공공의 충실한 봉사자 아닌가?" 실제로 우리는 국회나 정부의 고관들을 일컬을 때 '공복publicy-servant'이라는 표현을 즐겨 씁니다. 특히 그 정치인들이 자기 자신을 소개할 때 그렇고요. 하지만 그 누구도, 아마 그 정치인 본인도 자신을 진짜 공복이라고 생각하지는 않을 것입니다. 그것은 그냥 '선언pronounce'에 지나지 않는 이야기지요.

여전히 많은 사람에게 정치인은 리더, 곧 지도자로 인식되고 있습니다. 최근의 이른바 팬덤 현상을 보면 한술 더 뜨죠. 한낱 인간일 뿐인 정치인을 맹목적으로 추종하면서 '영웅'이라도 나타난 것처럼 여기고 있지 않습니까? 그러니 정치의 현실적 수준에서 가장 적절한 그림을 그릴 도구란, 오히려 칼라일이 얘기하는, 저 오랜 지도자와 영웅의 문법이 아닐까 싶은 것입니다. 그렇기에 저는 지금부터 등장할 '정치 지도자' '영웅'이라는 용어를 '정치인'과 동의어로 놓고자 합니다.[2]

칼라일은 단순히 '영웅'의 정의만 내린 것은 아니었습니다. 그는 더 나아가 영웅을 알아볼 추종자들의 자세, 곧 일반인의 자세는 어떠해야 하는지 묻습니다. 결론은 "영웅을 알아보려면 일반인 역시 성실성과 통찰력을 구비하지 않으면 안 된다"입니다. 일반인의 품성 또한 중요하다는 이야기죠.[3] 물론 우리가 전적으로 칼라일의 영웅주의적 사고방식을 받아들일 필요는 없습니다. 그래서도 안 될 것입니다. 하지만 지도자를 갈구하는 대중에게 성실성과 통찰력이 없을 경우 진정한 '영웅'을 알아보지 못할 수도 있다는 칼라일의 지적은 시사적입니다. 대중이 대중 조작이나 선전으로 제대로 된 지도자를 알아보지 못하고 교언영색巧言令色에 출중한 '사이비 지도자'에게 넘어간다면 그들은 우울한 결과와 마주할 수밖에 없다는 것입니다.

이 글은 현재 우리가 바라는 40대(여기서 40대는 생물학적 연령

청년을 위한 정치는 없다

이 그렇다기보다 사고가 '젊다!'는 의미에 가깝습니다) 정치 지도자, 더 나아가 40대 대통령이 왜 한국 사회에서는 출현하지 않는지를 논의하기 위한 전사前史에 해당하는데요. 저는 여기서 유교적 장유유서 인식의 강고함, 중위 연령과 기대수명 증가에 따른 영향, 물적 토대라는 경제적 기반을 구축하는 일의 어려움 등 다양한 요소를 훑어볼 것이지만, 먼저 칼라일의 영웅론을 살펴본 만큼, 대한민국 버전의 지도자론을 먼저 이야기하고자 합니다. 그것도 아주 처음의 것으로요.

— 어느 지식인이 그린 지도자상

해방 직후 한국에서는 새로운 국가 건설을 위한 다양한 주장이 제기되었습니다. 그 가운데 민족의 미래 지도자상에 대한 이론을 제기한 지식인이 있었지요. 그는 일본대학 철학과를 졸업한 엘리트 지식인이면서, 한편으로 농민운동을 전개하기도 한 독특한 경력의 소유자였습니다. 바로 평북 용천 출신의 김오성입니다.

김오성, 이 책을 읽는 분들에게는 아마 생소한 이름일 것입니다. 하지만 여운형이 주도한 조선인민당에서 선전부장까지 맡았던 그는 해방 정국의 중앙 정치무대에서 제법 이름을 날리던 인물이었습니다. 1908년생인 김오성은 일제강점기에 유명했던 잡지 〈대중지광大衆之光〉 발행에 참여했고, 고향 용천에서는 소작쟁의를 지도했으며, 1932년에는 〈농민〉 〈신인간〉을 발간했습니다. 해방 직전 여운형이 주도한 건국동맹에 가입한 그는 해방 직후 조선인민당과 좌익세력의 집결체인 민주주의민족전선의 상임위원 및 선전부장으로 일했습니다. 김오성은 좌익적 시각을 가지고 있었지만, 이는 당시 대다수 지식인의 경향이기도 했습니다. 그는 당대 지식인들의 이런 경향을 반영한 두 부의 평론집을 발간했는데, 바로 《지도자론指導者論》[4]과 《지도자군상指導者群像》입니다.

김오성은 먼저 1946년 3월에 발간한 《지도자론》에서 지도자란 어떤 인물인지에 대한 정의와 함께 지도자의 자질과 유형을 구분했습니다. 이 책은 크게 두 부분으로 나뉘는데, 전반부는 지도자에 대한 분류를 이론적으로 고찰하고, 후반부는 3·1운동과 해방 이후의 행적을 통해 진정한 지도자가 누구인지 제시합니다.

김오성에 따르면, 지도자는 "세계사적 인물로서 세계사의 이념을 자기의 생명으로 하고 세계사의 방향에서 자기 운명을 결정하려는 자"입니다. 특히 전환기의 세계사적 개인은 두 가지 형태로 등장하는데, 하나는 몰락하는 방향을 대표하고, 다른 하나는 건설하는 방향을 대표한다는 것입니다.[5] 그래서 전환기는 논리logos보다 감정 pathos이 지배적이며, 전환기를 휩쓰는 시대적인 두 개의 파토스가 나타난다고 합니다. 첫째는 몰락의 방향에서 등장하는 지방적·국민적 파토스, 곧 애국심입니다. 이 지방적·국민적 파토스는 신화를 근거로 조작되고 향토적인 애착을 바탕으로 모습을 드러냅니다. 둘째는 건설의 방향에서 등장하는 세계적·인류적 파토스입니다. 이 세계적·인류적 파토스는 동경憧憬에서 생기지만 미래상未來像을 창조하려는 의욕에서 나타납니다.

김오성이 강조하는 주의사항은 '영웅'과 '지도자', 이 양자를 확실히 구분해야 한다는 것입니다. 양자 모두는 세계사적 개인이나 영웅으로서 항상 반동적 역할을 갖지만, 지도자는 진보적 역할을 담당하기 때문입니다.[6] 여기서 '지도자'가 갖춰야 할 자질은 다음과 같습니다. 먼저 절조節操가 있어야 하고, 자기 이론과 전술을 보유해야 합니다. 또 공리심功利心(자기 공명과 이익만 추구하는 마음)이 없어야 하며, 자기비판의 성실성을 갖춰야 하죠. 그리고 겸허와 포용성과 결단성을 아울러 겸비해야 합니다.[7]

김오성은 지도자를 정치가형 지도자와 투사형 지도자로 구분해 설명합니다.[8] 예를 들어 여운형은 정치가형 지도자로 분류되는데, 그가 원칙보다 현실을 중시하고, 전략보다 전술에 치중한다는 이유에서였습니다. 한편 투사형 지도자로 분류한 사람으로는 박헌영이 있습니다.[9]

김오성은 1946년 7월 출간한 《지도자군상》[10]에서 지도자의 유형을 좀더 세분화합니다. 곧 《지도자론》에서 분류한 정치가형, 투사형에 학자형(김두봉)을 더합니다.[11] 김오성의 분류법을 심화시킨다면 해방 직후의 정치 지도자 유형에 군부軍部형으로 정의하는 것이 적절한 인물도 있었다고 생각합니다.[12] 이 부류에는 김일성, 무정, 이청천, 이범석 등이 속하겠습니다. 당시에는 우파나 좌파 가릴 것 없이 군대 지휘 경험이 있는 정치인을 민족의 미래 지도자로 추어올리곤 했습니다.

김오성은 이렇게 분류한 지도자 유형을 바탕으로 총 18명의 정치인을 예로 들었는데, 여기에는 주로 본인과 관련이 깊은 인민당 계열과 민전 인사들이 많았습니다. 장건상, 성주식, 이주하, 김성숙, 홍남표, 유영준, 이여성, 이강국, 이관술, 최용달, 김세용 등이 일반인에게 얼마나 알려졌는지는 의문입니다. 반면 그가 먼저 지칭한 7명의 인물, 곧 여운형, 박헌영, 김일성, 허헌, 김두봉, 김원봉, 무정은 인지도가 높았습니다. 김오성은 이 책에서 그들의 성장 배경을 간략히 적고, 해방 이후의 행적을 소개합니다. 마지막으로 이들에 대한 평가를 기록하고 있는데, 너무 주관적이라는 흠이 있습니다.

김오성의 《지도자론》은 해방 직후 신국가 건설에 대한 지식인들의 열정과 고민을 증거하는 결과물입니다. 하지만 한국 사회의 정치 지도자들의 실제 면면으로 들어가면, 김오성의 주장은 퍽 공허하게 느껴집니다. 이유가 무엇일까요? 이는 김오성이 말하는 지도자 상, 세계사적 인물로서 이론과 전술을 겸비한, 공리심이 없고 자기비판에 성실한 사람을 현실에서 찾기 어려웠기 때문이기도 합니다. 미래지향적이며 딱히 틀린 것 없어 보이는 그의 주장 자체에도 문제가 있었고요.

한국 정치학의 한 원로 학자는 "정치라는 것은 결국 사람들이 같이 사는 것에 대한 문제"라고 정의합니다. 여기에는 문민도Civility, 곧 '사람이 사람을 사람으로 대우하는 자세'가 있다고 합니다.[13] 그 반대는 정치적 반대파를 라이벌이 아닌 적으로, 협의의 대상이 아닌 타도의 대상, 회피의 대상으로 간주하는 태도일 텐데요. 해방 직후 정치인들의 그 태도가 한국 현대사의 가장 큰 비극, 곧 전쟁과 대량 살상을 불러옵니다. 심지어 오늘날에도 한국인들의 정치적 갈등에는 제로섬Zero-Sum 의식이 강하게 작용하는 것 같습니다. 그것은 나의 정치적 이득이 반대파의 정치적 손해라는 '즉자적'인 인식입니다. 반면 정치적 반대파를 적이 아니라 (동반자적) 경쟁자로 여기려는 자

청년을 위한 정치는 없다

세는 아주 희박해 보입니다.

제거보다는 공존, 이것이 정치의 미덕이라고 한다면, 김오성이 말하는 세계사적 지도자의 덕목에 공존의 미덕, 곧 더불어 살아가는 아름다움이 결여되어 있는 것은 아쉬울 따름입니다. 민주적 리더십의 세 가지 능력, 곧 '확장된 상황 인식 능력' '주변과의 소통 능력' '문제 해결을 위한 통합 및 포용 능력'[14]에 대한 언급 자체가 해방 이후 지금까지 한국의 정치 환경에는 부족하지 않았나 싶습니다.

재일학자인 강상중은 최근 쓴 책《한반도와 일본의 미래》에서고 김대중 대통령과의 대화를 후기에 적어 놓았습니다.[15]

김대중이 나에게 말했다. "한 번이라도 좋으니 박정희 씨를 만나고 싶었소. 그리고 말하고 싶었지. 나는 당신의 적이 아니고 당신도 나의 적이 아니며, '우리는 라이벌입니다'라고." 그의 눈에 눈물이 고여 있는 것이 희미하게 보였다.

한국 사회에서 공존의 정치가 부족한 원인을 그레고리 헨더슨Gregory Henderson은 자신의 책《소용돌이의 한국정치Korea: The Politics of the Vortex》에서 다음과 같이 분석합니다. 한국 사회는 동질성과 중앙집중화 현상이 강해 정치 부분에서 당파성, 개인주의, 기회주의가 만연하고, 결국 중앙 권력을 향해 치닫는 소용돌이처럼 정치가 움직인다고 말입니다.[16] 헨더슨의 주장이 완전한 설명은 아니지만, 어느 정도 설득력은 가지고 있습니다. 지나친 중앙집중화와 당파성 때문에 권력을 잡게 되면 상대를 경쟁자가 아닌 적으로 규정하게 되고, 이것이 일종의 '배제의 정치'를 가져온다는 이야기죠.

　말씀드렸듯 세계사적으로 진취적인 지도자를 바랐던 지식인 김오성의 지도자론은 그 자체로 의미가 없지는 않지만, 그 열망은 국민의 정서와는 분명 괴리가 있었습니다. 이제부터 미군정기의 여론조사에서 드러난 정당과 정치 지도자에 대한 지지도를 살펴보고자 합니다. 한국인들이 정치인들의 생물학적 젊음에 어떤 감정을 품었는지 엿볼 수 있는 대목입니다.

— 나이가 많을수록 유리하다?

　미군정은 한국인들을 대상으로 다양한 여론조사를 실시했습니다. 자신들의 통치 행위에 대한 한국인들의 입장을 알기 위해서기도 했지만, 한국의 여론을 파악해 행정에 반영하기 위한 목적도 있었고, 더 나아가 그를 통해 여론을 형성하고 주도하려는 계획이었던 것으로 보입니다. 당시 여론조사를 주도했던 기구는 주한미군정청 공보국과 공보부, 주한미군사령부의 민간정보실, 군정장관실 등이었습니다. 1946년 3월 31일 주한미군정청 공보국에서 실시한 여론조사를 한번 살펴볼까요.[17] 당시 공보국은 서울 시내에서 3월 16일부터 3월 21일까지는 1908명을 상대로, 3월 22일부터 3월 29일까지는 2269명을 상대로 샘플링 조사를 실시해 두 결과를 합계하고 분류했습니다.

　당시 여론조사에 응한 한국인들의 직업은 농민이 12퍼센트, 노동자가 42퍼센트, 상업 및 전문직이 46퍼센트였습니다. 총 11개

3번 정당 선호도 질문

당명	1차 조사(%)	2차 조사(%)
한국민주당	16	16
국민당	21	17
신한민족당	6	7
조선인민당	14	14
조선공산당	12	12
연안독립동맹	3	2
조선민주당	4	3
지지정당 없음	12	19
무응답	12	10

질문을 제시했는데, 그 가운데 3번과 4번이 각각 정당 지지도와 인물에 대한 선호도를 묻는 항목이었습니다. 3번 질문은 "다음 정당 가운데 선거가 치러진다면 당신이 지지할 정당은?"이었습니다. 조사 결과는 위 표와 같았습니다.[18]

3번 질문은 정당 선호도 질문이기에 정치 지도자의 연령에 대해서는 정확히 확인할 수는 없지만, 어느 정도 유추는 가능합니다. 왜냐하면 대부분 우파 정당이라 일컫는 한국민주당, 국민당, 신한민족당, 조선민주당, 조선인민당은 '나이가 있는' 정당이었고, 조선공산당, 연안독립동맹은 '젊은' 정당이었기 때문입니다. 전자의 대표 정치 지도자는 50~60대였고, 후자는 40대 이하가 주축이었습니다.

따라서 당시 정당 지지도 답변을 보면, 이데올로기적 분파성을 제외할 경우, 젊은 정치 지도자들이 1차와 2차 조사에서 얻은 지지가 15퍼센트 정도 됩니다.

이 여론조사에서 4번 질문은 정치 지도자 각각에 대한 선호도 조사였습니다.[19] 그런데 질문이 우리가 예상한 정치 지도자 내지는 정치 리더십에 대한 직접적 질문보다는 복합적이었는데요. 질문은 다음과 같았습니다. "어느 인물이 국민 대중의 이익을 위해 가장 열심히 일할 것이라고 생각하는가?"

"다음 인물 중 향후 대통령(정치 지도자)으로 가장 적합할 인물은?"이라고 직접적으로 물어보는 것이 아니었습니다. 당시 정부 형태에 대한 구체적 인식이 없었기 때문이기도 했지만, 여기에는 미군정의 의도가 깔려 있었다고 볼 수 있습니다. 4번의 결과는 다음 표와 같았습니다.[20]

김일성의 이름을 보고 놀랄 분도 있겠지요. 이는 당시 시대상과 맞물려 있습니다. 1946년 3월은 미소공동위원회가 개최되던 시기입니다. 향후 통일된 민주정부에 대한 희망이 여론조사에 반영되었을 것입니다. 다만 북한에서 이미 북조선임시인민위원회가 수립되어 김일성이 북한의 권력을 어느 정도 장악하고 있었던 점을 고려한다면, 여기서 그에 대한 지지도를 평가하는 것은 사실 의미가 없다고 할 수 있겠습니다.

조사 결과만 봤을 때 당시 여론에 따르면, 30~40대로 대표되는 인물에 대한 지지도는 13퍼센트였습니다. 연안독립동맹 계열 소속 김두봉보다 나이가 어린 김원봉을 항목에 넣었을 경우 지지도에

청년을 위한 정치는 없다

4번 인물 선호도 질문

이름(나이)	1차 조사(%)	2차 조사(%)
김구(70)	22	20
김규식(65)	9	8
이승만(71)	32	30
안재홍(55)	5	9
조만식(63)	4	3
박헌영(46)	10	11
여운형(60)	13	15
김일성(34)	3	2
김두봉(57)	2	2

는 약간의 차이가 있었겠지만, 대체로 10퍼센트대였을 것입니다. 반면 60~70대 지도자들의 점유율은 70퍼센트로 압도적이었습니다.

여기서 미군정이 누구를 대상으로 여론조사를 했는지 떠올려봅시다. 서울 거주자였기에 공장 노동자와 상업, 전문직 종사자가 대부분이었죠. 우파 정당의 지지도가 그리 높지 않을 것 같은 구성입니다. 게다가 김일성이 후보로 등장할 만큼 미군정의 조사는 자유로운 분위기에서 이뤄졌다는 점도 알 수 있습니다. 하지만 누구에게 정권을 맡길 것이냐고 물으면, 사람들은 정치 성향과 관계없이 나이든 정치인들을 우선 꼽았습니다. 당시 사람들의 삶에 유교적 질서가 내재되어 있다는 것을, 곧 동양적 장유유서 사상이 깊게 영향을 끼

쳤다는 것을 잘 반영하는 사례가 아닐까 합니다. 민주주의 태동기의 한국에서 젊은 정치인이 리더십을 발휘해 지도적 위치에 선다는 것은 정치적 환경만이 아니라 사회적, 관습적으로도 아주 어려운 일이었습니다.

─ 거기서 목이 부러질 토끼가 또 있을까요?

정치에서 '40대'는 생물학적 젊음을 지칭한다기보다 사고방식의 젊음을 뜻한다고 할 수 있습니다. 이를테면, 경직성을 타파하는 열린 생각을 정치인이 갖추었으면 하고 바라는 의미라고도 하겠습니다. 그런데 왜 하필 콕 집어 40대일까요? 현행 〈헌법〉에서 대통령 선거 출마자의 자격요건이 40세 이상이기 때문입니다. 〈헌법〉이 개정된다면 30대라고 해서 지도자가 되지 못하란 법은 없겠죠.

《한비자韓非子》는 아주 오래된 책이지만 젊음을 요구하는 책이기도 합니다. 《한비자》의 〈오두五蠹〉 편은 그와 관련된 금언을 추구하는 장이라고 하겠습니다. 〈오두〉의 '두蠹'는 물속에 가라앉은 목재 속에 살면서 그 안을 갉아먹는 벌레를 가리킵니다. 곧 오두란 5가지 좀벌레라는 뜻입니다. 먼저 우리 귀에 익숙한 수주대토守株待兎가 등장하죠.[21]

송나라 사람으로 밭갈이하는 자가 있었다. 밭 가운데 나무 밑동이 있어 토끼가 달아나다 나무 밑동에 걸려 목이 부러져 죽었다. 그래서 그는 밭 갈던 쟁기를 버리고 나무 밑동을 지키며 다시 토끼 얻기

청년을 위한 정치는 없다

만을 바랐다. 그러나 토끼를 다시는 얻을 수 없었으며 자신은 송나라의 웃음거리가 되었다.

종종 우리는 이 고사성어를 '한 가지 일에만 얽매여 발전을 모르는 어리석은 자'를 일컫는 데 씁니다. 하지만 한비가 말하는 이야기의 참뜻은 그것이 아니었습니다. 그가 비웃는 대상은 옛 기준을 금과옥조처럼 믿고 그것을 현재의 기준으로 삼으려는 사람들입니다. 곧 다른 나라의, 또는 지난 시기의 기준이나 이론을 가지고 현실을 판단하려는 자들을 비판하고자 한 것이죠.

미국에서는 이미 지난 세기에 40대 대통령이 출현한 바 있습니다. 제35대 존 F. 케네디John F. Kennedy(만 44세)와 제42대 빌 클린턴Bill Clinton(만 47세)입니다. 또 최근 유럽에서는 프랑스의 에마뉘엘 마크롱Emmanuel Macron(1977년생)과 우크라이나의 볼로디미르 젤렌스키Volodymyr Zelensky(1978년생) 등 40대 대통령이 등장해 새로운 정치, 개혁의 장을 선보이고 있습니다.

대한민국에도 40대에 정권을 잡았던 인물이 있습니다. 박정희 대통령이 대한민국 제5대 대통령으로 취임한 1963년은 그의 나이 46세 때였습니다. 전두환 역시 군사쿠데타를 통해 권력을 장악하고 1980년 9월 제11대 대통령에 취임했을 때 49세였죠.

열아홉 번의 대통령선거 가운데 40대에 대통령으로 당선된 경우는 네 번에 이릅니다. 20퍼센트가 넘는 비율이죠. 한국 정치사에서 분명 의미 있는 수치입니다.

물론 이 수치는 정상적인 방법(정당한 정치적 절차에 따른)이 아닌 군사쿠데타 같은 특수한 정치적 행위 때문에 나타난 것이긴 합니다. 그들의 민주적 정통성에는 의문이 따를 수밖에 없고, 그 젊음을 지금까지의 논의와 다르게 봐야 한다는 시각이 있을 수 있습니다. 하지만 강고한 장유유서 문화에도 불구하고 젊은 대통령이 나왔다는 것은 앞서 김오성에게서 보았던, 지도자에게 옛것에 얽매이지 않는 혁신을 바랐던 그 시대 한국 사회상의 반영이기도 할 것입니다. 기성 정치인이 자유당이나 민주당 할 것 없이 수주대토의 모습만 보였던 점을 생각하면 더욱 그렇습니다. 또 박정희와 김대중은 혁신성이라는 기대에 완벽하지는 않더라도 어느 정도 부응한 사람이었습니다. 물론 박정희는 앞에서 이야기한 문민도의 결핍을 보여주었지만요.

그런데 장유유서 문화가 약화된 오늘의 한국 사회에서 40대 지도자를 보는 건 더 어려워진 것 같습니다. 대통령에 도전할 젊은 정치인들이 전무하다시피 하지요. 왜 그럴까요? 그 원인으로는 여러 가지가 있겠지만, 젊은 세대를 억누르는 사회구조적 문제에서 그 답을 찾을 수 있겠습니다.

— 불혹의 나이에 다들 이립 걱정

《논어論語》에서 말하는 이립而立(20세가 공자의 자립한 나이라는 뜻), 한국에서는 30대가 아니라 40대가 되어서도 불가능합니다. 과거에는 불혹不惑이라는 말이 경륜의 상징이었지만 지금은 그렇지도 않지요. 오늘날 40대는 박정희나 전두환처럼 '장군'이 될 수 없습니다. 그들은 사회에서 중견 관료나 실무 책임자급으로 중추 역할을

청년을 위한 정치는 없다

한국의 1~19대 대통령선거 후보자 연령 분포

대통령 선거	후보자 수	40~50세	50~60세	60~70세	70세 이상
1대	3		1		2
2대	4		1	1	2
3대	2		1	1	
4대	1				1
5대	5	2		2	1
6대	6	2		3	1
7대	5	1	2	2	
8대	1		1		
9대	1			1	
10대	1			1	
11대	1	1			
12대	4	1	1	2	
13대	5	1	2	2	
14대	7		2	5	
15대	7	1	4	2	
16대	6		3	3	
17대	10	1	3	5	1
18대	6	1	2	2	1
19대	13	3	7	2	1
합계	88	14	30	34	10

*음영 표시는 40대 당선자 연령

수행하고 있지만 지도자는 아닙니다. 공무원으로는 과장이나 실장급이고, 대기업 기준으로는 차장이나 부장급, 군대에서는 중령이나 대령급입니다. 개개인의 학습 기간이 길어졌고, 은퇴하기까지의 생물학적 나이가 늘어난 까닭입니다. 공무원 정년은 2008년 57세에서 58세로 연장되었다가 다시 60세가 되었습니다. 최근에는 임금피크제 도입과 함께 65세로 늘리려는 추세입니다. 공공기관이나 일반 기업에서 정년이 연장된다는 것은 사회적·정치적 리더로서 자격을 갖추는 데에도 그만큼 시간이 걸린다는 의미가 됩니다.

젊은 세대가 사회에서 뜻을 세우기에는 생물학적 나이의 장벽이 무척 거대합니다. 이전과 달리 한 세대가 사회의 지도적 역할을 담당하는 연령대가 되기까지 5~10년이 더 지체되는 것입니다. 이 '지체 현상'은 사회적 활동 기간의 연장과도 맥을 같이합니다.

— 인구추계로 본 40대의 위상

구체적인 통계로 '지체 현상'을 살펴보겠습니다. 40대는 가장 활발하게 활동하는 세대입니다. 통계적으로도 40대는 젊은 세대에 속합니다. 다음 표를 보면, 한국의 중위연령은 2020년 기준으로 43.7세입니다. '중위연령'이란 전체 인구를 나이순으로 줄세웠을 때 한가운데 있는 사람의 연령을 의미합니다. 1960년대에 19세였던 중위연령이 1980년대에는 21.8세로, 2000년대에는 31.8세로 늘어나고, 2000년대 이후에는 급격히 상승한 것을 확인할 수 있습니다.

다른 인구통계 추계에서도 미래 40대의 정치 지형을 살펴볼

청년을 위한 정치는 없다

중위연령 변화(1960~2040)

	합계	남자	여자
1960	19.0	18.2	19.8
1970	18.5	17.9	19.2
1980	21.8	21.2	22.4
1990	27.0	26.3	27.7
2000	31.8	30.8	32.7
2010	37.9	36.9	39.0
2017	42.0	40.7	43.3
2020	43.7	42.3	45.2
2030	49.5	48.2	50.8
2040	54.4	52.9	56.0

*출처 통계청

수 있습니다. 바로 기대수명입니다. 다음 표는 1970년부터 2019년 까지의 기대수명[22] 변화를 보여줍니다. 50여 년 만에 한국인의 기대 수명은 62.3세에서 83.3세로 21년 늘었습니다. 이제 40대는 개인의 삶에서도 한가운데에 위치합니다. 곧 사회적 경험을 쌓을 기회가 40 대 이후에도 많다는 것입니다. 이해관계 집단 사이의 갈등을 조정하 고 화해시키는 것이 정치의 기본 기능이라고 전제한다면, 고령화사 회에서 40대의 설득력과 조정 능력은 반감될 수밖에 없겠지요.

특히 유교적 질서가 여전히 무의식 속에 자리 잡고 있는 한국 사회에서 경험 적은 세대가 정치인으로 나선다면 어떤 반응일까요?

기대수명 변화(1970~2019)

	합계	남자	여자
1970	62.3	58.7	65.8
1980	66.1	61.9	70.4
1990	71.7	67.5	75.9
2000	76.0	72.3	79.7
2010	80.2	76.8	83.6
2015	82.1	79.0	85.2
2019	83.3	80.3	86.3

*출처 통계청

그가 국가적·사회적 목표를 설정하고 문제의 해결책을 제시한다 하더라도 다른 이의 동의를 받기가 쉽지 않을 것입니다. 삶의 경험으로부터 나오는 지혜가 아니라 학습에 따른, 외부로부터 얻은 지식에 따른 대처 방안이라고 인식되기 때문입니다. 특히 고령층일수록 그런 경향이 존재한다는 것을 다들 알고 있으리라 생각합니다. 우리 주변에서 벌어지는 갈등을 자세히 살펴보면, 세대 간 관점 차이에서 비롯된 것이 많습니다. 한마디로 한국 사회는 사회적 문제보다 정치적 문제를 중요시한다고도 말할 수 있겠습니다. 경험이 일천한 40대 지도자에게 국민이 중요한 결정을 맡기려 할까요?

이는 '연령계층별 인구구성비 통계'에서도 확인할 수 있습니다. 다음 표는 1960년부터 2067년까지 한국의 인구에서 각 연령대가 차지하는 비율을 보여줍니다. 지금은 15~64세 인구가 차지하는

청년을 위한 정치는 없다

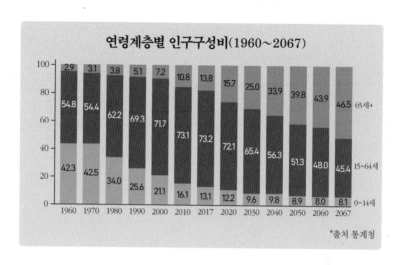

연령계층별 인구구성비(1960~2067)

연도	0~14세	15~64세	65세+
1960	42.3	54.8	2.9
1970	42.5	54.4	3.1
1980	34.0	62.2	3.8
1990	25.6	69.3	5.1
2000	21.1	71.7	7.2
2010	16.1	73.1	10.8
2017	13.1	73.2	13.8
2020	12.2	72.1	15.7
2030	9.6	65.4	25.0
2040	9.8	56.3	33.9
2050	8.9	51.3	39.8
2060	8.0	48.0	43.9
2067	8.1	45.4	46.5

*출처 통계청

비율이 72.1퍼센트이고, 65세 이상 인구가 차지하는 비율이 15.7퍼센트지만, 2030년대에는 65세 이상 인구가 전체의 25퍼센트를 차지합니다. 곧 고령층의 이해관계를 반영하는 목소리가 더 커질 수밖에 없고, 따라서 젊은 세대가 주축이 된 정치세력은 위축될 가능성이 큽니다. 결국 인구 구성의 변화를 볼 때 40대 정치 지도자의 출현과 성공은 전망이 어둡다는 점을 인정할 수밖에 없습니다. 물론 한국 사회에서 상당한 영향력을 행사하는 40대 인물도 없지는 않습니다. 그러나 이들의 사회적 성공은 예외적으로 특수한 분야, 곧 예술이나 IT 같은 비非권력적 영역에 그치는 경우가 많습니다.

중위연령이 높아진다는 점은 이런 의미이기도 합니다. 미래의 40대는 사회의 생산활동 영역에서 역군 역할에 머무를 뿐 사회를 이끌어나갈 지도적 역할을 하기는 어려울 것이라는 점입니다. 특히 유교적 질서가 강한 사회에서 더 많은 경력을 가진 연령층의 견제와 비판을 받을 위험이 큽니다. 최근 야당 대표를 둘러싼 문제가 그렇습니다. 한국 사회의 고령화 속도로 봤을 때 2030년에는 중위연령이 50세에 달합니다. 지금과 같은 인식과 관습이 유지된다면 40대 정치 지도자의 출현은 더 요원할 것입니다.

— 취약한 물적 토대

우리가 흔히 접하는 용어, 항산恒産의 출처는 《맹자孟子》의 〈양혜왕장구梁惠王章句〉 상上에 등장하는 대화입니다. 왕도정치에 대한 제선왕의 물음으로 시작하죠.[23]

왕이 말했다. "나는 몽매하여 이러한 정치에 나아갈 수 없으니, 원컨대 선생께서는 나의 뜻을 도와 밝은 지혜로 나를 가르쳐주소서. 나는 비록 민첩하지 못하지만 한번 시험해보겠습니다." 맹자가 말했다. "일정한 재산이 없으면서도 항상 일정한 마음을 가지고 있는 자는 오직 선비만이 그러할 수 있습니다. 일반 백성과 같은 경우에는 일정한 재산이 없으면 이로 인하여 항상 일정할 수 있는 마음이 없어집니다. 진실로 항상 일정할 수 있는 마음이 없어지면 방자함·편벽됨·사악함·사치스러움 등을 하지 아니함이 없을 것이니, 그리하여 죄에 빠지는 지경에 이른 뒤에 쫓아가서 그들을 벌준다면, 이는 백성을 그물질하는 것입니다."

맹자가 말하는 '무항산무항심無恒産無恒心'은 '일정한 재산과 수

청년을 위한 정치는 없다

입이 있어야 상황이 바뀌더라도 마음이 흔들리거나 변하지 않는다'
는 뜻입니다. 곧 어떤 사람이 정치인, 아니 그 이전에 사회구성원의
한 사람으로서 역할을 다하기 위해서는 반드시 일정한 재산이 있어
야 한다는 이야기입니다. 만약 어떤 정치인에게 뜻을 펼치기 위한
경제적 바탕이 없다면, 그가 꿈꾸는 정치적 이상은 실현되기 어려울
뿐 아니라 그 이전에 주변 유혹에 무너질 수도 있을 것입니다.

오늘날에도 정치에 뜻을 둔 사람이 가장 어려움을 호소하는
부분이 바로 '항산', 곧 '돈'입니다. 2004년 〈정치자금법〉이 개선되면
서 완화되었다고는 하지만[24] 아직도 공직에 나아가려면 선거에 쓸
재원을 적지 않게 마련해야 합니다. 현재 후원회제도와 선거공영제,
정당에 지급되는 국고보조금 같은 다양한 지원제도가 존재하지만,
현실은 가난한 정치 꿈나무에게 녹록지 않습니다.

16대 총선을 살펴보면 선거자금의 54퍼센트가 개인 재산으로
충당되었습니다. 17대 총선 후보를 대상으로 한 인터뷰 자료도 비슷
한 결과입니다. 선거자금의 50.7퍼센트가 개인에게서 나왔다는 평가
입니다.[25] 개인 재산 의존도는 현직 후보보다 예비 후보, 여당보다는
야당 후보, 당선 가능성이 높은 후보보다는 낮은 후보가 더 높았던
것으로 분석되었습니다. 다시 말해, 정치자금은 정치 지망생들에게
높은 장애물입니다.

19대 대선을 분석한 연구를 봐도 그렇습니다. 더불어민주당
문재인 후보가 전체 수입의 57.4퍼센트를, 자유한국당 홍준표 후보
가 48.8퍼센트를 차입금으로 충당했습니다.[26] 유력 대통령 후보조차
자금 압박을 심하게 받는 상황에서 비당원이나 정치 신인의 선거자

금 마련이 얼마나 큰 고난일지는 상상하기 어렵지 않습니다.

　정치 신인의 불리함은 20대 총선에 출마한 정치인의 경력 여부를 분석한 자료에서도 나타납니다. 정치인 경력을 가진 후보군은 국고보조금을 66.1퍼센트, 정당지원금을 32.1퍼센트 지원받은 반면, 정치 신인들은 각각 51.7퍼센트, 27.9퍼센트 지원받은 것으로 확인되었습니다.

　젊은 정치인이 리더십을 발휘하려면 '항산'이 필수적 요건이지만, 현대사회에서 재력을 갖추는 일은 젊은 세대에 더 까다로운 과제가 되고 있습니다. 속칭 '금수저'가 아니면 경제적 자립은 취업 후 일정 기간이 지나야 가능합니다. 20~30년 이상은 견뎌야 하죠. 현대인의 긴 학습 기간까지 고려하면 50대가 넘어야 비로소 사회에서 영향력을 행사할 위치에 선다는 이야기가 됩니다. 다시 말해 40대가 정치적 자립을 이루기 어려운 실제적 이유를 하나만 든다면 바로 물적 토대가 부족하다는 것이라 할 수 있겠습니다.

— 수주대토의 세력들

　한비의 '수주대토론'을 보며 통렬한 기시감을 느낍니다. 우리 주변에도 그런 사람이 있지 않았나요? 아니, 지금 한국의 정치야말로 '수주대토'의 적나라한 현장이 아닐까요? 시대가 바뀐 줄 모르며 '산업화세력' '민주화세력' 같은 유산을 들먹이는 집단이 있지 않습니까? 옛 기준으로 오늘을 살아가는 정치세력은 자기 이득만 계산하며, 사회 발전을 저해하는 부류가 자신이라는 인식을 하지 못합니다.

여기서 《한비자》에 나오는 또다른 글을 소개하고자 합니다.[27] 오늘의 한국 정치를 겨냥하는 듯한 이야기인데 현대어로 풀어보겠습니다.

지금 정치 지도자는 궤변만을 좋아하고 그것이 실제로 맞는가는 구하지 않는다. 행위에 대하여 명성만을 찬미하고 공적은 재촉하지 않는다. 이 때문에 세상 많은 사람 가운데 담론하는 자가 변설만을 힘쓰고 실용에는 못 미친다.

대저 농사나 장사하는 일은 고달프나 일반인이 그것을 하는 것은 부유해질 수 있기 때문이라고 말한다. 전쟁하는 일은 위험하나 일반인이 그것을 하는 것은 (공적을 쌓아) 귀해질 수 있기 때문이라고 말한다. 만약 학문을 닦고 말재주를 익혀서 농사나 장사하는 고달픔 없이도 부유해지고 전쟁의 위험 없이도 높은 지위를 얻는다면 어느 누가 하지 않겠는가.

이런 까닭으로 백 명의 사람이 학문한다고 생산적인 일은 하지 않고 오직 한 사람만이 일하게 된다. 학문하는 사람이 많으면 법이 무너지고 일을 하는 자가 적으면 나라가 가난해진다. 이것이 세상이 어지러워지는 원인이다.

한비는 세상에 실질적으로 생산하는 자가 적고 쓸데없이 공론만 떠드는 자가 많아지면 세상이 어지러워진다고 말합니다. 한비가 보기에 정치에 참여해야 할 이들은 사회의 생산적인 분야에서 일하거나 세상에 도움이 되는 일을 해온 사람들입니다. 그들이 정치권에 들어와 자신의 능력을 쓴다면 그것이 바로 좋은 정치일 것입니다. 반대로 학문을 통해 명성을 얻고, 또 언론을 통해 이를 미화하는 것으로 정치권에 기웃거리는 사람들이 득세하면 정치는 제대로 돌아갈 리 없습니다. 한국의 세태를 보는 것 같지요. 명분과 허명에만 정치인들이 매몰된다면 사회는 《한비자》에 나타난 것과 같은 허망한 상황에 빠져들 것입니다.[28]

> 지금 학자들은 군주에게 반드시 사람들을 복종시키는 권세를 쓰지 말고 인의를 실행하는 데 힘쓰면 왕이 될 수 있다고 말한다. 이것은 군주가 반드시 공자 못지않은 인물이 되고 세상의 백성들이 모두 공자의 제자처럼 되기를 요구하는 것이다. 이것은 실현 불가능한 이치이다.

해방 이후 70여 년이 지났는데도 한국 정치에서 40대 지도자를 볼 수 없는 것은 위와 같은 병폐 때문이 아닐까 합니다. 사람들이 찬양하던 정치 신예들이 몇 가지 잔재주만 가지고 정치권의 유혹에 넘어가 결국 말장난에 지나지 않는 변설만 늘어놓거나, 집권당의 거수기 역할만 하는 것은 아닌지 되돌아볼 필요가 있겠습니다.

그레고리 헨더슨Gregory Henderson이 지적한 것처럼, 한국 정치의 문제 하나는 중앙 정치권력을 향해 불나방처럼 달려드는 정치'꾼'들이 존재한다는 것입니다.[29] 압축적 근대화의 상징인 한국 사회는 '속성민주주의'를 추구했지만, '지체민주주의' 또한 얻고 말았습니다. 빠른 성공 뒤에는 그만큼 갚아야 할 빚이 있는 법입니다. 그 빚을 우리는 성실히 갚는 게 아니라 모른 체하며 또다른 성공으로

청년을 위한 정치는 없다

덮으려 했습니다. 결국 부작용이 하나둘 나타나는 게 아닐까 합니다.

새로운 정치 권력을 만들어야 할 신진 정치인들이 구태정치에 물드는 광경을 숱하게 봅니다. 구습을 타파하고 새로운 청년 정치인을 충원할 제도와 방법을 어떻게 찾아야 할까요.

새로운 청년 리더십 발굴과 충원에 대한 여러 측면, 곧 문화, 제도, 외국 사례를 통해 젊은 정치의 부활이 대체 무엇으로 가능할지 고민해야 할 때입니다.

6장

캠프정치,
팬덤정치
그리고
룸펜 정치인

이현출

건국대학교에서 법학사를, 동대학원에서 정치학 박사학위를 취득하고 한국학중앙연구원, 일본 오사카시립대학에서 박사 후 연수를 했다. 한국정당학회장, 한국정치학회 부회장, 국회혁신자문위원, 헌법개정특별위원회 자문위원 등을 역임했다. 주요 연구 분야는 의회, 정당, 선거, 한국 정치 등이다. 지금은 건국대학교 정치외교학과 교수와 대외협력처장, 시민정치연구소장을 맡고 있다. 지은 책으로는《아시아공동체론》(공저)《세계화 시대의 한국 정치과정》《21대 총선과 한국 민주주의의 진화》(공저)〈Population Aging and Korean Society〉〈Silver Generation's Counter-movement in the Information Age〉들이 있다.

— 청년의 낮은 대표성

청년, 지금 한국 정치에서 가장 뜨거운 이슈 가운데 하나입니다. 2021년 서울시장과 부산시장 보궐선거에서 등장한 일명 '이대남(20대 남성)'[1]이 언론의 주목을 받기도 했는데요. 젊은 세대가 기성세대와 달리 어떤 이슈와 정책을 중요하게 생각하는지 단적으로 보여준 사례입니다. 이런 세대차는 한편으로 왜 청년 대표가 필요한지 곱씹어 생각하게 만듭니다. 20~30대, 곧 MZ세대의 요구와 지향점을 기존 방식으로 당선된 기성세대 의원들은 충분히 이해하고 있지 못합니다.

20대 국회에서 40세 미만 의원은 단 3명으로, 전체 의석 가운데 1퍼센트에 불과했습니다. 21대 국회에서는 30세 미만이 2명, 40세 미만이 13명으로, 전체 의석의 4.3퍼센트입니다. 2020년 21대 총선 당시 40세 미만 유권자 비율이 전체 유권자의 33.8퍼센트였던 것에 비하면, 청년세대가 얼마나 국회에서 과소대표되고 있는지 실감이 납니다.

이 결과는 '고령자민주주의silver democracy'라는 현상입니다. 쉽게 말해 장년 또는 고령자의 정치적 의사가 과대대표된다는 이야기입니다. 특히 한국은 전 세계적으로 유례가 없는 급격한 고령화를 겪고 있는데요. 극도의 저출산과 더불어 716만 명에 달하는 전후 베이비부머세대(1955~1963년)가 본격적으로 고령 인구에 편입되기 시작하면 이 현상은 더 가속될 것으로 보입니다. 그렇게 되면 한국의 민주주의는 '고령자의, 고령자에 의한, 고령자를 위한' 민주주의로 전락할 우려가 큽니다. 물론 고령자라고 해서 고령자의 이익만 추구할 것이라는 가정에는 검증이 필요하겠지만, 한국 정치에 다양성과 다원성이 반영되기 어려워질 것이라는 점은 분명해 보입니다. 따라서 청년세대의 과소대표를 타파하는 동시에 그들이 정치의 장으로 적극 나아가게 만들어야 한다는 목소리가 나올 수밖에 없습니다. 청년들의 참여로 정치적 다양성이 높아진다면 다양하게 변화하는 현대의 문제에 사회는 능동적으로 대응할 수 있을 것입니다. 젊은 세대 특유의 미래지향적 정책들을 기대할 수도 있겠고요. 오늘날 청년 정치의 실태를, 청년세대가 과소대표되는 원인을 살피는 의미는 거기에 있습니다.

청년 대표성이 왜곡되는 원인은 여러 가지가 있겠지만 가장 두드러지고 명확하게 드러나는 원인은 인구 구조의 변화입니다. 또 선거제도나 정당제도 안에 청년 정치인의 등장을 가로막는 제약들이 여전하다는 것도 그중 하나입니다. 대표적으로 선거권 연령 제한, 피선거권 연령 제한, 정당가입 연령 제한 등이죠. 이런 제도적 요인들과 구분되는 문화적 요인도 있으니, 이를테면 학교와 지역사회에서 민주시민교육이 부족하다는 점, 청년 정치인을 육성하겠다는 탄탄한 정치적 합의가 없다는 점이겠습니다.

청년 대표성을 높이기 위해서는 (정치의 제도적 문제만이 아니라) 후자의 것, 곧 문화적 측면의 개선이 함께 이뤄져야 합니다. 앞에서 언급했듯 이 글에서는 한국 청년 정치의 실태와 낮은 대표성 문제를 살펴보고, 그 가운데 문화적 측면에서는 어떤 어려움이 있는지 알아보려 합니다. 청년 정치인의 등장을 가로막는 문화적 요인 중 특히 한국에서 두드러지는 현상은 다음 세 가지인데요. 바로 캠프camp정치, 팬덤fandom정치 그리고 룸펜 정치인political lumpen(정치 주변인)의 난립입니다.

— 왜 대표성이 중요한가?

대의민주주의는 대부분의 현대 민주주의 국가들이 채택하는 제도입니다. 선거를 통해 대표자를 선출하고, 선출된 대표에게 국가의 운영을 위임하는 것이죠. 시민은 선거에 참여함으로써 정책 과정에 간접적으로 개입하고, 선출한 대표를 통해 자신들의 이익을 관철시키고자 합니다.

미국의 정치학자 로버트 달Robert A. Dahl에 따르면, 시민의 요구에 민감하게 반응하는 것이야말로 민주주의가 최종적으로 구현해야 할 가치입니다.[2] 이처럼 대표자가 시민의 입장을 얼마나 잘 대변하는가의 문제를 한 단어로 표현하면 '대표성representation'이겠는데요. 이는 대의민주주의의 핵심이라고도 말할 수 있겠습니다.

대표성은 중요하면서도 그 정의가 다소 불명료한 개념입니다. 피트킨Hanna Fenichel Pitkin은 대표성의 본질에 대해 "어두운 울타리 중앙에 있는 다소 복잡하고 난해한 3차원 구조"[3]라고 표현하기도 했지요. 대표성은 연구자들에 의해 그동안 여러 방식으로 정의되어 논의에 활용된 개념이기도 합니다. 따라서 대표성을 하나의 정의로 이해하는 것은 무의미하며, 오히려 대표성이라는 용어가 어떻게 다양한 맥락으로 논의되어왔는지 그 역사를 살펴보는 것이 대표성의 정체를 이해하는 데 도움이 될 것입니다.

피트킨은 대표성을 네 가지로 나누는데요. 바로 '형식적 대표성formalistic representation' '기술적 대표성descriptive representation' '상징적 대표성symbolic representation' '실질적 대표성substantive representation'입니다.[4]

형식적 대표성은 간단히 말해, 유권자가 자신의 대표자를 뽑을 수 있게 제도적으로 되어 있느냐입니다. 모든 대표성 가운데 가장 우선하는 대표성이죠. 기술적 대표성은 인구사회학적 대표성이라고도 불리는데요. 여기서는 사회의 인적 구성, 그러니까 사회 안의 성별, 인종, 지역적 인구분포와 얼마나 비슷하게 대의기구가 구성되어 있는지를 봅니다. 상징적 대표성은 국가의 상징이 국기인 것처럼,

청년을 위한 정치는 없다

어떤 실재entity하는 사람들을 정치인이 상징하는 경우입니다. 그 상징이 되는 정치적 대표의 실제 모습보다 사람들이 그 정치인에게 투영하는 이념이 여기서는 더 중요하다고 하겠습니다(가령 민주화세대를 상징한다고 가정되는 386 정치인들). 마지막으로 실질적 대표성은 피대표자를 대변하는 활동을 대표자가 실제로 하느냐를 다룹니다. 말씀드렸듯 대표자가 시민의 요구에 민감하게 반응해 정치로 연결하는 것이 대의민주주의에서 가장 중요하니만큼, 실질적 대표성은 대표성의 네 가지 유형 중 핵심 요소로 꼽힙니다.

여성의 대표성은 그동안 대표성과 관련해 가장 활발하게 논의되어온 주제입니다. 세상의 절반이 여성인데도 국회 등 대의기구 안에서 여성 대표의 활동은 그에 미치지 못했습니다. 한국에서는 특히 미미한 수준이었고요. 여성 대표성 논의에 관해서는 대표성의 여러 갈래 중 기술적 대표성과 실질적 대표성이 많은 이론적 기여를 했습니다. 기술적 대표성이라는 관점에서라면 의회에 진출하는 여성 의원 숫자에 주목하게 되죠. 여성이라는 특정 계층 또는 집단에 속한 대표자가 의회에서 바로 그 여성을 위해 의정활동을 하게 되리라는 논리입니다.[5] 반면 의회에서 여성이 과소대표된다면, 여성들이 가진 이익이나 선호 같은 것들이 정치적으로 모여 실제 정책으로 반영되기 어려워진다는 것. 그러나 기술적 대표성의 반영으로 대의기구가 조화롭게 구성된다 하더라도 반드시 피대표자의 요구를 반영하는 활동이 벌어질지는 장담할 수 없는 문제라고 하겠는데요.

대다수 민주주의 국가에서는 여성의 기술적 대표성을 확보하기 위한 제도들이 도입되어 있습니다. 이를 두고 학자들은 기술적 대표성이 정말로 실질적 대표성으로 이어지는지 연구를 거듭하는 중입니다. 맨스브리지Jane Mansbridge는 의회 내 여성 의원의 수적 증가로 여성의 기술적 대표성이 확보되면 실질적 대표성 향상에도 긍정적인 기대를 할 수 있다고 이야기합니다.[6] 이에 따르면, 여성 대표자가 여성으로서 사회적으로 공유된 경험을 가지고 있다는 점만으로도 (설령 여성의 이해관계가 하나의 목소리로 집약되어 의회에 전달되는 건 아니라고 해도) 대의기관에서 단일한 여성들의 선호와 의사를 대표하는 것이 가능하다는 것입니다.[7] 곧 소수집단의 기술적 대표성 확보는 실질적 대표성을 증진시키며, 또 숙의민주주의의 질을 향상시키는데, 이는 민주주의 정치체제의 정당성까지 안겨주는 수단이라는 것입니다.[8]

그렇다면 청년의 대표성은 얼마나 정치에 반영되고 있는지 살펴볼까요? 21대 총선 당시 청년 인구의 비중은 33.8퍼센트에 달했지만, 국회의 청년 의원 비율은 4.3퍼센트에 머물렀다는 점은 이미 말씀드렸습니다. 심지어 생활정치의 영역이라 할 수 있는 지방의회에서도 청년의 대표성은 아주 미미한 수준입니다. 2018년 지방선거 결과 40세 미만 청년 의원은 광역의회에서 5.6퍼센트, 기초의회에서 6.6퍼센트에 불과한 수준이었는데요. 한국에서는 중앙정치와 지방정치 할 것 없이 청년이 과소대표되고 있는 것입니다.

로버트 달의 지적처럼 민주주의가 최종적으로 구현해야 할 가치는 시민의 요구에 대표자가 민감하게 반응하는 것입니다.[9] 오늘날 정당은 이 작업을 우선 담당합니다. 좀 어렵게 말하면, 정당은 시민의 요구를 정치 과정(정책을 결정하고 집행하는 과정)에 투입하는 일

청년을 위한 정치는 없다

차적 행위자입니다. 그리고 현대 대의민주주의에서 정당에 버금가는 존재로 꼽을 수 있는 것이 이익집단interest groups인데요. 그래서 오늘날 대의민주주의를 '이윤의 정치politics of profit' 또는 '이익경쟁의 정치politics of interest'라 부르기도 합니다. 정치학자들 설명에 따르면, 다양한 이익집단이 대의기구의 정치 과정에 영향을 미치기 위해 경쟁하는 것이 바로 대의민주주의이며, 따라서 이해관계가 자유롭게 표출되고 집약되는 과정은 그 제도의 특성상 필수적이라는 것입니다.[10]

한국도 민주화 이후 권위주의적 국가 통제에서 벗어나 다원주의적 이익표출체계로 전환되었기에 이익집단은 한국 정치 과정의 역동을 설명하는 주요 변수입니다. 이런 이익집단 가운데는 '특별이익special interest'을 표방하는 전통적 이익집단이 있습니다. 그것이 우리가 흔히 떠올리는 이익집단이죠. 그리고 민주화 이후 '공공이익public interest'을 표방하면서 급속히 성장한 시민단체들 역시 이익집단에 포함됩니다. 이 두 유형의 이익집단은 특정 이슈에 대해 협력 또는 갈등 관계를 형성하면서 현실 정치가 다양한 패턴으로 변화하게 합니다. 오늘날 정치에서 이익집단의 활동은 반드시 필요합니다. 그것이 대중의 정치적 자유와 참여를 확대하고, 그럼으로써 정치 과정의 민주화를 가능하게 합니다.[11]

이렇게 이익경쟁의 정치는 오늘날 대의민주주의와 부합한다고 하겠는데요. 곧 이익경쟁 자체의 공정성이 담보되기 위해서라도 다양한 대표성이 대의기구에 반영되어야 하는 것입니다. 대의기구에서 특정 계층이나 집단이 과소대표 또는 과대대표될 때 정치 과정의 이익의 집약과 표출 역시 불공정하게 진행될 것은 불 보듯 뻔한 일입니다.

신생국의 정치나 권위주의적 정치체제에서, 대표적으로 한국의 역사에서 우리는 '이윤의 정치'를 쉽게 목격할 수 있습니다. 이것은 간단히 말해 정치 과정에서 참여자들이 영리를 추구하는 것을 의미합니다. 좀더 깊이 들어가면 다양한 뜻으로 해석될 여지가 생기는데요. 영리 목적의 정치적 행위를 지금까지 학자들은 세 가지 방식으로 분류하고 이해했습니다.

첫째, '지대추구rent-seeking'의 정치로 이해하는 것입니다. 지대추구란 '전체의 생산성을 높이려는 생각은 없이 소유권을 이용해 자기 소득만 확대하려는 행위'라고 정의할 수 있겠는데요. 곧 정치적 지대추구란 권력이 동원된 지대추구 행위겠습니다. 과거 개발도상국의 지대추구 행위에 대해서는 경제인들의 비생산성과 엘리트 정치인들의 기생적인 본성이 연합한 결과라는 분석이 지배적이었습니다. 그러나 이런 선입견과 달리 국가 개입과 정실주의cronyism도 적절한 정치적 여건이 조성되었을 경우 투자 및 성장과 양립할 수 있다고 주장하는 사람도 있습니다.[12] 국가적 상황에 따라 정권을 유지하는 재계와 정계의 연대가 경제 발전을 가져올 수 있다는 것입니다.

둘째, 정치를 하나의 사업으로 이해하는 것입니다. 데이비드 사코니David Szakonyi는 러시아연방의 비즈니스 활동 데이터를 활용한 연구를 진행했는데, 이 연구에서 사코니는 러시아에서는 정치와 비즈니스가 기업가 출신 정치인이라는 통로를 통해 연결되어 있다고 설명하면서 러시아에서는 기업가들이 정치를 하나의 비즈니스로

청년을 위한 정치는 없다

'이윤의 정치'와 '이익경쟁의 정치'에 대한 비교

구분	기간	범위	사례
이윤의 정치	단기	사적 이익	푸틴·트럼프 등
이익경쟁의 정치	장기	공적 이익	다원주의 사회의 이익집단

생각한다고 주장했습니다.[13] 이런 '정치 – 사업가'에 속하는 정치인으로는 러시아의 푸틴, 미국의 트럼프가 해당될 수 있겠죠.

셋째, 공공 영역에 영리를 위한 부문이 포함되는 것입니다. 스웨덴의 경우 1990년대 초반부터 복지서비스 분야에서 고 – 집중형의 영리적 부문이 등장했는데요. 복지서비스의 민영화가 확대됨에 따라 이익에 대한 동기가 권력의 힘을 빌어 관여하게 되는 것을 말합니다. 이러한 이익동기가 복지국가 발전에 어떤 영향을 미치는지에 관해 지속적으로 연구 및 논의가 이루어지고 있기도 합니다.[14]

위 표는 '이윤의 정치'와 '이익경쟁의 정치'를 비교한 것입니다. 여기서는 기간과 범위 등의 구분에서 각 개념의 정도의 차이가 유의미함을 가정합니다. 예를 들어 이윤의 정치가 언제나 단기적 현상으로 끝나거나 사적 범위에 머무르는 것은 아니지만, 이익경쟁의 정치에 비해 '상대적'으로는 그렇다고 얘기할 수 있다는 것입니다. 다양한 이익의 경쟁을 전제로 하는 대의민주주의 정치에서 대의기구 구성에서의 대표성이 확보되지 못할 경우 공정한 이익경쟁은 보장되기 어렵습니다. 따라서 대의민주주의 정치 과정의 공정성과 다양성 확보를 위한 제도적·문화적 고뇌는 민주주의의 끊임없는 숙제라고 할 수 있겠습니다.

대륙별 청년 의원 비율(2000년 기준)

지역	30세 미만(%)	40세 미만(%)	45세 미만(%)
유럽	4.2	24.1	39.9
미주	3.8	24.1	36.6
아시아	1.9	16.0	29.2
사하라 이남 아프리카	1.8	16.1	29.9
중동 및 북아프리카	1.1	16.4	29.2
오세아니아	0.3	13.3	23.4

*출처 국제의원연맹

― 청년 대표성의 현황과 제도적 논의

청년을 정의하는 데에는 여러 기준이 있습니다. 한국의 법률과 조례에서 정하는 청년의 기준만 해도 무척 다양합니다. 2020년부터 시행된 〈청년기본법〉에서는 19세부터 34세 이하를 청년으로 규정하고 있는데, 시, 도의 청년 조례에서 정하는 청년의 기준은 또 제각각입니다. 서울시는 〈청년기본법〉 기준에 맞춰 34세까지로 정하고 있지만, 많은 시, 도가 29세에서 39세 사이에서 각자의 기준을 갖습니다. 한편 〈청년고용촉진특별법〉에서는 "15세 이상 29세 이하인 사람"으로 규정하고 있습니다.

일단 이 글에서는 18~39세까지를 청년세대로, 40~65세까지를 장년세대로, 65세 이상을 노년세대로 구분해 논의를 전개하고자 합니다. 국제의원연맹IPU에서도 청년 의원 비율을 산출하는 통계를

청년을 위한 정치는 없다

발표할 때 30세 미만, 40세 미만, 45세 미만으로 나누고 있습니다.

2021년 발표된 국제의원연맹의 '대륙별 청년 의원 비율'을 살펴보면 대륙 간 차이를 확연히 알 수 있습니다(앞의 표 참조). 40세 미만 의원 비율을 보면 유럽과 미주가 각각 24.1퍼센트를 차지한 반면, 아시아 지역은 16.0퍼센트로 매우 낮다는 것을 알 수 있습니다.

청년 대표 비율로 세계 상위 10개국을 정리한 자료도 있습니다. 다음 표에 나온 것처럼 전체 대표 중에서 30세 미만 대표들이 노르웨이가 13.61퍼센트, 덴마크가 9.50퍼센트, 스웨덴이 9.42퍼센트를 차지하는 반면, 한국은 대표가 아예 없는 상황입니다. 40세 미만에서도 아르메니아, 우크라이나, 이탈리아는 각각 40퍼센트가 넘지만, 한국은 3.70퍼센트로 세계 107위를 기록하고 있습니다. 45세 미만도 한국은 7.41퍼센트로 세계 108위고요. 통계에서 나타나듯, 한국 국회의 청년 대표성은 세계 최하위 수준입니다.

국제의원연맹에서는 각국의 청년 대표성 차이를 제도적 맥락에서 분석합니다.

첫째, 비례대표제를 채택한 국가는 단순다수제를 채택한 국가보다 청년 대표성이 높게 나타납니다. 소선거구제는 치열한 지역구 경쟁을 해야 하기 때문에 비례대표제보다 청년의 의회 진출이 어려운 것이죠.

둘째, 피선거권 연령이 낮을수록 청년 의원 비율이 높게 나타납니다. 한국의 국회의원 피선거권 연령은 25세인 반면, 네덜란드, 노르웨이, 뉴질랜드, 덴마크, 영국, 독일, 룩셈부르크, 스위스, 스페인, 프랑스 등 서구의 많은 국가는 피선거권 연령이 18세입니다. 벨

연령집단별 청년 의원 순위 (단원제 또는 하원)

30세 미만			40세 미만			45세 미만		
순위	국가	%	순위	국가	%	순위	국가	%
1	노르웨이	13.61	1	아르메니아	57.58	1	아르메니아	71.97
2	아르메니아	12.12	2	우크라이나	46.34	2	우크라이나	63.36
3	산마리노	11.67	3	이탈리아	42.70	3	투르크메니스탄	63.20
4	감비아	10.34	4	수리남	37.25	4	몰디브	59.77
5	베네수엘라	9.82	5	아프가니스탄	37.10	5	이탈리아	59.52
6	수리남	9.80	6	감비아	36.21	6	감비아	56.90
7	덴마크	9.50	7	루마니아	35.26	7	네덜란드	55.33
8	스웨덴	9.42	8	투르크메니스탄	35.20	8	키르기스스탄	54.17
9	지부티	9.23	9	키르기스스탄	35.00	9	벨기에	54.00
10	칠레	8.39	10	노르웨이	34.32	10	수리남	52.94
	한국	0.00		한국	3.70		한국	7.41

*출처 국제의원연맹

기에, 라트비아, 아일랜드, 이스라엘 등은 21세고요. 이에 반해 그리스, 미국, 일본, 멕시코, 이탈리아 등은 한국과 마찬가지로 피선거권 연령이 25세입니다.

셋째, 청년할당제 도입 여부에 따라 청년 대표성에 차이를 보입니다. 르완다, 모로코, 우간다, 케냐(상원)처럼 의석수 할당제를 도

청년을 위한 정치는 없다

입해 청년 대표성을 제도적으로 확보하려고 노력하는 국가에서 대표성이 높게 나타나고 있습니다. 다음으로 정당의 공천 과정에서 할당제를 도입한 국가(필리핀, 튀니지, 키르기스스탄, 이집트)가 정당 자율에 맡기는 국가(루마니아, 멕시코, 스웨덴 등)보다 높게 나왔습니다.

마지막으로 국제의원연맹에서는 정치자금 지원을 또 하나의 요인으로 들고 있지만 구체적인 국가별 자료는 제시하지 못하고 있습니다.

― 정당의 체계적 인재육성시스템 부재

한국에서 청년 대표성이 저조한 것은 선거권과 피선거권 연령 제한이라는 참정권 문제도 있지만, 〈정당법〉에 따른 당원 가입 연령 제한과도 관련이 있습니다. 독일을 포함한 대부분의 유럽 국가에서는 청년들이 정당활동을 통해 일찍부터 자연스럽게 정치에 관심을 가지고 참여합니다. 세계적으로 볼 때 정당 가입 연령은 선거권 연령보다 일반적으로 낮습니다. 반면 한국은 〈정당법〉 규정(제22조)에 따라 선거권 연령과 정당 가입 연령을 모두 18세로 정하고 있죠. 많은 국가에는 이런 〈정당법〉이 없습니다. 독일, 일본, 영국 등에 〈정당법〉이 존재하긴 하지만 법으로 당원 가입 연령을 규제하는 나라는 한국이 유일합니다. 대부분의 나라에서는 정당의 당헌, 당규에서 자율적으로 정합니다.

주요국의 정당 가입 연령을 보면 독일 사민당과 캐나다 자유당, 이탈리아 국민연맹당이 14세로 가장 낮고, 뉴질랜드 노동당, 영국 노동당, 프랑스 사회당 등이 15세입니다. 이 나라의 청년들은 정당에서 지역정치와 국가정치 문제를 합리적으로 다루는 자질을 수련할 수 있을 것입니다. 청년 정치인 육성을 위한 정치사회화의 첫걸음은 학교와 정당에 있다 해도 과언이 아닌데요. 활발한 정당활동을 통해 정치에 뜻을 둔 청년은 리더십을 키우고, 당내 의사결정 과정에 적극 참여하는 것으로 정치적 식견을 함양할 수 있습니다.

서구 여러 나라의 사례를 살펴보면 청년 정치인의 역할이 두드러진 곳은 정당 내에서 청년의 참여율이 높고, 그들의 활동이 적극적인 곳입니다. 핀란드, 프랑스, 스웨덴 등 서유럽의 많은 국가에서는 청년에 대한 정당의 정치교육과 충원 기능이 매우 활성화되어 있습니다. 이를테면, 핀란드는 45세 미만 국회의원이 전체 의석의 45퍼센트를 차지할 정도로 높은 청년 참여율을 보이고 있죠. 청년의 높은 참여율 못지않게 주목할 것은 이들이 주변인에 머무는 것이 아니라 중심에 서 있다는 것입니다. 실제로 2019년 총선에서 34세의 여성 총리가 선출되었는데, 이 시기에 연립정당을 구성한 4개 정당의 대표 중 3명이 30대 여성이었습니다. 이들의 공통 특징은 20대 중반부터 기초의원을 역임하며 경력을 쌓았다는 것입니다. 곧 청년에게 지방의원, 국회의원, 단체장, 정당 대표 등의 경력 지속성이 보장되는 것입니다. 이렇게 유능한 정치인이 등장하는 배경에는 정당의 체계적인 인재육성시스템이 존재합니다. 청년위원회 활동을 거쳐 기초의원 등 지방의원으로 일하게 한 뒤 중앙 정계로 진출할 수 있도록 정당이 체계적으로 지원하고 육성하는 것이죠.

한국의 주요 정당에서도 '청년정치스쿨' '청년정치캠퍼스Q'

청년을 위한 정치는 없다

'청년정치학교' 등을 운영하지만 청년 정치교육의 장으로는 그 기능이 약합니다. 서구처럼 정치적 충원을 가능하게 하는 체계적 활동을 제공하는 게 아니기 때문입니다. 한국은 정당 가입 연령 제한으로 기본적으로 정당활동이 어려운 점이 청년조직 활성화에 영향을 끼쳤을 것입니다. 그리고 애초에 한국 정당들은 청년 지도자들을 육성하기보다는 단지 청년 유권자를 확보하기 위한 차원에서 청년 정치에 관심을 가졌다고 해도 과언이 아닙니다.

서구에서는 학교와 지역사회를 통한 정치사회화가 일찍부터 시작됩니다. 한국은 그동안 선거권 연령이 20세로 제한되어 있어 학교에서 정치교육에 대한 논의가 진행되지 않았습니다. 하지만 2005년 선거권 연령이 19세로 낮아졌고, 2019년 말에는 다시 18세로 내려가 2020년 21대 국회의원선거 때부터 18세 유권자가 투표장에 들어섰습니다. 이에 발맞춰 주권을 행사하기 위한 주권자 교육으로서 민주시민교육의 필요성과 방법에 관해 논의가 진행되는 중입니다.

유럽의 지역사회에서는 민주시민교육의 일환으로 정치참여 교육을 다양하게 실시하고 있습니다. 핀란드에서는 2000년대 초반부터 주요 지방자치단체가 어린이 의회를 운영합니다. 의회는 주로 초등학교 학생 대표로 구성됩니다. 학년이 높아지면 청소년위원회가 구성되는데 이들이 직접 시의 청소년정책을 심의하고 의견을 개진하기도 합니다.[15] 더 나아가 국가 차원의 청소년 의회도 운영되는데, 전국에서 선발된 만 15~16세 청소년들로 구성됩니다. 여기에서 상임위원회별로 나누어 입법 과정 등을 탐색하고 본회의에서 대정부 질문도 합니다. '총리에 대한 질문' 시간에는 총리와 장관들이 직접 출석해 청소년 의원들의 질문에 답합니다.

이런 사례들과 대조적으로 한국을 비롯한 많은 국가에서는 청소년 정치교육에 대한 지역사회의 관심이 매우 낮은 편입니다. 국제의원연맹 보고서를 살펴보면 일반적으로 유권자와 당원들은 젊음을 경험 부족이나 부적격과 연관시키는 경향이 강합니다. 가령 파키스탄은 인구의 64퍼센트가 30세 미만이어서 젊은이들이 국회에서 역할을 할 큰 잠재력을 가지고 있지만, 이들의 출마를 막는 장벽이 있습니다. 젊은이들의 혁신적 비전보다 노년층의 경험을 우선시하는 '나이가 금이다Old is Gold'라는 사고방식입니다. 이 사고방식은 다른 나라에서도 많이 발견되는데, 한국에서도 어느 대통령 후보가 장유유서長幼有序를 말했다가 비난을 받기도 했습니다. 한국 청년 정치인의 실력이 존중받고 그것이 양성되는 정치 풍토가 만들어져야 하지만, 기득권을 쥔 정치인들이 경험과 경륜으로 그것을 누르려 한다는 주장도 나옵니다.[16] 경험과 경륜을 많이 들먹이는 정치인들은 연공서열을 통해 기득권을 유지하려는 정치인이라는 것입니다.

국제의원연맹에서 실시한 인터뷰에 응답한 여러 학계, 시민사회 활동가, 국회의원들은 대개 기성세대의 권력 독점을 젊은 층의 국회 진출을 막는 핵심 장벽으로 꼽았습니다. 일부 국가에서는 노인들과 그들의 축적된 지혜에 많은 존경을 표합니다. 그러면서 젊은 세대보다 노인들의 경험을 더 소중하게 여기는 경향이 강합니다. 어떤 나라에서는 정당들이 경직된 위계를 가지고 있고, 참신함보다는 경륜과 충성심을 중요시합니다. 선거 과정에서도 정치 주변인들을 비롯한 지역사회 여론 주도층은 청년 후보들을 놓고 "저 후보는 이번에 이름을 알리려고 나온 것이다" "저 후보는 다음이 있지 않느냐?"라고 치부하며 제어하려 합니다. 이런 환경에서 기성 정치인에 대한 노골적 적대감을 가진 청년들이 등장하는데, 이들 중 일부는 국회의원직을 가치 있는 경력으로 보지 않습니다. 이처럼 세계의 젊은이들이 정치권과 정당, 공공기관에 대한 신뢰 부족으로 정치로부터 이탈하는 광경을 자주 목격합니다.

캠프정치라는 걸림돌

정당이 제 기능을 수행하지 못하면 인물 중심의 정치가 성행하고, 이들을 중심으로 '정치 주변인political Lumpen'들이 등장합니다. 특히 대통령선거를 앞두고 출현하는 '캠프정치'는 주기적으로 정당을 마비시키곤 하지요.

캠프정치란 대선 후보의 사조직에 불과한 캠프가 〈헌법〉에 명시된 공조직인 정당을 압도하는 현상입니다. 대통령선거 캠프가 차려지면, 현역 의원들마저 그곳으로 몰려가 공식 직함을 갖고 활동하려 듭니다. 선거에서 승리하면 캠프의 주요 인사들이 국정의 요직을 독식하기 때문인데요. 이것은 인사권자인 대통령에 대한 맹목적 충성으로 이어집니다. 공조직인 정당 인사는 기준·절차·규정에 따라 행해지지만, 사조직인 캠프 인사는 전적으로 후보 마음대로 이뤄집니다. 캠프 종사자들은 후보가 원하는 것을 만들어내는 데 몰두하기 때문에 캠프 내부에서는 '패거리 문화'가 형성되기 쉽습니다. 그 결과 캠프에 참여한 인사와 참여하지 못한 인사로 파벌이 나뉘어 당이 분열되기도 합니다. 실제로 친문 - 비문, 친박 - 비박, 친이 - 반이 등으

로 당 내 파벌이 나뉘어 갈등을 일으킨 사례가 있었지요.[17]

이런 현상을 보며 청년들은 정당이라는 공조직을 통해 정치 사회화를 경험하고 지식을 축적하기보다 이른바 줄서기를 잘하면 횡재할 수 있다는 투기 심리에 빠지기 쉽습니다. 주요 정책 사안에 대한 진지한 고민이나 토론을 통해 국가적·지역적 비전을 쌓고, 이를 구체화할 정책 패키지에 대해 숙고하는 대신, 특정 지도자에 대한 충성심 경쟁을 통해 정치에 입문하는 모습을 보여주는 것이죠. 이러니 청년 정치인 풀pool은 허약할 수밖에 없습니다.

룸펜 정치인의 난립과 금권정치

룸펜정치계급Lumpen Political Class[18]은 청년 정치인이 선거에서 경쟁하기 어려운 풍토를 만듭니다. 특히 지방에서 그렇습니다. 여기서 말하는 룸펜 정치인, 또는 정치 주변인은 흔히 선거 브로커라고도 불립니다. 선거 브로커는 과거 권위주의 체제에서 민주주의로 전환되는 과정에서 '위로부터' 구성되고, '아래에서' 활동해온 특수한 정치계급인데요.[19] 선거의 속성상 정치 주변인들은 늘 존재해왔다고 할 수 있습니다.

일반적으로 선거의 3요소로 기반, 이미지, 자금을 듭니다. 여기서 기반은 조직 기반을 말하는데, 개인 기반과 정당 기반으로 나누어 설명할 수 있습니다. 대체로 선거에 출마하는 정치인은 개인 조직을 보유하고 있습니다. 지연, 학연, 혈연 같은 연고를 기반으로 한 조직 기반이 튼튼하든지, 아니면 노조나 라이온스 같은 이익적 유대가 있는 조직에서 활동하며 나름의 득표 기반을 다져놓는데요.

청년을 위한 정치는 없다

이런 기반을 강하게 갖춘 후보는 선거전에서 당연히 유리합니다. 가령 일본의 세습의원들이 쉽게 당선되는 것은 선대부터 닦아온 기반이 있기 때문입니다. 그렇지 못한 후보는 일단 정당의 공천을 받아 정당의 조직이나 지지 기반을 활용해야 하겠지요.

기반이 약한 후보는 예나 지금이나 지역에서 나름의 조직을 가진 룸펜 정치인에 의존하는 경우가 많습니다. 브로커들은 과거 선거에서 운동원으로 활동한 경험이 있거나 지역사회 단체에 오래 몸담으며 나름 기반을 닦은 사람들입니다. 이들은 선거 때가 되면 후보들에게 접근해 자신의 기반을 후보자에게 연결해주겠다고 내밀한 제안을 합니다. 특히 과거 군사정권이 자신들의 권위주의 체제를 민주주의 체제로 정당화하기 위해 이 룸펜 정치인들을 활용했다는 분석도 있습니다. 급조된 룸펜계급이 각 정당의 의사결정 과정에 참여했으며, 나중에 이들이 대통령, 국회의원, 지방자치단체 선거에서 선거운동원 혹은 참모로 활동하며 다양한 부패를 자행했다는 것입니다.[20] 무슨 이야기냐면, 중앙당이나 지구당이 창당될 때, 또는 지구당 당원대회 등에서 민주적 외형을 꾸미기 위해서는 당원들이 필요합니다. 이 당원들을 정치판으로 모아오는 데에 룸펜계급이 기여했고, 이 동원과 조직 과정에서 만들어진 인적 네트워크가 브로커들의 자산이 되었던 것입니다. 선거 때 입후보자들은 유권자 동원을 거의 전적으로 이들에게 의존하는 경우가 많았습니다. 이들은 일정 수의 유권자 조직을 상시 혹은 부정기적으로 운영하면서 이 조직을 통해 당내 경선 과정에 영향력을 행사하거나 지지 캠페인을 벌인다는 조건으로 입후보자에게 일정액의 금품을 요구하기도 하고, 당선 뒤 지방선거 공천을 청하기도 합니다.

여기서 입후보자의 소속 정당은 문제가 되지 않습니다. 그저 권력이 있는 곳이나 돈이 있는 곳이 그들의 목적지입니다. 만약 후보가 그들의 제의를 거부하면 선거 브로커는 자기의 조직망을 통해 그 후보에 대한 반대 캠페인을 벌이는 경우도 있습니다. 그래서 입후보자들은 이들의 제안과 요구를 거절할 수 없을 때가 많습니다. 선거 기간 외에도 이들은 지역 당원협의회 위원장에게 다음 선거에 대비해 지지운동을 조금씩 해나가야 한다며 조직관리비나 홍보비 또는 그 밖의 반대급부를 요구합니다. 지역구 유권자들이 후보들로부터 향응이나 금품을 받는 것도 흔히 이 룸펜정치계급을 통해 이뤄지곤 하지요. 고비용 정치와 정치적 부패 등 이윤의 정치에 의해 초래되는 문제점이 브로커들 때문에 고스란히 남게 되는 것입니다.

무엇보다 이들은 민주주의에서 가장 중요시되는 경쟁의 공정을 해치고 이익 경쟁을 왜곡시킵니다. 따라서 룸펜 정치인들은 참신한 청년 정치인들의 정치권 진입에 큰 걸림돌로 작용합니다. 자금력과 조직기반이 약한 청년들에게 룸펜 정치인들은 흥미를 갖지 않으니까요. 그들은 자금력을 갖춘 후보들에게 접근해 선거 과정이나 당선 이후의 이익을 챙기려 하며, 청년 정치인의 진입은 다양한 방법으로 막으려 합니다.

이들 정치 주변인들에게 엮이면 정치인들은 더이상 유권자의 이익과 가치 실현을 위해 활동하지 않고, 시민들로부터 동떨어져 자신이나 룸펜 정치인의 이익을 추구합니다. 그러다 허가권 행사 등 다양한 비리에 연루되곤 하지요. 이런 정치 – 시민 사이의 괴리 현상

청년을 위한 정치는 없다

을 야기하는 이기주의적 정치인과 그 주변인을 두고 서구에서는 오래전부터 정치계급이라는 용어를 써왔습니다. 룸펜 정치인들 가운데는 정부, 의회, 정당 등에서 일정한 지위를 지니고 활동하는 사람도 있고, 평상시에는 사조직에 관여하며 지내다가 선거 시기가 되면 유력 정치인 주변으로 불나방처럼 몰려드는 사람도 있습니다.

당대표나 대통령 후보 경선 때에도 다양한 정치 주변인들이 등장하는데, 이들은 이른바 계보를 들이밀며 동류의식을 형성하기도 합니다. 대통령선거가 끝나면 이들은 정권 인수위원회의 명함을 받아 스스로 권력을 과시하기도 하고, 이 간판을 통해 지역 정계에 진출하거나 공공기관의 주요 직책을 내려받기도 합니다. 시도지사 선거에서도 다를 바 없습니다. 선거에서 승리하면 이들을 위한 지대 추구의 정치가 다양한 형태로 전개될 것은 불 보듯 뻔한 일입니다.

팬덤정치의 뒷모습

오늘날 공정한 경쟁을 막고 정치 혐오를 불러일으키는 또 하나의 유형이 팬덤정치입니다. 팬덤이라는 용어는 특정 인물이나 분야를 열성적으로 좋아하거나 몰입해 그 속에 빠져드는 것을 가리키는데요. 노무현 전 대통령이나 트럼프 전 미국 대통령을 팬덤을 거느린 대표 정치인으로 꼽을 수 있습니다. 팬덤이라는 말은 단순 지지라는 말과는 다릅니다. 팬덤이란 'fanatic'(광신자)에 'dom'(세력 범위)이 합쳐진 말로, 특정 인물이나 분야에 대한 광적 지지 현상을 일컫습니다. 이 현상은 3김의 퇴장 이후 '노무현을 사랑하는 사람들의 모임'(노사모)으로부터 시작해 2017년 대통령선거를 거치면서 문재인 대통령을 객체로 한 이른바 '문팬'으로까지 이어졌고, 어느덧 정치 과정의 주요 행위자로 등장했습니다. 이들은 당내 공직 후보 선출 과정이나 주요 정책결정을 위한 공론 수렴 과정에서 큰 영향력을 행사하는 것으로 알려져 있습니다. 정당의 공직 후보자 선출이나 당원협의회장 선거 등에 당비를 내는 권리당원으로 참여해 대통령선거 후보, 시도지사 후보, 기초자치단체장 후보, 국회의원 후보 경선 과정에 압도적 영향력을 보이곤 합니다. 아울러 대통령의 인사나 정책이 야당이나 일반의 반대에 봉착하면 이들이 대규모 집회를 벌여 동원된 지지를 표출하기도 하고요.

이들에게 정책의 옳고 그름은 문제가 되지 않습니다. 왜냐하면 '그냥' 좋기 때문입니다. 오늘날 진영논리가 극단적으로 전개되는 것도 팬덤정치가 강하게 작용하는 탓이 큽니다. 이들의 지지는 무비판적이고 맹목적이기 때문에 극단의 배타적 성격을 띕니다. 이들은 대통령의 인사나 정책이 성공하든 실패하든 상관하지 않습니다. 대통령에 대한 비판이 아무리 건설적이어도 용납하지 않습니다. 또 오늘날 발달된 SNS를 통해 비판자나 반대자에게 대단한 위력을 가하기도 합니다. 이런 광팬들이 지배하는 공간에서 합리성은 발붙일 공간이 없습니다. 청년 예비 정치인들이 기성 정치를 개혁하기 위한 원대한 이상을 가지고 정치에 발을 들여놓는 순간 맞닥뜨리는 팬덤 광풍은 이들에게 큰 좌절을 안겨줍니다. 이성과 합리성의 공간이 사라진 곳에서 정치인으로 입문하기 위해서는 자신도 그 무리에 들어가야 하기 때문입니다.

지난 2021년 서울시장·부산시장 보궐선거 이후 당의 잘못을

청년을 위한 정치는 없다

공개적으로 비판한 초선 의원들에게 문자폭탄을 보낸 것도 이런 유형의 참여자들입니다. 특정 대통령 후보를 폄하하는 내용의 발언을 한 인사에게 심한 말이 담긴 문자 융단폭격을 가하기도 했죠. 이들은 자신이 지지하는 후보를 지지하는 것만이 아니라 상대 진영의 후보를 역선택하는 데에도 적극 가담하는 것으로 알려졌습니다.[21] 미국에서도 도널드 트럼프 전 대통령의 퇴임을 앞두고 열렬한 지지자들이 국회의사당을 폭력으로 점거하는 초유의 사건을 일으켰습니다. 팬덤정치가 민주주의를 실제로 위협한 사례일 것입니다. 특정 정치인을 지지하는 시민이 아이돌 스타의 팬처럼 대권 주자를 좇아다니며 정치 과정을 지배하는 환경 아래에서 정의를 실현하려는 청년 정치인은 발 디딜 틈이 없을 것입니다.

— 정당정치의 활성화로 첫걸음을!

오늘날 많은 국가에서 나라를 위해 봉사하기로 마음먹은 젊은이들이 그들의 가치와 전문성을 매우 잘 보여주고 있습니다. 새로운 기술을 빠르게 수용하고, 소셜 미디어를 성공적으로 활용하면서 지지층을 넓히고 다양화하는 능력이 젊은 의원들에게 있다는 것을 국제의원연맹 보고서는 말해줍니다. 많은 사람은 청년세대가 지금의 문제만이 아니라 다가올 미래의 문제에 대해서도 균형된 시각을 가지고 '세대 간 정의Intergenerational Justice'를 실현하는 데에 역량을 발휘할 것으로 기대하고 있습니다.

왜 청년이 의사결정 과정에 필요한지 우리는 다양한 영역에서 확인할 수 있었습니다. 다만 청년 대표성은 여성 대표성 논의와 마찬가지로 단순히 몇 명의 의원이 증가했다고 실질적 대표성으로 발현되는 것이 아닙니다. 임계수준critical mass에 이르러서야 비로소 그 효과가 확실하게 나타날 것입니다. 그것이 대체로 30퍼센트 수준이라고 합니다. 왜냐하면 기존 정책결정 과정과 마찬가지로 비판적인 동료들의 지지가 없다면 청년세대는 소외되거나 동료 의원들에게 영향을 미치지 못할 수 있기 때문입니다. 곧 젊은 의원이 단순히 몇 명 증가했다고 해서 의회의 의사결정에 영향을 미칠 것이라고 기대해서는 안 될 것입니다. 의원 수가 일정한 임계수준에 이르도록 제도적·문화적 처방을 제시하는 노력을 집중적으로 강구해야만 합니다. 이 책의 많은 부분에서 다루는 제도적 차원의 처방을 넘어 정당정치의 활성화와 정치문화적 해법까지 함께 고민해야 합니다.

오늘날 전 세계적으로 정치권과 정당, 공공기관에 대한 신뢰가 떨어지고 있습니다. 이는 젊은 층이 정치를 이탈하는 핵심 요인으로 자주 꼽힙니다. 반면 국제의원연맹 통계에서 살핀 것처럼 민주주의가 잘 발달되고 정당정치가 활성화된 서유럽 국가에서는 청년들의 대의기구 참여가 무척 활발했습니다. 정당의 충원 기능과 정치교육이 제대로 작동하는데다, 지역사회에서 공동체의 문제를 해결하기 위해 청소년들을 적극 참여시키면서 그들의 역량을 키우고 있기 때문입니다. 이처럼 정당과 지역사회를 통해 정치사회화와 정치인 충원이 이뤄져야 하지만 안타깝게도 한국은 아직 그 길로 들어서지 못하고 있습니다.

캠프정치, 팬덤정치, 룸펜 정치인의 기형적 범람이 한국 청년의 정치권 진출을 가로막는 장애물로 작용하는 상황에서 그렇다면 대안은 무엇일까요? 우선 더이상 캠프정치를 정치 등용문으로 생각하지 않도록 정당에서 청년들을 적극 육성해야 합니다. 또 정당의 중앙과 지방의 주요 당직에 청년들을 진출시켜 정당의 정책결정 과정에 목소리를 내도록 만들어야 합니다. 특히 지역 선거구 단위에서 청년 정치 지망생에게 당직만이 아니라 공직 후보가 되는 데에 가산점을 부여하는 적극적 조치가 취해져야 합니다. 그럼으로써 청년들이 정당의 조직기반을 바탕으로 정치에 입문할 수 있도록 도와야 합니다. 그래야 룸펜 정치인들에게 휘둘리지 않을 수 있습니다. 다시 말하지만 무엇보다 활성화되어야 하는 것은 정당정치입니다. 그래야만 정당이 청년 정치인의 충원 통로로서 확실히 기능할 수 있을 것입니다. 그 첫걸음이 이를 위한 제도적 장치를 만들어내는 일일 것입니다.

7장

정치의
고령화와
청년 정치의
활성화

허태회

건국대학교 정치외교학과를 졸업하고 1986년 미국 워싱턴주립대학에서 정치학 석사학위를, 덴버대학에서 국제정치학 박사학위를 취득했다. 2000년부터 선문대학교 국제관계학과 교수, 입학처장, 대외협력처장, 중앙도서관장, 국제평화대학 학장으로 일했으며, 충남 민주평화통일포럼 연구위원장, 동북아역사재단 자문위원, 대통령 직속 사회통합위원회 이념분과 위원으로 활동했다. 2018년에는 한국 국가정보학회 회장과 국제정치학회 부회장을 지냈고, 지금은 선문대학교 국제관계학과 명예교수로 있으면서 국가사이버안보센터 자문위원을 맡고 있다.

— 한국에서 젊은 대통령이 나오지 않는 이유

야권에 등장한 30대 청년 정치인의 돌풍은 예사롭지 않았습니다. 예전 같으면 이런 현상을 '찻잔 속 태풍' 정도로 깎아내리는 데 열심이었을 기성 정치인들도 많이 당황한 듯했습니다. 이례적인 현상이라 이들에게는 썩 반갑지 않았겠지만, 젊은 정치인의 등장이 비난거리가 될 수는 없습니다. 평범한 시민이 이 현상을 신선하게 느끼고 있기 때문이죠. 이는 여론조사에서도 드러나는데, 흥미로운 사실은 청년 야당 대표의 등장에 20~30대보다 60~70대가 더 호감을 표한다는 것입니다. 어떻게 보면 기성 정치인들만 모르고 있었을 뿐 한국 사회는 언제부턴가 고령화된 정치 현실에 환멸을 느끼며 색다른 변화를 내심 고대해왔는지도 모릅니다.

젊은 당대표는 간신히 나왔습니다만 젊은 대통령의 등장은 요원해 보입니다. 이 화두는 오늘날 한국 사회의 안타깝고 답답한 정치적·사회적 현실을 그대로 비춰줍니다. 특히 다른 나라와 비교해보면 한국 정치의 '고령화' 문제의 심각성이 바로 드러납니다. 국제의원연맹IPU의 통계에 따라 각국 의회에서 20~40대 청년 정치인이 차지하는 비율을 살펴보면, 이탈리아는 42.7퍼센트, 네덜란드는 33.3퍼센트, 프랑스는 23.2퍼센트, 영국은 21.7퍼센트입니다. 그러나 한국은 21대 국회 기준으로 4.3퍼센트로 이탈리아의 10분의 1 정도이며 심지어 일본(8.4퍼센트)보다도 낮습니다.[1] 유독 한국에서 청년 지도자를 찾아보기 어려운 이유는 무엇일까요?

여기서 '청년'이라는 의미는 단순히 연령이 젊다는 것만 의미하지 않습니다. 도전적이고 역동적인 힘, 변화에 과감히 대처하는 혁신적 마인드를 가진 사람을 포함합니다. 기존 질서의 압박에 굴하지 않는 용기, 당면한 위기에 능동적으로 대응하려는 열정, 변화를 두려워하지 않는 의지가 있다면, 설령 그가 아흔 살일지라도 신체를 초월한 젊음을 지닌 사람으로 인정받아 마땅할 것입니다. 한국 사회는 저출산·고령화 문제를 눈앞 과제로 심각하게 여기면서도 정신적 측면이 고령화되고 있다는 사실은 알아차리지 못하는 듯합니다. 한국 사회는 고령화 문제의 해결을 위해 수십조의 예산을 투입하고 있지만, '정치 고령화' 문제에 대해서는 무엇을 할 엄두조차 내지 못하는 실정입니다.

40세 미만 청년 의원의 비율이 4.3퍼센트일 정도로 청년세대

청년을 위한 정치는 없다

가 과소대표된 정치 현실은 세대별 대표성의 불균형을 초래하고 민주주의가 꽃피워야 할 토양을 황폐하게 만듭니다.[2] 고루한 사고와 과거의 낡은 가치관에 갇힌 정치의식, 독선으로 가득 찬 권위주의 문화, 비방과 중상으로 소통을 질식시키는 독단적 리더십…. 이 황폐한 정치 토양에서 희망의 정치가 뿌리내리기란 불가능합니다. 희망의 정치는 다양한 계층의 국민과 이익집단을 하나로 결속시키고 포용할 수 있는 지도력이 나와야만 가능하기 때문입니다. 오늘날 한국 사회에서 새 시대의 젊은 정치 지도자가 출현하기 어려운 원인은 정치인 충원 구조에서 찾아야 할 것입니다. 한국 정치가 직면한 청년 지도자 충원 문제와 관련해 정치학자들은 어떤 생각을 가지고 있을까요?

― 기득권 중심의 공천제도와 정치 신인의 좌절

한국인들은 분단과 전쟁의 역경을 딛고 70여 년 만에 빠른 산업화와 민주화를 달성했습니다. 이런 국민의 자긍심 어린 성취에도 정치 분야는 늘 폭발 직전의 갈등 상황에 놓여 있습니다. 그 이면에는 온갖 비리로 점철된 퇴행적 정치가 존재합니다.[3] 한국 근대 정치가 불행한 데에는 전환기 사회가 직면한 위기에 능동적으로 대응하고 창의적으로 도전할 리더십, 곧 젊은 리더십을 만들어내지 못한 것도 큰 몫을 차지한다고 하겠는데요. 한국에서 젊은 정치인이 출현하기 어려운 이유는 무엇일까요? 그중 하나는 정당정치의 쇠퇴일 것입니다. 이는 민주주의의 위기와 직결되는 한국 정치의 심각한 문제인데, 청년 정치인 양성에도 그것은 여지없이 부정적 영향을 미치고 있습니다.

국민경선제도의 부작용

현대 민주주의 국가에서 정당이 맡은 가장 중요한 기능은 정치인 충원과 정치 사회화입니다.[4] 젊고 유능한 인재를 발굴해 당을 대표하는 정치인으로 육성하는 과업에는 실로 한 정당과 나라의 미래가 달려 있지요. 그런데 최근 다수의 민주주의 국가에서 관찰되는 현상은 유감스럽게도 정당의 쇠퇴입니다. 많은 정당이 당장 눈앞의 선거 승리를 위해 일반 유권자의 정치 참여를 확대하는 개방형 경선(오픈 프라이머리) 방식으로 옮겨갔습니다. 당원들 의견으로 결정되는 폐쇄적 경선 방식은 폐지한 채 말입니다. 이런 개방형 경선제도의 도입은 결국 정당의 결속력과 충원 기능을 약화시킵니다.

> 일반 시민까지 참여하는 후보 공천은 정당의 대표성 제고나 정치 참여 증진 등 긍정적 효과만 가져오는 것이 아니라 정당의 규율과 이념적 응집력을 약화시켜 궁극적으로 정당의 본원적 기능과 존재 의미마저 약화시킬 수 있다.[5]

오늘날 정당은 시대적 환경 변화에 따라 당원이 이끄는 조직 형태의 정당party as organization, 정당 소속 선출직 공직자가 주도하는 선출직 공직자 정당party in public office 그리고 정당 지지자와 유권자 중심으로 운영되는 유권자 정당party in the electorate의 형태로 존재합

청년을 위한 정치는 없다

니다.[6] 서구 민주국가들은 이 과정을 단계별로 거치면서 발전했지만 한국은 조직으로서 정당체제를 겪지 못하고 곧바로 유권자 정당으로 발전해 해당 기능들이 성숙할 기회를 놓치고 말았습니다. 한국의 정당 공천제를 연구한 이동윤 교수가 후보 공천 방식의 변화에 관해 설명한 것에 따르면, 정당들이 오직 '선거 승리'를 중요한 당면 목표로 추구하면서 공천 과정에서 유권자의 관심을 유도하는 데에만 집중했습니다. 곧 당원과 일반 시민이 함께 참여하는 '국민경선제도'의 도입은 후보 선발 과정에서 국민의 민주적 참여는 보장했지만 "정당이 아닌 후보 중심의 정책 공약과 선거운동 방식을 확대해 정당이 본래 지니는 역할을 축소시켰다"는 것입니다.[7] 여론조사를 반영하는 선발 방식은 정당의 이념, 정강, 정책에 충실한 후보에게는 그다지 유리하지 않습니다. 대중의 인기와 지명도가 높은 후보에 유리하죠. 곧 정당정치가 포퓰리즘에 가까워집니다. 국민경선제를 처음 도입했던 이회창 전 한나라당 총재 역시 회고록에서 이 문제에 대한 고민을 털어놓았습니다.

> 국민경선제에 대해서도 그 취지는 이해되지만 이것이 과연 올바른 제도인지 확신이 서지 않았다. 국민경선제의 원형인 미국의 프라이머리는 민주당과 공화당이 1970년대에 인기를 만회하기 위해 도입한 것인데 지금까지도 정당 기능을 허물어 정당 스스로 자살하는 결과를 가져왔다는 비판이 나오고 있는 터이다. … 그 도입이 추세가 되고 있지만 그것이 진정한 민주주의보다는 포퓰리즘에 가깝다는 데서 오는 거부감이 나의 마음 바닥에 깔려 있었다.[8]

정당정치가 활성화되지 않은 한국 정치에서는 어릴 때부터 지역 문제에 관심을 가지고 정치의 꿈을 키워왔던 청년이 존재하기 어렵습니다. 그러니 급작스럽게 지역 유권자들의 관심과 지지를 얻는 청년이 튀어나오는 것도 불가능에 가까운 일이지요. 2004년까지만 해도 시, 군, 구에 정당 조직으로 '지구당'이 존재했지만, 유지하는 비용이 문제되어 폐지되고 말았는데요. 당비를 납부하는 당원 수가 부족한 상태에서 지구당 위원장이 정치자금과 관련된 각종 부패에 휘말리는 사건이 적지 않게 일어나면서 2004년 '정치관계법' 개정을 통해 기초자치단체에 당 기구를 놓지 못하게 한 것입니다. 이 지구당 폐지가 '고비용 저효율 정치'를 개선하는 데 나름 기여했다고 볼 수 있지만, 정당 조직의 기반은 약화시키고 말았습니다. 그리고 청년들이 지역 내 정치활동을 통해 진성당원 이웃에게 자기 존재를 알리고 지지를 얻을 기회 역시 빼앗았습니다. 부패라는 벌레를 잡으려다 정당정치라는 집을 태우고 말았던 것입니다.[9]

정당들이 진성당원의 교육과 훈련을 통한 지도자 양성을 포기하고, 당장 인기가 많은 명망가를 내세우기 시작한 것이야말로 정당정치의 몰락을 자초한 자충수였습니다. 이 현상은 유감스럽게도 민주화 이후 두드러졌는데요. 공천 파동이나 정치개혁 문제가 불거져 쇄신의 기회를 맞아도 정당 안에서 경쟁력 있는 청년 지도자를 세심하게 발굴하고 연마해 당 주춧돌로 쌓기보다, 대중에게 인지도 높은 외부 명망가들만 간단히 영입해 허우대만 높이려 들었던 것이죠. 시간이 오래 걸리는 내부 인력 육성보다 유명한 외부 인사 영입을 통해 선거 승리를 쟁취하는 손쉬운 방식을 선택한 것, 그러면서

청년을 위한 정치는 없다

젊은 정치인의 발굴을 등한시한 것, 이는 정치인들의 잘못된 선택이었습니다. 최근 정당 활동가의 의회 충원에 관한 연구를 한 서현진 교수는 이렇게 지적합니다.

> 정당은 내부에서 양성된 활동가의 국회 입성을 통해 보다 나은 원내 정당정치를 수행할 수 있고 정책 실현의 기회도 갖게 된다. 그런데 선거 승리에만 몰두한 정당들이 정책 실현을 위해 함께 고민하고 활동해온 내부 인사보다는 당선 경쟁력이 있는 외부인을 더 많이 국회로 충원하는 현상이 나타났다.[10]

그런데 이런 '외부 충원 현상'은 한국에서만 볼 수 있는 것은 아닙니다. 서현진 교수는 미국과 같은 대통령제 국가들에서 이런 현상이 많이 나타났다고 이야기합니다. 1970년대 환경운동가들, 1990년대 종교적 보수주의자들과 기업가, 2000년대 반전운동가들이 미국 의회에 대거 등장하게 된 것이 선거 승리에 집착한 정당의 외부 명망가 영입 시도 때문이라는데요.[11] 다만 미국 사례가 한국과 다른 점은 미국은 후보에 대한 검증을 통해 최소한의 전문성을 갖춘 후보만 충원하려고 노력했다는 것입니다.[12] 그러나 이와 같은 외부 명망가 충원은 의회의 전문성 강화에는 크게 도움이 되지 않는 것으로 보입니다. 의원의 전문성은 상임위원회 활동 이력이나 당선 경력이 중요한 역할을 하는데, 정치 경력이 없는 외부 명망가를 일단 충원하고 보는 식이라면 이런 경력을 기대할 수 없기 때문입니다.[13] 이 현상에 대한 반성으로 최근 여러 나라에서는 외부 명망가의 충원 비율이 점점 감소하고 있는데요. 총선 때마다 외부 명망가를 충원하는 방식으로 물갈이하는 것을 정치개혁으로 간주했던 한국의 정당들도 지금까지의 방식에 대한 진지한 고민이 필요해 보입니다.

하향식 공천제도가 가진 문제들

국민경선제도의 부작용보다 더 심각한 문제는 청년 정치인의 등용을 막아서는 하향식 공천제도입니다. 한국 정치는 중앙당의 권한이 매우 비대하고 권위주의적으로 운영되기 때문에 일방적인 내리꽂기식 공천이 빈번합니다. 일방통행식 운영은 청년들이 초기 경력을 쌓아야 할 지역의 풀뿌리 정치를 고사시킵니다. 다들 표면적으로는 공천심사위원회를 구성해 합리적이고 객관적인 심사를 한다고 하지만, 사실 선거 때마다 공천심사위원회는 급조되고, 객관적 심사 기준 없이 즉흥적 기준에 따라 후보를 선발하는 것이 그 진상이니, 잡음이 끊이지 않는 것이 당연합니다.[14] 그중에서도 (공천심사위원회가 경선 과정을 거치지 않고 위원회만의 별도 기준과 심사를 통해 특정 선거구에 후보자를 일방적으로 지명하는) '전략공천제도'가 가장 큰 문제인데요. 내세우는 명분이야 늘 선거 승리지만, 대체로 당 지도부의 의중을 반영하므로 공정성 논란을 피하기 어렵습니다. 전략공천제도는 당장 눈앞에 닥친 선거를 빌미로 지역구 당원의 의사를 무시한 일방적 제도입니다. 청년 정치인에게는 제도권 정치의 진입 장벽이 될 가능성이 크지요. 정당 지도부의 영향력과 당내 파벌의 이해관계에 따라 좌우되는 공천제도이므로 민주성과 대표성이 반영되어 있다고 할 수 없으며, 청년다움을 지닌 정치인들은 배제되기 쉽습니다.

청년을 위한 정치는 없다

정당의 후보 공천은 정당 내부의 지배력을 확보하기 위한 정치세력들 사이의 이해관계와 선거 승리를 통해 정치 과정 내에서 정당이 지니는 영향력을 증대시키고자 하는 대내외적 권력 관계가 중층적으로 작용하여 나타나는 복합적 결과다.[15]

하향식 전략공천제도는 정당의 민주화 차원에서도 정당화될 수 없습니다. 정치적 술수와 협잡, 비리와 부패, 계파정치와 권력정치, 정치적 파행과 밀실 공천으로 얼룩진 한국의 정당정치사를 떠올려보면, 비민주적 공천제도 아래에서 청년 정치인의 등장을 기대한다는 것은 무리인지도 모릅니다. 정치적 세대교체와 청년 정치인의 발굴을 위해서는 공천제도의 파격적 혁신이 가장 먼저 진행되어야 합니다. 그래야 정당의 충원 기능이 회복될 것입니다.

제왕적 대통령 앞에 선 청년 정치인들

정당의 충원 기능을 쇠퇴시킨 요인으로 또 하나 꼽을 수 있는 것은 대통령으로의 권력 집중이 초래한 '정당의 주변화marginalize' 현상입니다. 행정부 수장인 대통령에게 권력이 집중된다는 것은 상대적으로 입법부인 의회 권력이 약화된다는 것을 의미하는데요. 현대 민주주의 국가에서 의회는 국민의 뜻을 반영해 입법활동을 하는 것과 동시에 정당 간 갈등을 조정하고 조율하는 소통의 장 역할도 맡습니다. 그런데 한국 사회에서는 대통령에게 지나치게 권력이 집중되어 대통령이 일방적으로 정당을 통제하기 때문에 의회 권력이 약화되고, 결국 정당이 주변화됩니다.

정당이 대통령을 만들기보다 선출된 대통령이 그 자신의 지지 기반을 가지면서 위로부터 정당을 창출하고 통제하는 것이 실제 현실에 가깝다. … 대통령과의 거리나 친밀도를 중심으로 하는 당내 파벌 구도가 한국 정당정치인들의 특성을 구분하는 사실상 유일한 기준이 되었다. 그것은 정당을 통제하고 그 위에 군림하는 대통령의 권력을 보여주는 지표가 아닐 수 없다.[16]

사실 한국 정당사는 많고 많은 정당의 끊임없는 급조와 해체 과정이라고 해도 과언이 아닙니다. 여당인 '더불어민주당'이나 야당인 '국민의힘'의 경우, 그간 바뀐 이름들을 다 기억할 수 없을 정도입니다. 더불어민주당은 평화민주당–민주당–새정치국민회의–새천년민주당–열린우리당–대통합민주신당–민주당–민주통합당–민주당–새정치민주연합으로 지난 30여 년 동안 10여 차례에 걸쳐 당명을 바꾸었고, 국민의힘 역시 민주정의당–민주자유당–신한국당–한나라당–새누리당–바른미래당–자유한국당–미래한국당–미래통합당으로 당명을 손봤습니다.

당명을 바꾸려는 노력만큼 정치가 개혁되었더라면 좋았겠지만, 앞서 강조한 대로 한국 정치는 대체로 인물을 내세우는 정치 성향이 강한 까닭에 대중적으로 유명한 정치 지도자의 행보에 따라 수없이 정당이 해체되고 새로 만들어지기만 반복했습니다. 새로 취임한 대통령과 집권세력이 정치적 이해관계와 선거 승리를 위해 정당을 급조하는 경우도 잦았습니다. 여당은 정권 재창출, 야당은 정권 교체가 최대 과제이기 마련이지만, 여당은 대통령의 권력 수호나 강

청년을 위한 정치는 없다

화에 주력하고, 야당은 정국 주도권을 쥐려는 과정에서 숱한 정당이 이합집산과 합종연횡을 모색한 것입니다. 결국 대통령의 권력 독점은 잦은 정당 명칭 변경이 시사하듯 정당 사유화 현상을 초래하면서 정당을 대통령 권력의 도구로 변질시키고 맙니다.

제왕적 대통령제가 지닌 폐해 중에는 당연히 청년 지도자의 충원 문제도 포함됩니다. 이는 정당이 쇠퇴하고 그 역할을 시민사회가 대체하는 데에 그 이유가 있습니다. 우리는 다원주의 아래에서 시민사회가 국가권력의 견제 기능을 맡을 것이라고 기대합니다. 하지만 최근 한국 정치에 나타난 특이한 현상이 있습니다. 시민사회가 오히려 대통령의 권력을 지탱해주는 버팀목 노릇을 한다는 점입니다. 과거 정치권력에 맞서 저항세력을 자처하던 시민사회 인사들이 대통령 주변으로 접근하다가 권력기관에 하나둘 발탁되기 시작하더니 마침내는 정치권력에 포섭되고 만 것입니다. 최장집 교수는 이 문제를 한국 민주주의의 심각한 위기로 인식하고 비판합니다.

> 필자는 2020년 4월에 치러진 21대 총선은 민주화 이후 정당정치의 약화와 왜소화, 나아가 한국 민주주의의 위기의 현 상황을 극적으로 드러내는 중요한 사건으로 이해한다. 정당들의 인재 영입은 거짓 쇼나 다를 바 없었다. … 지금 우리는 선거 전보다 훨씬 더 거대해진 권력과 영향력을 장착한 대통령과 훨씬 더 분절화되고 그동안 우리가 지향하려 했던 정치의 모습으로부터 일탈한 정당정치를 바라보게 되었다. 대통령 권력과 의회 권력이 불균형과 부조화를 이루며, 한국 민주주의를 위태롭게 이끄는 현상을 보게 된 것이다.[17]

시민운동이 지지 네트워크의 연결망을 통해 대통령의 권력 주변으로 흡수·통합되면서 시민운동의 자율성은 현저히 약화되었습니다. 국가와 시민운동세력이 결합하는 것은 결국 시민사회가 국가에 포섭되는 것으로, 다원적 민주주의의 발전을 저해할 가능성이 큽니다. 한국 사회가 다원주의 민주체제로 나아가야 하는 상황에서 시민사회가 정부의 지원을 받으면서 정부의 견제세력이 아니라 지지세력으로 변신하는 것은 결코 바람직하지 못합니다. 게다가 이런 시민운동세력이 언론과 함께 여론 주도집단 역할을 하기도 합니다. 시민운동을 이끌었던 단체들이 권력기관인 것처럼 행세하며 수시로 거리로 나가 '광장정치'를 주도하는 광경도 목격됩니다.

이 때문에 의회의 기능은 심각하게 위축되고, 정책 개발에 주력해야 하는 정당의 효용성은 사라집니다. 시민운동세력이 정치권력의 지름길로 자리매김한 상황에서 젊은 정치인은 굳이 정당 활동을 통해 경력을 쌓을 이유도, 정당에 몸담을 필요도 느끼지 못할 것입니다. 대통령의 권력 독점에는 이런 위험이 도사리고 있습니다.

대통령에게 힘이 집중되는 동시에 시민사회가 권력화되는 현상은 정당 갈등에 개입하는 무책임한 언론 때문에 그리고 마구잡이식으로 진행되는 사법절차 때문에 더욱 악화되곤 합니다. 최장집 교수는 변질되고 있는 시민운동세력에 더해 오늘날 정치적 갈등의 주체여야 할 정당이 언론과 사법에 압도되는 현상을 걱정스럽게 바라봅니다. 그는 이것이 궁극적으로 민주주의를 위태롭게 만들 수 있는 위험요소라고 말합니다. 정치가 선거, 정당, 의회 본연의 기능을 통해서가 아니라 (다양한 결을 지닌) 언론 보도, 경찰 조사, 검찰 기소에

청년을 위한 정치는 없다

압도된 상태로 작동하면, 법의 지배 원리가 서서히 침식되면서 민주주의의 위기를 초래한다는 설명입니다. 최근 집요하게 반복되는 여야 간 정치 스캔들 폭로, 여론전, 사법 조사 등의 악순환을 지켜보면서 한국 민주주의의 위기를 진단한 최장집 교수는 이를 '끓는 물의 개구리Boiling Frog'에 비유합니다.

> 끓는 물에 개구리를 넣으면 뜨거워 얼른 튀어나온다. 그러나 미지근한 물에 개구리를 넣고 서서히 데우면 그 물에 적응하면서 여유를 즐기다가 결국 나중에 뜨거운 물에서 죽게 된다. 기존의 민주주의가 나쁜 법과 나쁜 실천으로 서서히 나빠질 경우, 민주주의는 사람들이 위기를 의식하지도 못하는 사이 퇴행을 거듭하다가 종말을 맞을 수도 있다.[18]

당면한 위기를 위기로 인식하지 못하는 것이 심각한 문제라는 이야기입니다. 대통령을 향한 권력 집중은 시민사회를 권력화하고 정당정치를 약화시키는 것만이 아니라 청년 정치인의 등용문으로서 정당이 기능하는 것도 막아섭니다.

이와 관련해 최근 주목받는 문제가 대통령 후보를 중심으로 구성되는 '캠프정치'입니다. 소속 정당으로부터 특별한 정책 지원이나 전문지식을 제공받지 못한 정치 지도자가 대통령 후보로 부상하면, 자신과 가까운 인재를 선발해 독자적 조직, 곧 '캠프'를 구성하는 것입니다. 정당 기능이 약화된 상태에서 정치 지도자나 대통령 후보는 섣부른 정치 신인보다 경륜과 전문성을 갖춘 이들을 참모로 발탁해 활용합니다. 정권 쟁취가 과제인 상황에서 선거운동을 위해 조직되고 운영되는 '캠프'는 한국 정치의 특징으로 자리매김했습니다. 이 캠프정치는 취약한 정당정치가 만들어낸 부산물입니다. 이 때문에 정당은 더욱 주변화될 위험에 노출됩니다.[19] 후보가 당선되면 대통령은 정당에서 인재를 등용하는 것이 아니라 자기 캠프에서 충원하기 때문에 새 정부의 기반은 정당이 아니라 캠프가 되는 이른바 '캠프 정부'가 출현하는 것입니다.[20] 결국 정당은 의회와 대통령으로부터 소외되고 대중에게조차 외면받습니다.

― 청년 정치인 육성과 부정적 정치문화

청년 정치인의 성장과 '가산제 문화'의 폐해

한국에서 청년 정치인이 성장하기 어려운 또다른 배경으로는 연공서열과 상하 위계를 강조하는 유교문화를 꼽을 수 있겠습니다. 한국 정치는 장유유서를 강조하는 위계문화 안에서 작동합니다. 따라서 정치인의 많은 '나이'는 '경륜'으로 해석되고, 적은 '나이'는 '미숙'으로 치환됩니다. 나이가 기득권이 되는 한국 사회에서 젊은 세대가 추구하는 능력우선주의가 수용되기에는 많은 어려움이 따릅니다.

유교문화란 정치사 관점에서 보면 봉건 엘리트가 농경사회를 효율적으로 다스리기 위해 개발한 농경사회 지배이념이라 할 수 있겠습니다. 효도와 교육의 중요성을 강조하는 등의 장점이 있지만 유교문화의 정치적 핵심은 사회 통치를 위한 위계에 있습니다. 봉건적 지배이념은 중앙집권적 왕조체제에서 왕과 신하를 구분하고 나이와

서열을 앞세우며 남성의 우월성을 중요시합니다. 이런 연공서열 중심의 수직적 계급문화에서는 젊은 세대의 도전이 용납되지 않습니다. 청년세대가 주장하는 능력주의는 당연히 받아들여지기 어렵고요. 1970년대 김영삼과 김대중이 호기롭게 제기한 '40대 기수론' 같은 청년 리더십의 명분도 선배 정치인들에게는 먹혀들지 않았습니다. 최근에도 여권에서 초선 의원들이 한목소리를 내자 다선 의원들이 이를 항명으로 간주해 일방적으로 무시한 사례가 있습니다. 21세기가 되었는데도 이처럼 한국 정치에는 서열문화가 강고합니다. 국회의원의 상임위원회 배치 때도 다선 의원을 우선한다거나 의원의 연령을 배려하는 관행이 변하지 않고 있습니다.

근대화된 사회에서 왜 아직까지 비민주적이며 봉건주의적 행태가 계속 나타나는 걸까요? 빠른 산업화에 민주화까지 이룬 한국이 아직 이 문화에서 벗어나지 못하는 것을 두고 이동수 교수는 이렇게 말합니다.

> 한국 사회는 겉으로는 민주주의의 탈을 쓰고 있지만 속으로는 예전의 사회문화를 답습하고 있는 '가산제적 민주주의patrimonial democracy'에 불과해 보인다는 것이다. … 그런데 우리는 정치권력을 민주적 제도에 따라 합리적으로 분산해 사용하는 대신 가산제적 위계질서에 따라 상위자가 과도하게 전유하고 자신과 사적으로 가까운 사람들에게 차등 분배하여 자의적으로 사용하는 데 익숙하다. 요건대 정치권력이 직책이나 업무에 따라 합리적으로 분산되어 작동함으로써 상호 견제와 합리적 지배를 이루는 대신, 가산제적 위계

질서에 따라 비합리적으로 사용되어 권력 남용과 부정부패를 초래
한다.[21]

　이동수 교수는 가산제적 사회질서(국가 또는 공공의 것들을 자기
가문의 상속 재산처럼 간주하는 사회문화적 제도)가 한국 사회에서 계속
유지되는 것은 상위자들 문제도 있지만 동조하거나 묵인하는 관행
이 있기 때문이라고 부연합니다. 가산제적 문화에 익숙한 하위자들
이 상위자의 행태가 부당하다고 느끼면서도 상위자에 대한 협력을
통해 서열 상승을 도모하거나 불이익을 피하려 든다는 이야기입니
다. 하위자들은 잘 되면 신분 상승을 꾀할 수 있고, 설사 잘못되더라
도 자신은 지시에만 따랐을 뿐이라고 변명할 수 있는 것입니다. 이
런 구조로 오늘날 가산제적 문화가 계속 재생산된다는 것입니다.[22]
　여기서 다른 질문이 생깁니다. 가산제적 문화의 지속적 생산
을 추동하는 의식은 어디서 나올까요? 다시 말해, 현대사회에서 가
산제적 문화가 청산되지 못하는 내면의 원인은 무엇일까요?
　이동수 교수는 가산제적 문화가 여전히 공고한 요인으로 한
국 사회에 팽배한 '신념윤리의 잔재'를 지적합니다.[23] 전통사회의 특
징인 '신념윤리관'이 하나의 문화적 상위체계로 자리 잡고 있기에
외형적으로 근대화된 사회에서 여전히 권위주의적이고 가부장적인
문화가 지배적으로 기능한다는 것입니다. 한국 사회의 정치적 비리
와 도덕적 해이는 많은 경우 공적 이익과 사적 이익을 혼동할 때 발
생합니다. 라종일 교수의 설명대로 공직사회의 이런 문화를 '천민 공
직윤리crony public ethics'라는 언뜻 모순적 용어로 표현하고자 합니

다. 어느 상인이 가족이나 친척에게 부르는 값과 외부인에게 요구하는 값을 다르게 매기는 것처럼, 자기 패거리 내부와 외부에 적용하는 규칙이 다르다는 의미입니다.[24]

전통사회의 신념윤리는 이른바 '패거리'를 추구하는데, 이는 개인의 책임윤리와 자율성을 강조하는 현대 시민상과는 상극입니다. 신념윤리적 집단주의는 한국에서 특히 지역주의와 국가중심주의라는 모습으로 드러나곤 합니다. 지역주의란 개인이나 집단이 단지 이익을 추구하려는 목적으로 지역적 인연을 동원하는 현상을 말합니다. 한 지역이 공유하는 정서를 그 지역 고유의 문화적 정체성으로 발전시키는 것과는 다릅니다. 그것은 언어, 관습, 문화가 다르다는 이유로 다른 지역을 폄훼하고, 향토적 애착심을 핑계로 비리와 부도덕성을 정당화하는 전근대적 가치관입니다. 지역주의 정서는 지금도 한국 사회에 뿌리 깊게 남아 있어서 선거 때만 되면 지연을 고리로 투표하는 행태가 거리낌없이 자행됩니다.

자기 행동과 가치관은 옳고 정의로운 것이라 치부하면서 타인의 행동에는 엄격한 기준을 들이대는 것, 세간에서는 이를 '내로남불'이라 부릅니다. 학술 용어로는 '이중적 가치기준double standards'이라 일컫기도 합니다. 나와 생각이 다르다고 해서 상대를 비난하고 배격하는 것은 자유민주주의에 어울리는 태도가 아닙니다. 독단에 기반한 전체주의적 사고와 다른 것이 바로 민주적 질서니까요. 민주주의가 더 성숙하려면, 다른 입장이나 의견을 관용하고 더 나아가 자유롭게 소통할 수 있어야 합니다. 특이한 생각이 사회 안전에 위험이 되는 것처럼 보일 때가 있지만, 민주사회에서 더 위험한 것은 개성적인 의견을 잘못된 것으로 배격하고 매도하는 태도입니다.

> 신념윤리의 득세는 민주주의의 실현과는 거리가 멀다. 신념윤리는
> 적을 물리치는 데는 도움이 되지만 민주주의 질서를 만드는 데는 도
> 움이 되지 않는다. 즉 신념윤리는 부정적negative 윤리이지 긍정적
> positive 윤리는 아니다. 신념윤리는 어떤 가치의 절대성을 주장함으
> 로써 그 가치를 긍정하는 것같이 보이지만, 실제에 있어서는 다른
> 가치들을 배제하고 파괴하는 부정적 효과를 지닌다. … 특히 민주주
> 의는 법과 절차에 따라 타인의 의견도 존중하면서 서로 공존하는 것
> 을 목표로 하며 정치적 타협을 필요로 한다.[25]

한국 정치의 퇴행성과 비민주성은 영호남이라는 지역적 기반
에 의지해 발달한 지역 균열식 정치 구조에 상당 부분 기인합니다.
이런 독특한 정치 지형 아래에서는 대통령선거에서든 국회의원선
거에서든 정당 간 정책 대결이 불가능합니다. 유권자가 정책으로 정
당을 판단하지 않고 지역 정서에 기초해 판단하기 때문입니다. 따라
서 정당의 정책 개발은 무의미해지고 정치인 충원은 뒷전으로 밀리
는 것입니다.[26] 국가 간 경쟁이 치열해지는 격변의 상황에서 지역 문
제를 초월할 수 있는 유능한 청년 정치인의 육성이 요구되는 시점이
지만, 지역주의에 기반한 정당 구조에서는 그 육성이 중요한 어젠다
로 부각되지 않습니다.[27] 양극화된 지역주의 공천 구조에서 각 정당
은 지도부 눈치만 살필 뿐 정치 신인에 주목할 필요를 느끼지 못하
기 때문입니다. 한국 정치의 정치인 충원과 관련해 지역을 균열시키

청년을 위한 정치는 없다

는 정당체제와 선거제도의 문제점을 분석한 김만흠 교수는 다음과 같이 지적합니다.

> 그동안의 지역 균열의 정당체제는 민주적 국민 통합과 조화를 이루지 못하면서 문제가 되고 있는 것이다. 지역별 1당 독(과)점의 정당 체제가 돼 지역 내부에서 경쟁적 민주주의를 제약하고 있다. 또 승자독식의 중앙정부 권력 구조와 상호작용하면서 지역적, 이념적 양극화의 악순환으로 이어져 흑백대결의 정치 구조를 만들고 있다.[28]

지역을 중심으로 한 양극화 구조에서 젊은 정치 신인이 지역구 활동을 통해 존재감을 알리거나 선거에서 공천받는 데 필요한 대중적 인지도를 얻는 일은 쉽지 않습니다. 지역주의에 근거한 선거는 승자독식의 소선거구제와 상호작용하면서 민주적 대표성을 왜곡하기도 하는데요. 지역별로 한 당이 독점하는 구조에서는 양당 간 경쟁이 저해될 뿐 아니라 새로운 군소 정당의 정치 신인조차 진입할 기회를 차단당하기 때문입니다.

한편 2018년 3월, 평창올림픽에서 발생한 남북단일팀 구성은 집단주의의 일종인 '국가주의적 사고'를 나타낸 사례였습니다. 한국 정부는 남북단일팀 구성이 갖는 정치적 의미에만 심취한 나머지 북한 선수를 참여시키기 위해 한국 선수 일부를 대표팀에서 제외했습니다. 많은 국민은 왜 국가를 위해 개인의 노력이 희생되어야 하는지 납득하지 못했습니다. 정부 결정의 부당함을 지적하며 단일팀 백지화를 요청하는 글이 국민청원에 올라 큰 호응을 얻기도 했지요. 바로 이런 사례가 신념윤리적 사고인 국가주의와 책임윤리 사고인 개인주의의 대결을 보여준다고 하겠습니다. 과거에는 국가와 민족의 영광을 위해, 애국이라는 이름으로, 또는 남북관계 개선이라는 명목 아래 개인의 이익이 희생되곤 했습니다. 그것이 당연한 것으로 받아들여졌지요. 하지만 이제는 국가의 이름으로 개인의 기본권이 일방적으로 침해되어서는 안 됩니다.

지역주의 정서, 국가중심주의적 사고에서 볼 수 있는 것은 한국 사회가 외양만 근대화되었을 뿐 내면은 전통사회의 의식을 그대로 고수하고 있을지도 모른다는 점입니다.

청년 정치인의 활동을 부정적으로 바라보는 사회

지금까지 청년 정치인의 성장을 가로막는 정치문화적 요인을 살펴봤습니다. 이제 초점을 바꿔 청년 정치인이 만들어지는 데 영향을 미치는 심리적 요인은 무엇인지 알아보겠습니다. 곧 '청년이 정치인으로 성장하면서 느끼는 내면의 부담은 어디에서 오는가'에 대한 이야기입니다.

한국 사회는 학벌지상주의와 물질주의에 물들어 있습니다. 수학능력시험 점수 1~2점 차이로 그 이후의 삶이 재단되곤 하지요. 힘겹게 학점, 취업과 씨름하던 청년들이 안정적 직업을 소망하는 상황에서 미래가 보장되지 않는 정치계에 입문하라는 것은 너무나 무모한 비현실적 요구처럼 보입니다. 청년세대가 정치권 진출을 고민할 때 부딪혀야 할 벽은 높고 단단합니다. 이를테면, 공직선거에 출마할 때 선거관리위원회에 내야 하는 적지 않은 기탁금,[29] 사무실 임대료

청년을 위한 정치는 없다

와 홍보비, 선거운동원 인건비와 차량임대비 등 엄청난 비용을 마련해야 합니다. 대학을 졸업한 지 얼마 되지 않은 20~30대가 이런 막대한 선거비용을 마련할 수 있을까요?

물론 선거비용 문제에 동의하지 않는 의견도 있습니다. 소셜미디어의 시대이고, 특히 IT기술에 능통한 젊은 세대는 SNS로 자신을 어필하고 소통하는 데 익숙하므로 전통적 방식인 오프라인 조직이나 운용자금이 필요하지 않다는 것입니다. 그러나 한국의 상황에서 그것은 승률이 거의 없는 도박이나 마찬가지입니다.

한국인의 정치 참여와 관련해 물질주의와 탈물질주의 가치관의 영향을 분석한 김연숙 교수는 한국이 압축성장을 겪은 이유로 산업화 이후 탈물질주의를 지향한 서구 사회와 달리 여전히 물질주의 가치가 팽배해 있으며 한동안 더 지배적인 영향을 미칠 것이라고 전망합니다.

서구 사회와 달리 단기간에 압축적 경제성장을 이룬 한국의 경우, 개인 수준에서 느끼는 가치의 혼란은 심화되고 있으며, 이로 인해 상충적인 정치적 태도와 행동을 나타낼 수 있다. … 이 과정에서 오히려 물질주의의 가치가 가지는 국가사회질서 중시, 경제성장 위주의 논리도 여전히 중요하게 작동하며, 전쟁과 분단을 겪은 한국의 특수성을 감안해볼 때 앞으로도 상당 기간 중요한 가치로서 기능할 것이라 쉽게 예측할 수 있다.[30]

정치심리학적 시각에서 봤을 때 한 개인이 어떤 가치를 추구하는지가 그가 어떤 목적을 위해 행동하는지를 결정합니다. 곧 인간 행동의 동기는 그가 품은 가치가 결정한다고 할 수 있습니다. 물론 인간은 단순하지 않으므로 여러 가치를 지니고 있겠지만, 그중에서도 가장 지배적이고 중심적인 가치가 그의 행동에 큰 영향을 미치는 것으로 가정하는 것입니다.[31] 그런데 일반적으로 정치 참여 동기는 물질주의적이기보다 탈물질주의적인 경우가 많습니다. 재물을 모으려는 사적 이익의 실현보다는 '공정한 분배'나 '사회 정의 실현' 같은 탈물질주의적 가치를 추구할 때 사람은 사회를 보다 나은 곳으로 변화시키고자 하는 동기를 갖게 되고, 정치적 행동을 결단하게 됩니다. 따라서 한국 사회에 정치가 말하는 가치를 외면하고 기피하는 철저한 상업주의나 물질주의적 가치관, 정치를 혐오하는 집단심리가 만연해 있다면, 젊은 세대가 정치에 참여하리라는 희망을 갖기 어려울 것입니다.

불행히도 한국 사회에는 오랜 군사독재의 영향으로 젊은 세대가 정치에 참여하는 데에 부정적 인식이 퍼져 있습니다. 권위주의 체제를 유지하기 위해 정치 현상을 공부하는 정치학과 개설이 억제되었으며, 현실을 읽어내고 가르쳐야 할 정치학 교수들은 요주의 인물로 경계 대상이 되기도 했습니다. 정치 현실과 그에 따른 미래를 고민해야 할 정치학도들은 취업 현장에서 가장 먼저 탈락했고요. 자유로운 토론이나 비판조차 용인되지 않았지요. 이런 환경에서 기인한 정치에 대한 부정적 인식은 민주화 이후에도 크게 달라지지 않았습니다.

정치 참여에 대한 사회의 부정적 인식, 정치활동에 대한 가족

청년을 위한 정치는 없다

의 반대, 정치에 대한 젊은 세대의 비판적 시각, 여유 없는 경제적 상황, 그에 따르는 심리적 불안 등 청년이 정치의 길로 들어서기에는 너무 많은 장애물이 존재합니다.

— '공천 카르텔'이라는 장벽

청년 정치인의 등장을 어렵게 하는 요인들은 무척 복합적으로 얽혀 있어서 이들의 정치권 진입을 위축시킵니다. 그중 하나가 지역주의에 따른 공천 카르텔입니다. 한 연구는 지역주의 정서가 만연한 곳일수록 정치부패 현상이 더 심하다고 보고합니다.[32] 공천이나 후보 지명 과정, 이후 선거에 이르기까지 지역주의가 다른 무엇보다 중요한 결정요인으로 작용한다는 것입니다. 공천되기만 하면 당선되는 현실을 잘 아는 후보는 수단과 방법을 가리지 않고 공천에 전력을 기울입니다. 부패와 비리가 만연할 수밖에 없는 구조이죠.[33] 한때 '오당사락'(50억 쓰면 당선되고 40억 쓰면 낙선한다)이라는 씁쓸한 농담이 사람들 입에 오르내리곤 했습니다. 특히 영호남 지역일수록 당 지도부나 당대표의 의사가 지배적으로 작용하기에 자연히 공천이 투명하지 못했습니다. 지역주의 정치가 정당의 정책 개발기능을 퇴화시키기도 하지만, 정치 신인의 도전에 불리하게 작용하는 장벽이 될 수도 있습니다. 함성득 교수는 한국 정치문화의 특징인 지역주의가 기득권 카르텔 형성에 기여할 수 있다고 지적합니다.

두 지역에서는 당내 공천만 치열하고 막상 본선인 국회의원 총선은 영남과 호남을 제외한 지역의 선거가 되었다. 영호남 출신 지역의 국회의원들은 한번 공천을 받아서 의원이 되면 다선의원이 되는 것이 수월했다. 선거 때마다 늘 치열한 경쟁을 거치는 다른 지역 의원보다 선수가(당선 횟수 – 필자주) 쉽게 높아져서 각 정당의 지도부에 쉽게 진입했다. 당 내 리더십을 영남과 호남 출신 의원들이 독식하는 지역 카르텔이 형성되었다.[34]

이는 지역주의 정치가 빚어낸 불합리한 '공천 카르텔' 형성을 의미합니다. 당권을 장악한 지도부, 권력 장악에 매몰된 당대표, 당대표를 정점으로 정치자금 조성에 여념이 없는 당료들과 측근세력, 이른바 정치권력에 줄 대려고 여념 없는 지방 기업과 이익집단 등이 자신들에게 유리한 공천제도와 선거제도를 만들고, 그 위에 장유유서를 강조하는 정치·문화적 요인과 지역주의 정서를 켜켜이 쌓으면서 공익보다 사익을 우선하는 '지역 공천 카르텔'이 형성되는 것입니다. 정당의 충원 기능이 유명무실해지고 공정한 경쟁이 사라지면 내부 거래와 은밀한 결탁이 정당화되는 구조가 자리 잡습니다. 정치헌금이 오가고 이권이 거래되는 부패 정치가 그 뒤를 따라 자연스럽게 안착하고요. 지금은 공천헌금 문제가 개선되었지만 한때 제도권 정치의 문을 두드렸다가 공천헌금 문제를 겪고 좌절감을 느낀 한 정치학자는 다음과 같이 이를 비판합니다.

공천비용만 해도 그렇지요. 정치 지망생에게 정당 공천은 가장 중요한 관문이지만 돈 없는 사람은 입문을 거부당하기 쉽습니다. 공천권

청년을 위한 정치는 없다

을 행사하는 실력자 편에서 보면 공천헌금은 자신의 정치자금과 정당의 선거비용을 조달하는 수단입니다. 오늘날 공천헌금 수수는 구의원, 시의원, 국회의원 등 모든 단계의 선거에서 만연되고 있으며, 이로 인해 밖으로 드러내 보이는 정치인들의 태연함이나 근엄함은 우스꽝스러운 위선이 되고 말았습니다.[35]

잘못된 제도와 문화가 견고한 '공천 헤게모니'를 형성합니다. 지방정치의 부패 문제를 제도적 관점에서 연구한 논문은 소선거구제가 선거 과정에서 부패를 더 증가시키는 경향이 있다고 보고합니다. 두 명 이상이 당선되는 다소 느슨한 경쟁 구조의 중선거구제와 달리 한 명만 선출되는 소선거구제에서는 당선을 위한 후보 간 경쟁이 치열해지면서 부패 현상이 증가할 가능성도 커진다는 것입니다.[36] 특히 정당정치 기반이 약한 한국에서 소선거구 단순다수득표제 형태의 지역선거는 민주화 이후에도 정치적 부패를 촉진시키는 경향이 있습니다.[37] 또 한국 정치는 탈물질주의적 가치 실현을 목표로 두기보다 오히려 일종의 정치 비즈니스화(사업화)가 진행되는 현상까지 보입니다. 기업을 운영하던 사람들이 각종 이권과 인허가 문제를 겪다가 비즈니스 확장이나 기업 이익을 보호하기 위해 직접 정치에 뛰어드는 것입니다. 이렇게 정치인으로 변신한 기업인들의 관심사는 대개 정치개혁이 아닙니다. 정치헌금을 일종의 투자로 여겨 이권에 개입해 기업의 이익을 환수하려는 것이 목적이지요. 물질적 이득 추구가 최우선 과제이기에 당연히 부패가 구조화될 수밖에 없는 것입니다. 처음부터 공정하고 합리적인 공천을 기대하는 것은 무리라

해도 과언이 아닙니다. 그러니 계파도 없고 정치자금도 없는 청년 정치인이 공천을 기대한다는 것은 불가능에 가깝습니다.

— 청년 정치의 활성화, 어떻게 풀어야 할까?

돌이켜보면 한국의 초기 정치 리더십은 독립투쟁을 주도했던 정치세력에게 있었습니다. 그들이 중심이 되어 건국의 기반을 닦았지요. 그러나 이들은 '조국 근대화'를 명분으로 들고 일어난 막강한 군부세력에게 쫓겨났고, 이 '근대화세력' 역시 그들의 권위주의 체제에 맞선 '민주화세력'에게 밀려납니다. 그리고 이들이 오늘날 한국 정치의 주류를 형성하고 있지요. 그러나 정치적 격변기를 거치면서 정치 지형이 바뀌고 사회의 구성과 요구도 다양해졌지만 그에 비해 정치의식과 문화는 큰 발전을 이루지 못했습니다. 한국은 산업화와 민주화를 이뤄냈지만, 국가의 키를 쥔 청년 리더십 부재라는 과제만큼은 여전히 해결하지 못하고 있습니다. 청년 정치의 활성화, 어떻게 풀어야 할까요?

먼저 용기 있는 청년이 정치에 뛰어들게 하려면 '고비용 저효율 정치'라는 지형을 '저비용 고효율 정치'로 변화시켜야 합니다. 수천만 원에 달하는 선거공탁금을 파격적으로 줄이는 데에서 시작해야 합니다. 후보를 지지하는 이들의 서명을 모아온다면 공탁금 없이도 후보가 될 수 있게 하는 방안도 적극 모색해야 합니다. 또 청년 정치인에게 공천 기회가 주어지도록 청년할당제 같은 의무적 공천을 확대해야 하고, 선거제도를 개혁해 정치권 문턱이 방해가 되지

청년을 위한 정치는 없다

않도록 해야 합니다. 이런 노력의 일환으로 정당활동 가능 연령을 낮춰 어릴 때부터 정치에 관심을 가지고 다양한 활동을 할 수 있게 끔 체계적으로 육성해야 합니다.

유튜브에서 청소년들의 정치 토론을 보면 그 수준과 매너가 무척 성숙해 감탄하곤 합니다. 치열하게 토론하다가도 결과에 깨끗이 승복하고 서로를 격려합니다. 이처럼 미래 세대가 일찍부터 검증받으며 경험을 쌓고 능력을 배양할 수 있게끔 국회의원 피선거권 연령을 20세로 낮추고 40세로 되어 있는 대통령 피선거권 연령 역시 30세로 과감히 바꾸어야 합니다. 한국 근대사를 보면 4·19혁명의 주역은 청년세대였으며 6·29민주항쟁 역시 마찬가지였습니다. 이제 다시 청년세대가 역사의 전면에 나서서 정치의 고령화를 막고 새로운 힘, 새로운 희망을 불어넣어야 합니다. 그러기 위해서는 세대 갈등을 해소하기 위한 다양한 소통 장치가 마련되어야 합니다. 입법, 사법, 행정 삼부에 모두 소통기구가 필요합니다. 특히 대통령 직속으로 사회통합위원회와 같은 기능과 위상을 지닌 '대통령청년대표위원회'를 신설해 청년 정치 활성화에 적극 힘을 쏟아야 합니다.

정치교육 활성화도 중요한 과제 중 하나입니다. 정치에 대한 인식이 바뀌어야 한국 정치에 대한 부정적 선입견이 사라지고 청년 정치인의 등장이 촉진될 것입니다. 정치적으로 발전을 이룬 민주주의 국가들에서는 오랜 역사를 지닌 탄탄한 민주시민교육시스템이 자리 잡고 있습니다. 그들은 어릴 때부터 시민의식을 지니도록 미래 세대를 가르칩니다. 또 일찍 정치에 관심을 가지고 적극 참여하도록 권장하는 문화적 토대가 튼튼히 서 있습니다.[38] 한국에 그 풍토를 정착시키려면 중장년 세대가 먼저 나서야 합니다. 건전한 정치교육을 활성화하고 청년의 정치 참여와 활동, 관심을 이끌 구체적 방안을 모색해야 합니다. 청년세대는 이 문제가 단순히 자신들 이익을 대변하기 위한 것이 아니라 정체되어 있는 한국 정치를 개혁하기 위한 것이라는 점을 깨닫고 깊이 고민해야 합니다. 대통령의 리더십 연구로 유명한 함성득 교수는 대통령을 꿈꾸는 정치인들에게 여러 제언을 한 바 있는데, 그는 책 《제왕적 대통령제의 종언》 후반부에서 한국 국민이 수동적 자세에서 벗어나 적극적 자세로 정치에 참여해야 한다고 주문합니다.

> 앞으로 성공한 대통령을 갖기 위해서는 국민도 변해야 한다. 민주화 이전에는 나라가 위기나 어려움에 처했을 때 대통령이 국민을 걱정했다. 과거에는 나라가 지향해야 할 국가 비전과 이에 따른 국정과제와 목표도 대통령이 결정했다. 이제는 국민이 대통령을 걱정해야 한다. 국민이 '갑'인 시대가 열렸다. 갑인 만큼 책임도 그만큼 크다. 강준만이 주장하듯이 이제 국민도 수동적이었던 '구경꾼 민주주의' 태도와 자세에서 벗어나야 한다.[39]

— 청년세대, 새로운 동력이 될 수 있을까?

청년세대가 정치에서 과소대표되는 현상은 단순히 세대 간 불균형만을 뜻하지 않습니다. 사회 발전을 추동하는 집단의 역동성이 상실되고 있다는 것을 의미합니다. 이종희 교수가 지적한 것처럼

청년을 위한 정치는 없다

청년 리더십의 회복은 세대 간 다양성 제고를 통해 사회 변화에 능동적으로 대응할 수 있는 활력을 일깨우는 것이며, 공공정책 입안 과정에서 과거로 회귀하지 않고 미래로 나아갈 수 있도록 만드는 일입니다. 이 글을 통해 오늘의 한국 정치가 직면한 청년 리더십의 충원 문제, 육성 문제와 관련한 여러 학자의 의견을 살펴보았습니다. 곧 선거 승리를 위해 도입한 국민경선제, '전략공천'이라는 허울 좋은 이름으로 자행되는 일방적 하향식 공천제도, 대통령을 향한 권력 집중, 정당정치를 주변으로 밀어내고 권력의 중심으로 들어간 '캠프 정치' 등이 건강한 정당정치를 약화시키고 청년 리더십을 무너뜨리는 제도적 요인이라는 것을 말입니다. 또 전통사회의 '가산제' 문화와 '신념윤리' 문제 그리고 청년세대의 정치 혐오와 정치에 대한 부정적 인식도 돌아보았습니다. 마치 건축물을 지을 때처럼 이런 요인이 벽돌처럼 쌓이고 그 틈에 정치·문화적 요인이 시멘트처럼 들러붙어 견고한 '공천 카르텔'을 구축한 것만 같습니다.

이런 헤게모니는 결코 저절로 개선되지 않습니다. 청년세대의 참여와 노력이 없다면, 기득권세력은 자발적으로 그 헤게모니를 포기하지 않을 것입니다.[40]

정치경제학자 제임스 카포라조James Caporaso는 정치와 경제라는 개념을 정의하면서 경제가 "부의 창출 및 분배와 관련된 행위"라면 정치는 "그런 행위가 이뤄지는 공간이나 제도를 만드는 것"이라고 설명했습니다.[41] 경제 행위를 규율하고 촉진하는 제도적 기능을 정치가 수행한다는 뜻입니다. 카포라조의 개념은 정치를 더러운 행위로 폄하하거나 비판하기에는 그 현상이 너무나 중요하다는 것을 자각하게 합니다.

청년 정치가 힘을 얻어 한국 사회의 활력을 불어넣으려면 참여가 반드시 필요합니다. 청년세대가 정치를 도외시하고 배격한다면 한국 정치의 고령화는 피할 수 없습니다. 고령화사회가 활력과 역동성을 잃고 쇠퇴하는 것처럼, 민주주의도 '끓는 물의 개구리'처럼 서서히 종말을 맞을 것입니다. 청년 정치의 활성화는 단순히 과소대표된 청년세대의 대표성을 회복한다는 의미를 넘어섭니다. 한국 사회가 새로운 미래를 향해 나아가는 데 중요한 동력을 확보하는 일인 것입니다. 이것이 생명력을 지닌 청년세대가 정치에 과감히 도전해주기를 기대하는 이유입니다. 열정과 용기 그리고 지혜를 가진 청년 정치인의 등장을 응원하고 기다립니다.

8장

해외에서
불어오는
변화의
바람

황인수

경희대학교에서 정치외교학을 전공하고 런던정치경제대학에서 비교정치학 석사학위를, 런던대학 유니버시티칼리지에서 국제관계학 박사학위를 취득했다. 민주평화통일자문회의 사무처 전문위원과 정책연구위원을 역임했으며, 민주평화통일자문회의 국제위원회 상임위원과 자문위원, 경기평화통일포럼 연구위원장, 국가인권위원회 북한인권포럼 위원, 국가안보전략연구원 객원연구위원으로 활동했다. 지금은 백봉정치문화교육연구원 사무총장으로 일하고 있다. 지은 책으로는《한국의 불행한 대통령들》(공저)이 있다.

검증되지 않은 정치인은 검증되지 않은 약보다 더 나쁘다.

Untested politician is badder than untested drug.

정치는 누구나 할 수 있다. 그러나 아무나 해서는 안 된다.

─ 왜 꼭 서구인가?

현재 한국은 여러 면에서 역사상 가장 높은 국제적 위상을 자랑하고 있습니다. 그러나 정치의 영역만은 OECD 국가들 가운데 최하의 신뢰도를 보이고 있습니다. 만약 한국이 성숙한 정치문화까지 갖춘다면 우리 앞에 또다른 도약의 기회가 열리지 않을까 합니다.

정치가 공동체 안에서 하는 역할은 사회적 갈등을 조율하고,

한정된 자원을 적절하게 배분하는 것입니다. 그 조율이나 배분이 만족스럽지는 못해도 어느 한쪽으로 치우치지 않게 하는 것이 정치인에게 주어진 최소한의 의무겠지요. 하지만 요즘 한국 정치인들은 최소한 기본에라도 충실하라는 국민의 기대를 가볍게 무시하며 극단적 지지층과 이익집단의 요구에만 집요하게 관심을 기울이고, 상대 정당이나 정파에 대한 적대감을 부추기며 분열의 정치를 선도하고 있습니다. 이런 정치문화가 바뀌려면 기존 정치세력이 새로운 세력으로 대체되거나 구태 정치인들이 어쩔 수 없이 변화를 선택할 수밖에 없을 만큼 강력하고도 참신한 인물이 필요합니다.

이제는 정치인을 양성하는 방식에 변화가 있어야 합니다. 현재 한국의 정치인 충원 과정의 실상과 문제에 대해서는 앞에서 충분히 다루었으므로, 이번 장에서는 다른 나라들, 특히 서구의 정치인 충원 과정에 대해 알아보고자 합니다.

앞서 언급했듯 한국의 위상은 높아졌습니다. 특히 코로나 이후 한국인은 조국에 대한 자부심을 갖게 되었고, 과거 우리가 선망해왔던 근대 서구의 아우라는 흐릿해졌습니다. 하지만 서구의 오랜 의회 전통과 정당정치의 경험, 후보 선발에 대한 체계성은 여전히 한국이 갖추지 못한 것입니다. 오랜 자유민주주의 유산을 가진 국가에서 정치인들은 대개 정치의 전문성을 지니고 활동합니다. 정치와 별개의 영역인 직업군에 오랜 기간 종사한 사람들이 정치권 실세와의 인맥을 이용하거나 미디어를 통한 명성, 이른바 후광 효과로 정계에 진입하는 경우는 거의 없습니다.

서구 사회는 사회적 인지도를 등에 업고 정계에 진출하는 셀

청년을 위한 정치는 없다

러브리티보다 이른 나이부터 정치에 뜻을 둔 젊은이에게 많은 기대를 겁니다. 주요 정치인은 대개 청소년 시기에 교내 학생자치회에서 활동하며 정치적 경험을 쌓곤 합니다. 그리고 대학 졸업 후에는 지역당 또는 시민단체에 들어가 차근차근 정치인으로서 전문성을 갖춰나가고요. 이렇게 정계에 입문한 이들은 투명하고 공개적인 경쟁 속에서 능력을 평가받습니다. 아래에서부터 차츰 영향력 있는 자리로 올라가는 상향식 선발을 거치면서 더 큰 책임을 가진 위치로 전진합니다. 이것은 한국에서는 결코 찾아볼 수 없는 광경입니다. 그러므로 '청년 정치'라는 주제에서는 서구 사회의 모습을 보고 커다란 고민을 갖게 될 수밖에 없습니다. 어째서 그들에게는 저런 것이 가능할까요? 어떻게 하면 우리도 저들처럼 전문성을 갖춘 청년 정치인을 육성할 수 있을까요? 이 질문들에 대한 답을 찾아가면서 유럽과 미국에서 주목받은 젊은 리더의 모습을 자세히 살펴보겠습니다.

역사적으로 뛰어난 리더는 청소년기부터 정치에 뜻을 둔 경우가 많습니다. 이런 순간은 그들 개인만이 아니라 그들이 속해 있는 국가 차원에서도 거대한 전환점이었지요. 그들처럼 한국의 미래를 짊어질 정치인들도 청소년기부터 정치에 관심을 가지고 구체적 목표를 설정하며 관련 활동을 차근차근 시작해야 합니다. 그리하여 20대 중후반부터 선거에 도전해 공직을 맡고, 국가를 운영하는 데 필요한 주요 분야를 두루 거치는 경험을 쌓아나가야 합니다. 그들이 국정 수행에 대한 전문 지식, 자신감 그리고 책임감을 가진 프로 정치인으로 성장해 한국 정치의 희망이 되어주어야 합니다.

— 영국, 청년 정치의 요람

안정성은 유연성으로부터

의회민주주의의 요람 영국은 의회주의 전통 속에서 오랜 세월 가장 안정적인 정치 질서를 유지해온 국가입니다. 유서 깊은 거대 양당정치의 나라로서 보수당과 노동당은 지금까지 당 이름조차 바꾼 적이 없습니다. 양대 정당의 정치적 위상은 오랜 기간 변함없이 이어져오고 있지요. 그 비결은 영국인들의 온건적이며 중도적인 성향과 커다란 정치적 시련을 맞이할 때마다 각 정당이 철저한 자기 개혁을 실천했기 때문이라 할 수 있겠습니다. 위기의 순간마다 영국 정치인들은 과감한 결단을 내리곤 했는데요. 그런 결단을 가능하게 한 배경은 무엇일까요.

사실 어느 정당이든 권력을 얻었다 잃고 다시 얻는 과정이 거의 비슷합니다. 자신들이 옳다며 국민이 원치 않는 정책을 밀어붙이면 힘을 잃었고, 자신들이 오래 지켜온 신념이더라도 그 신념만 고집하지 않고 시대와 유권자의 요구에 부응하는 유연성을 보이면 집권하곤 했습니다. 특정 정당에 속해 있지 않고, 특정 정당에 특별한 충성도를 보이지 않는 유권자들, 곧 부동층은 각 당의 원칙과 신념에 얽매이지 않습니다. 그들은 당 색깔에 구애받지 않고 자신들이 선호하는 정책이나 중요하다고 느끼는 이슈에 좀더 적극적으로 나서리라고 기대하는 당에 투표합니다. 여기에 맞춰 정당의 변화를 이끌어낼 수 있는 사람이 바로 리더겠지요. 좋은 리더는 반발하는 당 안팎의 사람들을 인내를 가지고 설득하며, 필요할 때는 당의 전통적

청년을 위한 정치는 없다

정책과 노선을 과감히 변경해서라도 부동하는 표심을 잡아 마침내 집권을 성취해냅니다. 그리고 이들은 정권을 잡았다고 해서 나라를 흔드는 급격한 개혁을 밀어붙이지 않습니다. 이것이 지금까지 영국 정치가 역사적으로 견지해온 태도입니다. 정당들은 중도 노선을 유지하다가 필요하다면 경쟁 정당의 정책이라도 유연하게 받아들입니다. 모든 정책은 이해 당사자 간의 충분한 협의와 토의를 거친 후 시행되고요. 당 내외 강경 지지자들 사이에서 종종 '배신'이라는 소리까지 나왔지만 보수당과 노동당 양당은 이런 점진적 개혁 방식을 기본 노선으로 채택해왔습니다.

흔한 선입견과 달리 영국의 보수당은 가진 자와 기득권만을 대변한다는 평가를 받지 않습니다. 만약 기득권층만 옹호했다면 오랜 세월 살아남을 수도, 집권할 수도 없었을 것입니다. 노동당 역시 보수당과 경쟁하며 끊임없이 시대의 요구에 따라 변화하려는 노력을 게을리하지 않았습니다. 영국 정치사를 이끌어온 리더들은 언제나 시대정신을 간파하고 그에 맞게 정당을 이끄는 사람들이었습니다. 그들의 삶의 경력이나 배경은 다양했지만, 젊은 시절부터 두각을 나타낸 정치인이라는 공통점을 가지고 있습니다. 이들은 대부분 학창시절부터 여러 형태로 정치적 활동을 시작했습니다. 곧 순수한 열정, 희망, 비전을 지닌 채 자신의 정치적 이상이 무엇인지 고민하고 또 고민하는 시간을 가진 것입니다. 청소년기란, 공적 가치를 어떻게 존중해야 하는지 배우면서 자신이 가진 신념체계를 구체화하려면 무얼 해야 하는지 생각하고 정진하는 시기입니다.

이렇게 이른 시기부터 정치활동을 시작하면 정치적 검증이 무척 쉽습니다. 일찍부터 그들의 정치철학이나 행적이 널리 알려지기에 갑자기 혜성처럼 등장하는 정치인보다 대중에게 신뢰감을 줄 가능성이 훨씬 크지요. 물론 기존 정치에 오랜 기간 실망이 쌓인 유권자들은 이런 기억 때문에 참신한 정치 신인에게 기대를 걸기도 합니다. 하지만 체계적으로 훈련받은 정치인은 대개 극단으로 치닫는 결점까지는 보이지 않습니다. 비유하자면, A학점은 못 받더라도 F학점 받을 염려까지는 하지 않아도 되는 것입니다.

영국은 일반적으로 이른 나이에 국회의원이 된 뒤 정계에서 지속적으로 활동하는 경우가 많습니다. 말 그대로 정치인을 전문 '직업'이라 부를 수 있는 것이죠. 이는 보수당이나 노동당이나 마찬가지인데, 다음 표[1]에서 알 수 있듯 역대 총리 대부분이 학창시절부터 정치에 입문했습니다. 이들은 상향식 공천제도 아래에서 정치인으로 활동하며 성장합니다. 이 과정에서 능력을 인정받으면 다양한 분야에서 장·차관 같은 직위를 두루 경험하는데, 이후 내각 수반이 되었을 때 그 경험들이 빛을 발합니다. 경력을 통해 국가 사무 전반에 대한 판단력을 갖춘 데다 몸담았던 각 조직의 생리를 이해하고 있으므로 말 그대로 국정을 휘어잡을 수 있는 것입니다. 그런 능력을 갖추었다고 평가되는 총리와 내각은 오랫동안 집권했지만, 그렇지 못한 경우에는 임기 중에라도 물러나야 했습니다.

마거릿 대처

마거릿 대처Margaret Thatcher 총리는 1959년 하원의원으로 당선되면서 정계에 등장했지만, 실질적인 정치 입문은 21세 때인 1946

영국 총리들의 경력과 이력

	보리스 존슨	테리사 메이	데이비드 캐머런	고든 브라운	토니 블레어
재임 기간	2019~	2016~2019	2010~2016	2007~2010	1997~2007
정당	보수당	보수당	보수당	노동당	노동당
출생 연도	1964	1956	1966	1951	1953
출신 학교	*이튼칼리지 *옥스퍼드대	*옥스퍼드대	*이튼칼리지 *옥스퍼드대	*에딘버러대	*페터스칼리지 *옥스퍼드대
정치 활동	*옥스퍼드대 학생회장 *정치 전문 언론인 활동 *하원의원 도전 (33세)	*1986년 런던 머턴구 구의원 *의회 부대표 및 원내 대변인 *국회의원 도전 (36세)	*1988년 보수당 정책연구소 특별보좌관 (22세)	*학보편집인 *대학 교직원 및 학생 대표 (22세)	*노동당 가입 (18세)
주요 경력	*하원의원(37세) *런던시장 *외무부 장관	*국회의원(41세) *내무부 장관 *여성평등 차관 *당 의장 *예비내각 장관	*하원의원(35세) *재무부 장관 특보 *당 부의장 *당 정책국장 *노동당 당수	*하원의원(31세) *통상산업부 장관 *재무부 장관 *노동당 당수	*하원의원(29세) *내무부 장관 *법무부 장관 *고용부 장관 *노동당 대변인 *노동당 당수

년 '옥스퍼드대학교 보수협회Oxford University Conservative Association' 회장이 되면서부터라 할 수 있습니다. 대처의 첫 하원의원 도전은 24세 때였는데, 비록 낙선했지만 전통적으로 노동당이 득세해온 다트포드 지역에서 6000표를 얻었고, 이후 두 번째 선거에서는 1000표 차이로 선전함으로써 보수당의 유망한 미래 정치인으로 떠올랐습니다.

젊은 대처가 등장할 수 있는 길을 닦아준 것은 아이러니하게도 1945년 선거에서 보수당이 경험한 충격적인 대패였습니다. 2차 세계대전 당시 연립정부를 이끌며 승리한 윈스턴 처칠을 전면에 내세웠음에도 국민은 노동당을 선택했습니다. 보수당은 1935년 얻었던 432석의 절반에도 못 미치는 213석에 그치는 참패를 당했고, 이에 당 중진이 주도해 당을 철저히 개혁하고자 했는데, 그 방안 중 하나가 정책 연구와 교육 기능 강화였습니다. 정책 개발, 연설, 선전 등을 위한 기초 자료를 당에 제공하는 역할을 하다가 전쟁으로 폐지되었던 조사국이 이런 노력을 통해 다시 설치되었고, 이곳에서 차세대 정치인들이 육성되었습니다. 노동당으로부터 정권을 탈환한 데이비드 캐머런 총리도 조사국 출신입니다. 또 1946년 청년보수운동Young Conservative movement이 시작되고 청년보수당이 창설되는데, 3년 후 보수당은 2375개의 지역 조직과 16만여 명의 청년 당원들을 확보하기에 이릅니다. 뒤에 총리가 되는 마거릿 대처, 존 메이저 등도 이 청년보수운동을 통해 정치에 입문한 경우입니다.

2차 세계대전 중에 결성된 영국의 전시 연립정부에서는 영국 정치의 개성이 잘 드러났는데요. 보수당과 노동당 양당이 힘을 합치는 이른바 '합의의 정치'가 이뤄졌던 것입니다. 이 추세는 전후 시기부터 1970년대 말까지, 곧 대처리즘으로 촉발되는 정치적 양극화가 영국을 분열시키기 전까지 영국의 정치와 사회에 지속적으로 영향을 끼칩니다. 이 시기의 정책으로는 케인즈식 혼합경제, 완전고용, 주요 산업의 국유화 및 공기업화, 국민건강보험을 담아낸 근대 복지국가, 노조와의 협력 등을 들 수 있습니다.[2]

청년을 위한 정치는 없다

영국 보수당이 지금까지 살아남은 비결은 이처럼 변화하는 시대와 유권자의 요구에 충실히 부응했기 때문입니다. 자신들이 믿고 구현하고자 하는 신념이나 정책을 과감히 개선하거나 심지어 폐기하는 결단도 서슴지 않았습니다. 그래서 정치학자들에게 영국 보수당은 '카멜레온 같은 정당' '권력 장악을 위해 순수성보다는 실용성을 택한 정당' '당이 추구하는 일관된 가치가 있기보다는 자신들이 새로 태어났다는 이미지 변신을 잘하는 정당'이라는 조롱을 받기도 했습니다. 그러나 이런 변신을 등한히 하고 과거의 신념적 원칙에만 몰두했을 때 보수당은 정권을 잃었습니다.

1979년 이후 네 번의 선거에서 연속으로 이겨 18년간 집권하다가 권력을 잃은 원인은 그동안의 성공에 도취된 데에 있었습니다. '보수당이 옳다고 믿는 것이 국민에게도 옳다'라는 착각에 빠진 것입니다. 집의 크기나 소득에 상관없이 인구수에 따라 재산세를 부과하는 것 같은 민의와 어긋난 정책들을 유권자들은 외면했습니다. 그 결과 '영국병'을 치유한 대처 총리가 임기 중에 물러나고 존 메이저가 보수당 의원총회에서 당수로 선출되어 총리로 취임했지만, 결국 이 시기 재집권에 실패합니다.[3]

토니 블레어

대처의 오랜 보수당 시대가 끝나고, 2000년경 노동당이 집권하는 변곡점에서 토니 블레어Tony Blair라는 젊은 리더가 등장합니다. 그는 옥스퍼드대학을 졸업한 뒤 노동당에 입당했고, 변호사로 활동하면서 지역 정당에 참여하고 있었습니다. 직업적으로 정치의 길을 택하는 것에 확신이 없던 시기, 블레어는 국회의사당을 방문하는데, 그때 정치가 자신의 운명이 될 것임을 알았다고 합니다.[4]

블레어가 당수가 된 나이는 41세였습니다. 보수당이 장기 집권하는 동안 노동당은 대처의 자유주의정책에 반발해 더욱 왼쪽으로 기울었는데, 블레어는 그런 노선으로는 집권이 불가능하다는 것을 깨닫습니다. 이에 그는 강경파들의 반대를 무릅쓰면서까지 당내 노조의 영향력을 축소했으며, 중산층이 외면할 가능성이 있는 사회주의적 정책을 포기하는 결단을 내립니다. 노동당의 이념적 근거로서 1918년 이후 단 한 번도 변치 않았던 사회주의, 국유화 같은 당강령(당헌 제4조) 역시 대담하게 수정해버립니다.[5] 이렇게 노동당이 보수화되면서 반발하는 당내 의원들과의 토론은 매우 격렬했으며, 블레어를 향해 "집권을 위해 당을 버리는 정치색 짙은 배신자"라는 말까지 나돌았습니다. 그러나 블레어는 이렇게 말하면서 당원들을 설득했습니다.

노동당은 전체 국가를 위해 통치할 것이며 따라서 기업을 대하는 것과 마찬가지로 노조를 대할 것이다. 나는 국가를 발전시키겠지만 노조 운동만을 위해서가 아니라 기업 그리고 여타 국가의 모든 부문을 위해서다.[6]

또 블레어의 노동당은 보수당의 대처 총리가 추진해온 국가 경쟁력 제고, 노동시장 유연화, 복지지출 축소, 법질서 유지 등을 과감히 수용합니다. 이 때문에 블레어는 "대처의 아들"이라는 조롱까

청년을 위한 정치는 없다

지 들었지만 1997년, 18년 만에 정권을 탈환하는 데 성공합니다. 노동당은 419석의 의석을 얻은 반면, 보수당은 165석에 그쳐 1832년 이래 최악의 패배를 당합니다. 노동당이 선거에서 승리할 수 있었던 핵심 요인이 유권자들의 강력한 호감을 이끌어내며 선거의 중심 이슈들을 장악해나간 블레어의 개인적 능력이었다는 데 선거 전문가들은 대체로 동의했습니다. 그가 오랜 시기에 걸쳐 중도 노선을 선점했기에 보수당의 잠재적 총리 후보들도 노동당 정권에 도전하기 위해 진보 노선을 받아들이는 것을 진지하게 고민하기 시작했습니다. 보수당에서도 그를 '선생님Master'이라 부르면서 '보수의 존경을 받을 만한 자격 있는 리더'로 인정했으며, 보수당 캐머런 총리는 블레어를 '비공식적 조언자'로 평할 정도였습니다.[7]

옳은 것 그리고 정치적인 것 사이에서 어떤 선택을 할지 깊이 고민해온 정치인 블레어는 인간의 원초적 욕망을 부정하지 않고 긍정적 시각으로 대처하려 노력한 좌파 정치인입니다.[8] 그는 진보정당이 신념과 명분, 가치를 내세우는 정치를 할 때 부딪히는 한계를 잘 알고 있었습니다. 진보세력은 자칫 자신만이 선한 의지를 소유한다는 확신에 차 자기 행동이 절대적으로 옳다고 생각하지만, 결국 고수했던 그 선의를 스스로 무너뜨릴 수 있다는 사실을 미리 내다보았던 것입니다.

데이비드 캐머런

노동당의 변화에 발맞춰 보수당에서도 비슷한 리더가 등장합니다. 새로운 보수당의 상징인 데이비드 캐머런David Cameron입니다.

캐머런이 당대표가 되는 과정은 노동당이 41세의 토니 블레어를 통해 당의 면모를 일신했던 것과 매우 유사합니다. 다른 총리와 비교하면 의회 경험이 단 4년에 불과했지만 세 차례나 총선에 참패한 보수당의 심각한 위기감이 그의 등장을 가능케 했습니다. 캐머런은 대학을 졸업하고 불과 22세에 보수당의 싱크탱크인 당 조사국에서 5년 동안 활동했으며, 25세에는 총리의 정치담당 비서를 맡습니다. 존 메이저 정부 아래에서 재무부 장관과 내무부 장관 특별보좌관으로 근무하고는 미디어그룹 칼튼커뮤니케이션 기업 담당 이사를 지내며 경제에 대한 실물 경험을 쌓습니다.

2005년 전당대회의 대표 선출 경연에서 캐머런은 준비한 원고도 없이 '다시 한번 보수당이 국민의 마음을 사도록 하겠다'는 내용의 논리적이면서 설득력 있는 연설을 열정적으로 해 보였고, 이 젊은 후보의 모습에서 당원들은 당의 미래에 대한 희망과 믿음을 갖게 됩니다. 이는 그가 당대표가 되는 결정적 계기로 작용합니다.[9] 경연 중 개최된 만찬에서 캐머런은 기자들에게 자신을 "블레어의 상속인"이라 소개했다고 합니다. 캐머런은 당대표가 된 직후 첫 방문지로 런던의 빈민가 초등학교를 택했는데, 여기에 캐머런이 국민에게 던지는 핵심 메시지가 있었습니다. 그는 대처의 사회 분야 변혁이 남긴 부정적 유산을 정리하고자 했습니다.[10] 결국 캐머런은 영국 정치사에서 1810년 이후 가장 젊은 나이에 자유민주당과의 연정 총리로 등장하게 됩니다.

하원의원이 된 뒤 단 4년 만에 총리가 된 캐머런이 내건 기치는 '진보적 보수주의Progressive Conservative'였습니다. 그는 당의 우경

청년을 위한 정치는 없다

화 현상을 부정적으로 바라봤으며, 보수당 당수 경선 과정에서 현대적이면서도 공감 능력을 가진 보수주의를 천명하며 당을 완전히 새롭게 혁신하겠다는 의지를 보였습니다. 캐머런은 당원들의 적극적 지지에 힘입어 대처 총리 이후 무기력에 빠진 보수당의 전면적 변화를 주창합니다. 그리고 정치인들이 경제적 부에만 집중하지 말고 사람들의 행복과 일반 복지를 향상시키는 데에 관심을 기울여야 한다고 촉구합니다. 그런데 보수당에게는 이런 모습이 사실 낯설지 않았습니다. 종래의 보수당 역시 선거권 확대정책, 빈민주택정책, 건강보험정책 같이 경쟁 정당의 정책을 정권 획득에 필요하다면 차용해서라도 당의 존재를 각인시켰기 때문입니다. 동성 결혼이라는 이슈에서도 캐머런은 "자신이 보수주의여서가 아니라 보수이기 때문에" 동성 결혼을 지지한다고 설명했습니다. 캐머런은 동성 결혼이 평등에 관한 사항이기 때문에 더욱 그러하다고 덧붙였습니다.

영국 청년 정치의 현장

이런 정치인들이 등장할 수 있는 이유는 무엇일까요. 아무리 개인이 뛰어난 능력을 갖췄다 하더라도 정치인 충원 방식에 문제가 있다면 이들의 등장이 가능했을지 의문입니다. 앞서 언급한 정당정치가 성숙한 열매를 맺고 있는 국가의 정당들은 그 오랜 역사에 걸맞게 책임정치의 위상이 변치 않고 있습니다. 이들은 당의 안정과 지속적 발전을 위해 매우 중요한 충원 구조에 늘 관심을 기울여왔고, 결과적으로 당원들 가운데에서 전도유망한 정치인들을 발굴해 키워내고 있습니다.

영국의 양대 정당인 노동당과 보수당은 15세부터 중앙당의 청소년 조직인 청년당에 당원으로 가입할 수 있습니다. 이른 나이부터 정당활동을 할 수 있는 것이죠. 대학에도 정당 클럽이 있어 자유로운 토론을 통해 정치교육이 자연스럽게 이뤄집니다. 특히 노동당은 노동조합에 가입한 당원들의 노조활동을 통해 시민의 권리와 책임 그리고 공공문제에 적극 관심을 기울입니다.[11] 이처럼 국민이 정치에 접근하는 과정이 매우 쉽습니다. 그러므로 청소년들 가운데 탁월한 리더십을 가진 이들이 당연히 눈에 띄고, 성인이 되면서 본격적으로 현실 정치에 등장하는 것입니다.

공개 경쟁을 통한 상향식 공천

영국의 공천은 중앙당의 공식 후보명단에 포함되어야 하는 것이 원칙입니다. 지구당이 중앙당이 원하는 후보를 추천하고 최종 단계에서 지구당 선출 공천자에 대한 인준권을 행사합니다. 그러나 지구당의 공천 자율 권한이 존중되는데, 특히 노동당의 경우가 그렇습니다. 보수당도 중앙당 공식 후보명단에 포함되지 않은 인사에 대해 지구당이 중앙당에 인준을 요청할 수 있도록 하는 등 공천 과정에서 지구당의 자율권을 보장하는 제도를 갖추고 있습니다.

명단에 오른 지원자들은 후보자 선정대회에서 연설, 질의, 응답 과정을 거친 뒤 투표를 통해 최종 후보자로 공천됩니다. 공천된 지구당 총선 후보는 중앙당의 인준을 받게 되는데, 지구당에서 선출된 후보자를 중앙당이 거부하는 경우는 거의 없지만, 노동당은 1980년대 지구당 선출 후보를 급진적 좌경 성향을 이유로 중앙당이 거부한 사례가 있습니다.

영국 정당에서 특별히 인상적인 점은 청년조직입니다. 청년들은 육성의 대상이면서도(한국 정당에서는 이 기능조차 매우 부실합니다만), 당 안에서 선거운동, 기금 모금, 정치 소통 같은 실무를 담당하고 있습니다. 그리고 당의 상부 조직과 마찬가지로 다른 청년을 교육하고 훈련하는 역할을 수행합니다. 미래의 국회의원이나 지방의회 의원들, 정책 연구자들 혹은 정당 조직자나 관리자들이 될 청년들을 발굴하고 육성하는 당의 중요 기능을 전국, 지역, 지부 차원에서 청년조직이 자체적으로 담당하는 것입니다. 이 구조에서 청년들은 정당의 미래를 보장하는 건실한 자산으로 기능합니다.[12]

선거 때마다 한국의 정당들도 청년 인재 영입에 매진하는 모습을 보입니다. 그것을 부정적으로 얘기할 수는 없겠지만 아쉽게도 이들이 자기 분야의 목소리를 내거나 청년의 입장을 대표하고 있지는 못합니다. 단발성 영입 '이벤트'보다 장기적으로 인재를 양성하는 토양이 마련되어야 하는 이유입니다. 정치권에서 장기간 현장 경험과 인맥을 쌓은 청장년 정치인들이 집단으로 등장해서 그들 세대의 목소리를 내기 시작해야 한국 정치가 한 단계 발전할 것입니다.[13]

─ 독일, 청년 시절부터 연마되는 전문성

독일은 다양한 분야에서 그 분야의 전문인이 일하는 풍토가 정착되어 있습니다. 교수를 하다가 갑자기 장관 같은 공직에 임명되는 경우는 거의 없으며, 공직도 정치인이 맡는 장관과 정무차관을 제외하고는 모두 직업 공무원이 담당합니다. 판·검사들이 대부분 평생 봉직하다가 은퇴하기에 전관예우라는 개념이 존재하기 어려운 이 나라에서는 정치 역시 고유하고 전문화된 영역으로 사람들에게 인식됩니다.

독일 정치인들은 청년 시절부터 정당에 들어가 풀뿌리 정치부터 배우는데, 정당마다 자발적으로 구성된 10만 명 내외의 청년조직이 존재합니다.[14] 청년조직은 자체적으로 정책을 개발하거나 당원을 교육하는 한편, 선거 캠페인에도 나섭니다. 청년은 정당의 동원 인력이 아닌 하나의 기구로서 주요한 역할을 하며, 정당의 청년위원회에는 별도의 예산과 인력이 배정되므로 독자 프로젝트를 진행할 수도 있습니다. 만 14세부터 정당에 가입하는 게 가능하므로 10년 이상 훈련을 받은 뒤 20대에 의원에 도전하는 것이 독일에서는 매우 흔한 일입니다.[15] 이들은 기초자치단체나 주 또는 연방 차원의 정치 현장을 수십 년 동안 돌면서 일반 대중의 평가를 받습니다. 덕분에 독일에서는 전문성을 갖춘 역량 있는 인사들이 정치 지도자로 많이 배출되고 있습니다.

독일 통일 직전 동독의 정세를 살펴보면, 호네커Erich Honecker 서기장을 포함해 권력 주변의 노련한 정치인들은 경험에서 우러나오는 정치력을 과시했습니다. 하지만 그들은 변화하는 시대를 제대로 읽어내지 못했습니다. 소련으로부터 불어오는 새로운 사조에도 관심이 없었고, 분단 고착화 정책을 계속 추구해 결국 정권은 물론 사회주의의 몰락을 초래하는 원인이 되고 말았죠.[16] 반면 당시 젊은 과학자였던 앙겔라 메르켈Angela Merkel은 급변하는 정세를 빠르게

청년을 위한 정치는 없다

파악하고 있었습니다. 메르켈은 32세 때 함부르크에서 열린 사촌 결혼식에 참석하는 동안 서독의 공공교통시스템의 우월함과 자유로운 서독인의 생활을 목격하고 강한 분노를 느꼈다고 합니다. 귀국 이후 그는 소련의 〈프라우다Правда〉를 읽으면서 고르바초프 체제의 변화를 면밀하게 주시합니다. 이렇듯 변화의 분기점을 읽어내는 예민함이나 감성 면에서는 젊은세대가 분명 유리한 측면이 있습니다.

이후 독일 역사상 최연소 총리이자 첫 여성 총리인 동시에 최장수 총리가 된 앙겔라 메르켈은 퇴임 선언 전까지 16년간 평균 60~70퍼센트대의 지지율을 유지했습니다. 그는 최근 29번째 독일 연방 기자협회 회견에서 80분간 쏟아지는 질의에 원고도 없이 세밀한 수치까지 거론하며 답변해 국정 현안에 대한 전문성을 과시한 바 있습니다.[17] 국정에 대한 상세하고도 철저한 이해에 기초한 답변이 가능한 리더, 반면 메모지를 보며 답변하거나 사전 질문지로 준비된 대답만 할 수밖에 없는 리더…. 국민과 언론이 어느 쪽에 보다 큰 신뢰감을 가질지 자명합니다.

메르켈의 장기 집권이 가능했던 요인은 바로 '합의를 이끄는 힘'에 있었습니다. 독일인들이 그에게 오랫동안 신뢰를 보낸 것은 정치의 초점을 총리직이 아니라 국민의 문제를 살피고 해결하는 데 두었기 때문입니다.[18]

메르켈은 재임 내내 높은 지지율을 유지했기에 5선 도전이 성공하리라는 대다수의 관측이 있었지만 자진해 임기를 내려놓았습니다. 이런 절제력이 있었기에 16년간 집권할 수 있었던 것인지도 모릅니다. 메르켈은 기독교민주당의 자유보수주의 기조를 유지하면서도 사안별로 유연한 자세를 견지했고, 막연한 희망과 비전 혹은 가능성에 매달리기보다 과학자답게 실현할 수 있는 목표에 주목했던 매우 현실적 감각을 지닌 리더였습니다.[19]

— 프랑스, 변화의 바람이 불어오는 곳

젊은 정치인에 대한 기대를 품게 하는 가장 대표적 인물로 프랑스의 대통령 에마뉘엘 마크롱Emmanuel Macron을 꼽을 수 있습니다. 마크롱은 프랑스 최초의 비주류 대통령이자 40세에 집권한 최연소 대통령입니다. 2016년 그가 창당한 앙마르슈La République En Marche!(전진하는 공화국)는 보수와 진보가 양립하는 유럽 정치에서는 보기 드문 중도 기반 정당으로, 원외에서 출발해 창당 1년 만에 집권당이 되었습니다. 전국에서 모인 자원봉사자들이 통합과 전진의 기치를 들고 국민 속으로 들어가 집권에 성공한, 실험 정당의 큰 성공 사례입니다.

보수와 진보가 번갈아 정권을 쟁탈하는 프랑스에서 앙마르슈가 집권당이 된 데에는 마크롱 개인이 매우 중요한 역할을 했습니다. 그는 정치·사회적으로는 불평등 해소와 전 국민을 위한 기회 진작 같은 좌파정책을, 경제적으로는 친기업적 성향이 돋보이는 우파 정책을 내놓으며 균형을 갖춘 중도 성향을 표방했습니다.

마크롱의 젊은 리더십은 프랑스의 변화를 강조합니다. "국가의 미래를 위해 개혁을 멈추지 않겠다"는 지론 아래 노동개혁과 연금개혁을 추진했는데, 개혁에 반발하는 파업이 잦아들지 않자 스스

청년을 위한 정치는 없다

로 퇴임 후 받을 특별연금을 포기하겠다는 결단을 내리기도 합니다. 고질적 실업 문제를 해결하기 위해 연금 같은 '주는 복지' 대신 개인의 능력을 키워 스스로 직업을 찾도록 하는 '일하는 복지'로 정책을 선회했으며, 젊은이들의 희생을 막기 위해 연금 개편의 불가피성을 주장하기도 했습니다.[20]

마크롱은 매우 유연한 사고의 소유자로, 시대의 흐름 속에서 사회구조적으로 쌓여온 문제들을 민감하게 파악하는 능력을 지녔습니다. 그리고 그것을 개선·개혁해 나가고자 하는 열정의 소유자입니다. 또 어떻게 정치가 국민의 뜻을 제대로 대변하고 시대 요구에 부응할 수 있을지 진지하게 고민하는 정치인이기도 합니다. 그는 민주주의 시스템의 효율성을 훼손하지 않는 선에서 비례대표제를 도입하자고 주장하면서 오늘의 프랑스 국회가 어떻게 구성되어 있는지 살펴보자고 이야기합니다. 마크롱이 지적하는 프랑스 국회의 구성은 이렇습니다. 여성은 인구의 절반이지만 의회에서는 4분의 1에 불과합니다. 또 약 6700만 인구에서 300만 명 이상이 수공업자인데도 전체 의원 577명 가운데 그 직업을 가졌던 의원은 단 1명뿐입니다. 법률가가 33명, 고위 공무원이 54명인데도 말입니다. 다문화 출신 의원 역시 12명밖에 없습니다.

마크롱은 매우 강력한 도전 세력인 극우 성향의 마린 르펜 Marine Le Pen의 국민연합이 "30퍼센트나 지지를 받았지만 의석수가 매우 적다"면서 국회의 대표성에 문제가 있다고 지적합니다. 매우 드문 리더의 모습을 보인 것이죠. 권력의 중심에 오래 있을수록 이런 태도는 보기 어려운 게 현실입니다. 그러나 그는 정치적 어려움을 겪더라도 국민에게 솔직하려는 용기를 보였습니다. 영국의 캐머런 총리도 이런 일면을 지니고 있습니다. 그는 당대표 선거 과정에서 코카인과 카나비스를 사용한 적이 있다는 소문에 휩싸입니다. 그러자 그는 정치계에 들어서기 전 그런 경험이 있다고 깨끗이 인정함으로써 이 문제를 정면으로 돌파합니다.[21] 국민을 두려워하는 정치인이 반드시 성공하는 것은 아니겠지만 좋은 정치인이 지녀야 할 기본적이며 핵심적 자질을 갖추었다고 할 수 있겠습니다. 마크롱이 공직에서 물러난 뒤 어떤 평가를 받을지는 알 수 없지만, 그는 미래에 대한 기대와 희망을 갖게 하는 흔치 않은 리더입니다.

마크롱은 국민에 봉사하는 집단으로 정치권이 거듭나는 것이 중요하다고 주장하면서 본인이 세대교체의 상징인 것처럼, 새 인물을 정치권으로 끌어들여야 정치개혁이 성공한다는 확고한 태도를 견지하고 있습니다. 따라서 프랑스의 기성세력인 정당, 법조인, 공무원 출신이 아닌 다른 직업군에서 유망한 인재를 발굴하고 정치에 참여시키는 데 관심을 기울이는 중입니다.[22]

최근 격렬한 반대의 목소리가 있었음에도 백신접종을 사실상 의무화시키는 승부수가 성공했고, 이에 지지율이 오르면서 2022년 4월 대선에서도 재선 가능성이 높아 보입니다.[23] 기득권화되어 단기적 이해관계에 매몰되는 기성 정치인과 달리 마크롱 같은 젊은 정치인이 정치적 이상과 그 현실화에 그리고 공적 가치에 대한 존중에 더 의욕적이지 않을까 생각합니다.

마크롱의 정치적 성공에 크게 기여한 것으로 보이는 그의 모교 국립행정학교École nationale d'administration, ENA를 폐쇄한 것은 매우 충격적이면서도 신선한 결정이었습니다. 이것은 불평등 해소를 원하는 국민의 요구를 수용한 것입니다. 국립행정학교는 신분이나 배경과 관계없이 엘리트 공무원을 양성한다는 차원에서 설립되었지만 오랫동안 이 학교 출신들이 권력 중심부를 독점하면서 평등 구현이라는 본래 취지를 무색하게 만들었습니다. 재학생 가운데 특권층 출신이 70퍼센트 이상에 달하고, 단 1퍼센트만이 노동자 계급이었던 것입니다.[24] 마크롱이 지닌 정치 신념과 자세는 미래의 정치인은 물론 오늘의 정치인에게도 울림이 있습니다.

정치를 하는 것은 독단적 신념을 집행하는 것을 의미하지 않는다. 나의 정치적 견해는 완고한 이데올로기 신봉자들과는 정반대라고 할 수 있다. 우리 국민은 그들이 이끄는 추상적인 정치적 토론에 대해 더는 책임을 기대하지 않는다. 국민은 그들이 의미를 부여하는 그리고 구체적이고 효과적인 해결책을 발전시키기를 바라고 있다.[25]

마크롱이 지금처럼 국민의 강력한 지지를 받을 수 있었던 중요한 요인 하나는 당장 눈앞에 닥친 문제들을 주어진 조건과 기반을 고려해 최대한 현실적으로 풀어나가는 실용적 자세입니다. 바람직한 정치인의 덕목 가운데 하나인 전체를 보는 안목 그리고 정책적으로 해답을 찾아가는 열정까지 갖춘 셈입니다. 그는 진정한 평등은 단순히 법에 명시된 것이 아닌, 실제로 개개인을 같은 출발선에 놓는 것이며, 따라서 모든 국민에게 매 순간 동일한 기회를 제공해야 한다고 주장합니다.[26] 전체 국민의 이해관계를 동등하게 놓고 답을 찾으려는 그의 자세는 '기본소득'에 대한 입장에서도 드러납니다. 마크롱은 국민 각자의 경제적 배경이 다르다는 것을 고려하지 않는 일률적 제공에 반대하면서 지원액을 낮추면 빈곤으로 야기되는 현실적 문제 해결이 어렵고, 지원액을 높이면 중산층의 부담이 가중되는 문제가 초래된다고 설명합니다. 그뿐 아니라 지금 수준의 지원으로는 빈곤층이 결국 사회 주변부에서 벗어날 수 없을 것이기에 노동의 가치를 알게 하는 과정에서 이들에 대해 연대의식, 지원과 배려를 아끼지 않는 것이 정부의 책무라고 말합니다.[27]

다음 표는 최근 프랑스 대통령들의 정치활동 경력과 이력입니다.[28] 이를 보면 대부분 10대 후반과 20대 초중반에 정당활동을 시작했고, 정치인이 된 뒤에는 국정 현장에서 책임 있는 역할을 수행했다는 것을 알 수 있습니다. 정부 수반이 되기에는 경험이 없다고 일축해버릴 수 없는 경력을 갖춘 것입니다.

─ 세계의 젊은 리더들

국민이 젊은 지도자를 택하는 현상은 20세기 말부터 시작되었습니다. 새로운 세대가 예상을 뛰어넘는 국정 수행 능력을 보이면서 30~40대 리더들이 정치를 선도하기 시작한 것이지요. 특히 유럽에서는 젊은 지도자가 대세가 되는 분위기입니다. 유럽 48개국 가운데 거의 절반에 해당하는 23개국에서 30~40대 정치인이 정부 수반으로 활동하고 있습니다.[29] 이들은 대부분 10대 중후반에 정치에 입문해 20대부터 본격적으로 지방의회 또는 지역 정치 현장에서 현실

청년을 위한 정치는 없다

프랑스 대통령들의 경력과 이력

	에마뉘엘 마크롱	프랑수아 올랑드	니콜라 사르코지	자크 시라크	프랑코 미테랑
재임 기간	2017~	2012~2017	2007~2012	1995~2007	1981~1995
정당	사회당	사회당	대중운동연합	대중운동연합	사회당
출생 연도	1977	1954	1955	1932	1916
출신 학교	*파리정치대학 *국립행정학교	*파리정치대학 *국립행정학교	*파리제10대학	*파리정치대학 *국립행정학교	*파리정치대학
정당 가입 시점	2001년 사회당 (24세)	1979년 사회당 (24세)	1974년 공화국 민주동맹 (18세)	1950년 공산당 (17세)	1946년 사회당 (29세)
주요 경력	*앙마르슈 대표 *경제산업부 장관 *대통령실 부실장 *대통령 경제수석비서관 *재무부 금융조사관	*미테랑 대통령 특보 *국회의원 *사회당 서기 *틸시 시장	*내무부 장관 *대중운동연합 당대표 *경제부 장관 *공화국연합 사무총장 *파리 17구 시장	*국무부 장관 *교통부 장관 *총리 비서실장 *사회부 장관 *국회의원	*하원의원 *보훈처장 *유럽의회 장관 *내무부 장관 *사회당 제1서기

정치를 차근차근 경험했습니다. 그러면서 우리가 청년에게 기대하는 유연한 사고와 공적 영역에 대한 존중을 배우며 유망한 정치인으로 성장할 근간을 익혔습니다. 그러므로 서구 정치권에서 젊은 정치인이 일찍 자리 잡는 현상은 충분히 납득할 만한 일입니다.[30]

미국에서도 정치 신예들의 돌풍이 주목받고 있습니다. 대표적으로 2018년 하원의원 선거에서 진보정치의 상징으로 등장하며 뉴욕에서 역대 최연소로 당선된 1989년생 알렉산드리아 오카시오-코르테즈Alexandria Ocasio-Cortez를 들 수 있습니다. 그녀는 대학 졸업 후 바텐더로 일하다가 2016년 대선에서 진보 후보 버니 샌더스Bernie Sanders의 선거운동에 참여하면서 정치활동을 시작했습니다. 논쟁적이면서도 설득력 있는 진보적 정책을 전개하며 오늘날 미국에서 가장 좌파적인 정치인이라 평가받습니다.[31]

벨기에의 샤를 미셸Charles Michel 전 총리도 38세에 내각 수반이 되었는데, 1841년 이래 벨기에 역사상 최연소 내각 지도자이자 최연소 총리 기록을 갖게 되었습니다. 그의 첫 정치 경험은 어린 시절 시장이던 아버지의 선거 벽보를 붙이면서 시작되었다고 합니다. 그는 16세에 청년자유당에 입당해 18세에 브라방왈롱 주 의원으로 선출되었으며, 24세에 연방의원, 25세에 지방정부 장관이 됩니다. 이것도 벨기에 역사상 최연소 장관 기록입니다.[32]

알렉산더 더크로Alexander De Croo 벨기에 총리는 44세 때인 2020년 총리가 됩니다. 그는 2009년 유럽 선거에 출마하며 정치에 본격 참여하지요. '열린 플람스 자유민주당Open VLD'에 입당해 2009년부터 2012년까지 당대표를, 2012년부터 2020년까지 3명의 총리 밑에서 부총리직을 역임했으며, 연금부 장관, 개발협력부 장관, 재무부 장관으로도 일했습니다.[33] 그의 정부는 이전 정부보다 여성 장관 비율이 더 높은데, 절반에 해당한다고 합니다.[34]

제바스티안 쿠르츠Sebastian Kurz 오스트리아 총리는 정치에 전념하기 위해 대학 중퇴를 감행한 인물입니다. 17세에 국민당 산하 청년당에 입당해 활동했고, 22세에 청년위원장을 맡았으며, 24세에 비엔나 주 의원으로 당선되었습니다. 그 뒤 27세부터 4년간 외무부 장관을 하며 주목을 받았지요. 2017년 국민당 대표로 선출된 이후 총선에서 당을 11년 만에 제1당 지위에 올리고, 오스트리아 자유당과의 연정을 통해 만 31세에 총리로 취임합니다. 유럽에서는 전통적 보수운동을 활성화한 데 대해 호평을 받고 있습니다.[35]

핀란드 총리 산나 미렐라 마린Sanna Mirella Marin은 34세에 총리가 됩니다. 불우함을 극복하고 총리에 오른 대표 사례이기도 합니다. 어린 시절 부모의 이혼으로 힘들게 자란 그는 고등학교를 졸업하고 상점 종업원 등으로 일하다가 32세에 대학을 마칩니다. 고등학교 졸업 직후인 2006년부터 사회민주당 산하 청년당에서 활동했으며, 2010년부터 청년당 제1 부대표, 시의원, 시의회 의장을 맡았습니다. 그리고 사회민주당 제2 부의장, 제1 부의장을 거쳐 2015년 국회의원으로 당선됩니다. 재선에 성공한 다음 교통통신부 장관을 역임한 뒤 2019년 12월, 5개 정당 연합정부의 총리로 선출되는데요. 그는 정부부처 19곳 가운데 12곳에 여성 장관을 임명해 세간의 주목을 받기도 했습니다.[36]

메테 프레데릭센Mette Frederiksen 덴마크 총리는 사회민주당 소속으로 24세에 국회의원을 시작해 37세에 사회민주당 대표가 되고, 41세에 덴마크 최연소 총리에 오릅니다. 당대표 이전까지 고용부 장관, 법무부 장관을 역임했는데, 매우 짧은 기간 노동조합 청년 상담역(2000~2001년)으로 일한 것을 제외하면 비정치 분야에 종사한 적이 없는 전형적 프로 정치인입니다. 10대 시절에 이미 열대우림 보존과 고래 보호, 인종차별정책 종식을 외치는 캠페인을 벌일 정도로 공적 영역에 특별한 관심을 보였고, 그것이 큰 정치인이 되는 근간으로 작용합니다.[37] 총리가 된 뒤에는 '아동의 총리'가 되고 싶다면서 〈아동법〉 입법을 발표했는데, 이는 폭력적 부모로부터 자녀를 분리시키고 이혼 사건에서 자녀에게 더 많은 권리를 부여하는 내용이었습니다.[38] 한편 그녀는 규제되지 않은 세계화, 대량 이민 및 노동의 자유로운 이동의 대가는 결국 국내 하층계급에 부정적 영향을 끼친다고 생각해 비유럽 이민자의 상한선을 두었을 뿐 아니라 혜택을 받는 대가로 이민자들이 일정 기간 노동에 종사하도록 규정했습니다. 이민에 대해서는 보수적 입장을 견지하지만 경제 문제에서는 좌파 정책을 지지하는 '실용 정치'를 지향하는데요. 유럽 정계에 거대 이슈로 대두된 이슬람 이민자 문제에 관해 악역을 마다하지 않는 점은 그가 사회민주당 출신임을 고려할 때 파격적인 것은 사실입니다.

뉴질랜드가 실험과 혁신의 친기업 국가로 부상한 데에는 저신다 아던Jacinda Ardern 총리의 리더십이 중요한 역할을 했습니다. 그는 뉴질랜드에서 150년 만에 등장한 최연소 여성 총리입니다. 17세에 노동당에 가입한 그는 청년부 고위직으로 활동하고, 대학 졸업 뒤에는 당 중진들을 지원하는 연구원으로 근무했습니다. 뉴욕에 있을 때는 급식소에서 자원봉사를 하기도 했고 노동자 권리 캠페인에 참여한 적도 있습니다. 28세에 국회의원이 되는 것과 동시에 국제사회주의청년연맹 회장으로 선출되는데요. 그의 강점은 '포용의 리더십'과 '혁신성'입니다. 스스럼없이 국민에게 다가서는 '열린 소통'을 내세우기도 하고요.[39] 그의 취임 이후 뉴질랜드는 세계은행이 매년 발표하는 '가장 기업하기 좋은 나라' 선두를 놓친 적이 없습니

청년을 위한 정치는 없다

다. 실업률은 2021년 2분기 기준으로 4.0퍼센트로 1분기 4.7퍼센트와 비교해 현저히 낮아졌는데, 이는 코로나 대유행 이전보다도 낮은 수치입니다.[40] 국가 전체가 변화를 두려워하지 않는 거대한 실험장이라는 평가를 받고 있는데, 변화하는 시대의 흐름을 정확히 정책으로 반영하려는 진지함과 더불어 정치 영역에서의 순발력이 돋보입니다. 젊은 리더로서 파격과 실용의 이미지를 보인 것도 화제였습니다. 2019년 3월 크라이스트처치 이슬람사원 총격사건 때는 테러가 일어난 지 24시간도 되지 않아 총기규제 강화 법안을 통과시키고, 소셜미디어 내 혐오 발언 규제대책을 마련하는 등 현안이 발생했을 때 신속한 대응력을 보여주었습니다. 정신건강이나 아동 빈곤 문제, 국가 생산성이나 경제 구조 문제에 다각도로 접근할 수 있는 웰빙예산을 만들기도 했습니다.[41] 그의 리더십은 코로나바이러스 이슈에서 보인 단호한 대처에서 특히 빛났는데요. 이 덕에 뉴질랜드는 코로나 청정국 가운데 하나로 호평받고 있습니다.[42]

― 배움의 발견

정치 선진국들의 청년 충원시스템은 우리에게 다음과 같은 영감을 줍니다.

첫째, 정당은 청년 정치인을 양성하는 시스템을 확충해야 합니다. 그리고 인재 선발과 공천을 공개적이며 상향식으로 진행해 청년들에게 기회를 주어야 합니다. 눈앞 선거에서 승리하는 것이 정당에게는 당장 주어진 과제겠지만, 훈련이 되지 않은 외부 명망가에게 기회를 주는 지금의 방식은 큰 문제입니다. 정당의 밝은 미래를 위해서는 서구처럼 당에 속한 청년에게 관심을 기울이고 투자해야 합니다. 그것이 멋진 결정이었다는 걸 깨닫는 데는 오랜 시간이 걸리지 않을 것입니다.

둘째, 정치 토양이 변화해야 합니다. 국가는 학생들에게 시민 정치교육을 제공하는 것도 중요하지만, 무엇보다 청소년의 정치 참여를 막아서는 안 됩니다. 정당은 중앙당 중심에서 탈피해 지역 정당에 자율성을 부여해야 합니다. 그래야 상향식 의사결정이 가능합니다. 현실적으로 정당의 체질을 개선하는 것이 쉽지는 않겠지만, 이 방향으로 나아가는 것이 장기적으로 옳은 선택이 될 것입니다.[43]

셋째, 청년들의 적극적 조직화입니다. 청년들은 앞장서서 자신의 정당한 정치적 권리와 지분을 당당히 찾아야 합니다. 그리고 그 권리를 기성세대와 동등하게 향유해야 합니다. 이를 위한 청년들의 공식 조직을 창설하는 데 주저하지 말아야 합니다.

해외의 젊은 정치인들의 강점은 무엇일까요? 한국의 청년들도 비슷한 장점을 가지고 있습니다. 바로 기존 정치인과 달리 변화의 바람을 불어넣을 수 있는 가능성입니다. 그들에게는 기존 정치인보다 고정관념이나 편견이 덜하고 유연할 것이라는 기대가 있습니다. 무엇보다 오늘날 급변하는 국내외 정세를 감안하면, 새로운 정보를 얻으려는 적극성에서나 돌발상황에 대처하는 유연성에서 젊은 세대가 더 나은 대안을 보여줄 수 있을 것입니다. 경험이 부족한 것, 정치 흐름을 읽는 부분에서 미숙한 것이 약점이 될 수도 있겠지만, 배움의 열정이나 새로운 정치를 하려는 의지, 타성에 젖지 않은 마

청년을 위한 정치는 없다

음은 그 단점을 충분히 상쇄할 만하다고 하겠습니다.

오랜 정당정치의 유산을 가진 국가 중에서도 특히 영국은 중고등학생 교육에서 토론을 강조합니다. 이것은 정치교육의 일환이기도 한데요. 토론은 상대에게 자기 주장을 관철시키는 것이 아닙니다. 다른 이의 신념과 아이디어로 자기 생각의 지평을 넓히는 과정이지요. 영국 정치에서 합의의 풍조가 생길 수 있었던 또 하나의 배경으로 럭비를 꼽을 수 있겠습니다. 럭비는 정치 엘리트 학생들에게 익숙하게 권장되는 운동인데요. 영국에는 "축구는 불량배들이 하는 신사적인 스포츠고, 럭비는 신사들이 하는 불량한 스포츠다"라는 오랜 이야기가 있습니다. 럭비는 신체적·정신적으로 강한 근성이 요구되고, 승리를 쟁취하기 위해서는 다른 구기종목보다 동료와의 유기적 협력이 매우 필요합니다. 또 부상 위험이 상당하기 때문에 신사적인 규칙 준수가 매우 중시되며 심판의 권위는 절대적이지요. 럭비를 통해 규율, 팀워크, 리더십, 공정 그리고 열정을 배울 수 있는 것입니다. 영국 상류층이 왜 럭비를 권장했는지 그 답이 여기에 있지요. 학교에서 이뤄지는 성숙한 토론과 함께 럭비를 배움으로써 혼자 하는 것보다 여럿이 힘을 보태는 것이 훨씬 뛰어난 성과를 낼 수 있다는 것을 습득하는 것입니다. 이는 나중에 정치 현장에서 말의 성찬으로서 협치가 아닌 행동으로 발현되는 진정한 협치를 가능케 합니다.

그러나 한국에서는 이와 정반대의 것을 가르치는 것 같습니다. 이른바 '좋은 대학' 합격을 미끼로 요구되는 것은 오직 개인의 성취입니다. 학생들은 친구들보다 오직 자기 우월을 강조해야 합니다.

최근 여야에 충원된 젊은 정치인들이 당의 진영논리에 갇힌 모습을 보이는 것은 어쩌면 이런 풍토의 영향 때문이겠는데요. 상대를 협상과 타협의 대상으로 보기보다 반드시 승리해야 하는 적으로 보는 대전제가 정치의 목적이 되어서는 안 될 것입니다.

— 도전하는 청년에게 미래를!

청년의 도전은 의미가 있습니다. 특히 시대가 요구하는 과제에 깊은 관심을 가지고 대안을 찾는 도전이라면요. 그것이 기성 정치인과 다른 점이며 국민의 선택을 받을 동기가 될 것입니다.

미국 시어도어 루스벨트Theodore Roosevelt 대통령이 정치의 꿈을 품은 계기는 "사회의 처참한 현실을 치유할 대책을 정치가 제시할 수 있다면, 앞으로의 세상에서는 자선 행위가 그리 필요하지 않을 것"이라는 청소년기의 각성 때문이었다고 합니다.[44] 그는 부유한 명문가 출신인데도 후천적 공감능력을 향상시키려 매진합니다. "미국의 많은 정치적·사회적 갈등은 사회의 계급과 계층이 서로 단절되어 있고, 그 어떤 집단도 다른 집단의 열정이나 관점, 선입견을 고려하지 않기에 야기되는 것"이라는 통찰이 있었던 것입니다.[45] 이것이야말로 정치인 루스벨트의 탁월함이었습니다.

좋은 정치인은 '안정조정자Stabilizer and Coodinator'입니다. 이는 젊은 시절의 실천적 고민과 정치인이 되고자 하는 목표를 정립하는 과정에서 만들어집니다.[46] 그렇기에 사회에 대한 의식과 관점을 어린 시절에 갖는 것이 무엇보다 중요합니다.

청년을 위한 정치는 없다

시어도어 루스벨트의 친척이면서 뛰어난 대통령 가운데 하나로 평가되는 프랭클린 루스벨트Franklin D. Roosevelt는 전도유망한 정치인이었지만 사고로 평생 휠체어에 의존해야 하는 처지가 됩니다. 하지만 그는 낙관적 자세를 잃지 않았습니다. 결국 그는 기존의 엘리트주의를 탈피하고 미국 역사상 가장 어려운 시기(대공황과 2차 세계대전)를 극복한 훌륭한 리더로 성장합니다. 시어도어와 마찬가지로 프랭클린 역시 다른 파벌과 함께 일하며 타협할 줄 알았던 정치인이었습니다. 정치인이 시대적 과제나 정책을 성취하려면 타협의 기술을 체화하는 것이 무척 중요합니다.[47] 바람직한 리더는 공동체의 안녕과 이익을 자기 당파나 개인의 이익보다 우선합니다. 또 국민이 절실히 원하는 과제를 고민합니다. 내 방식만이 옳다는 독단의 패러다임에서 벗어날 수 있어야 성공한 리더로 거듭나는 것입니다.[48] 한국 정치에서 이런 자세를 겸비한 청년 정치인이 끊임없이 배출될 수 있기를 희망합니다.

1장 새로운 세대에게서 새로운 것을

주

1. 최영원, "누가 정치인이 되는가?", 〈중앙일보〉 2021년 5월 13일자.

2. 배영대, "'공정한 경쟁'이 성공하려면…", 〈중앙선데이〉 2021년 5월 29일자.

3. 이런 주장을 하는 30대 당대표와 같은 당 출신 김재원은 정치인 자격시험이 국민 대표 원칙에 어긋나기 때문이라는 이유로 반대한다. 〈국민일보〉 2021년 6월 17일자.

4. J Y Ra, The Generation of Illusion: The Rise and Fall of Political Science in Korea, *J.C.R.H.S.* Vol. V~VI, 1981.

5. C. C. W. Taylor, *Plato, Protagoras, Translated with Notes*, Clarendon Press, 1976, 13쪽 이하. 《국가론》에 나오는 소크라테스 혹은 그의 이름으로 대화를 정리한 플라톤의 처방은 이와 다르다. 그러나 《법률》《정치가》 등 다른 저술에서 보면 그도 정치에 관해 흔히 알려진 것 같은 이상주의적 생각만 한 것은 아닌 듯하다.

6. 〈대화〉 편에서 스승과 제자가 공론을 이어가는 과정이 농양의 교선, 곧 스승이 한 마디로 대답하면 그것이 바로 진리가 되는 것과 차이가 있다.

7. 한 시민단체 회원이 이런 글을 남겼다고 한다. "더는 참여연대 출신의 막장 정치인이나 관료가 뉴스에 도배되는 쇼는 보기 힘들다. 참여연대 운영위원회 위원들의 절반

이상은 참여연대를 떠난 뒤 정치나 관료로서 활동하지 않겠다는 서약을 한 인사로 채워야 한다."〈중앙일보〉 2021년 3월 31일자.

김대중 전 대통령은 사석에서 시민단체의 활동 목표가 모두 훌륭한 것이지만 현실 정치에서 그것을 다 반영하기 어려운데, 이들이 무리한 요구를 무리하게 고집한다는 고충을 말씀하면서 의견을 구한 일이 있다. 필자는 이렇게 대답했다. "정치에 있어서 시민운동은 말하자면 식탁의 소금 같지 않겠습니까? 소금이 없으면 음식이 불가하지만 소금이 주식이 될 수는 없지 않겠습니까?"

8. 라종일, 〈가능의 학문으로서 정치학〉,《정치학보》제7호, 1977.

9. 김대중 대통령에게 후계자에 관한 질문을 한 일이 있다. 그는 정치인은 스스로 자라는 것이지 누가 만들어줄 수 없다고 이야기했다.

10. 서양 몇 나라에서 이른바 귀족 가문 출신으로 좋은 정치인이 나오는 것을 이런 이유로 설명하는 사람도 있다. 곧 어린 시절부터 사람들의 눈과 귀에 노출되고, 공적 영역에서 어떤 역할을 한 경험이 있기에 정치인이 될 조건을 갖추기 유리하다는 것이다.

11. 물론 반대로 그런 일에 참견하기 싫어하는 경향도 있다. 버나드 크릭Bernard Crick은 정치는 섹스와 마찬가지로 사람에게 본질적으로 중요한 것이라고 말한 일이 있다. 그렇지만 이것은 너무 일반화된 말인 듯하다.

12. 황견, 〈조주한문공묘비潮州韓文公廟碑〉,《고문진보古文眞寶》, 을유문화사, 1964, 382쪽 이하.

13. Mathew Flinders, "About in Defence of Politics", Open Democracy Home Page.

14. 이것과 반대되는 위치에 있어 필자가 "룸펜 정치 집단"이라 부르는 이들이 있다. 이 문제도 살펴볼 가치가 있지만 주제에서 벗어나기에 여기에서는 다루지 않겠다. 필자가 잠시 현실 정치에 참여하면서 경험한 일을 어떤 이는 책으로 담았다. 표창원,《게으른 정의》, 한겨레출판, 2021, 54쪽 이하.

조금 다른 차원에서 학문적으로 상업적 이익과 정치 참여 문제를 다룬 연구로는 David Szakonyi, *Politics for Profit*, Cambridge University Press, 2020가 있다. 미국, 러시아 등 여러 나라의 경우를 고찰한다.

15. 이철승,《불평등의 세대》, 문학과지성사, 2021, 332~334쪽. 386세대의 이득 과점에 관해서는 같은 책 327쪽 이하 참조.

16. 임명묵,《K-를 생각한다》, 사이드웨이, 2021, "그들은 어떻게 지금의 20대가 되었는가" 참조.

17. 위의 책, 274쪽.

18. 강재구, "투표권 주어졌지만 – 중고교 절반 이상이 정치 활동 제한", 〈한겨레〉 2020년 3월 31일자.

19. 이택선,《취약국가 대한민국의 탄생》, 미지북스, 2020; 라종일,《세계의 발견》, 경희대학교출판문화원, 2010 참조.

20. 라종일 외,《한국의 불행한 대통령들》, 파람북, 2020 참조.

21. 류인하, "'한국 사회, 무조건 자기 편만 지지' 82%", 〈경향신문〉 2021년 3월 31일자.

22. Chulwoo Lee, "Law Culture and Conflict In A Colonial Society: Rurual Korea under Japanese Rule, A Thesis Submitted to the University of London for the Degree of Doctor of Philosophy, Department of Law", *School of Economics and Political Science*, 1996.

23. 하헌기, "이분법에 의한 '정치적 내전', 어떻게 끝장낼 것인가?", 〈피렌체의 식탁〉 2021년 3월 28일자.

24. 박성민, "진영의 틈 벌리는 중도 - 2022년판 4자 필승론?", 〈경향신문〉 2021년 3월 6일자.

25. 서현, "누가 주례의 갓끈을 떼었을까?", 〈중앙일보〉 2021년 7월 3일자.

26. 정당 공천 과정에서 흔히 듣는 이야기가 있다. 곧 공천을 받으려면 "정치권 밖에서 커서 돌아오라"는 말이다.

27. 더불어민주당에서 청년 몫으로 활동하고 있는 박성민 최고위원은 최근의 상황에 대해 "정의롭고 공정할 것으로 기대했던 민주당에 대한 실망감이 큰 것"이라며 "20대가 어느 세대보다 힘들고 불안하고 가장 약자임에도 '정치가 내 삶에 도움이 되지 못한다'고 느끼는 것이기 때문에 집권 여당으로서 큰 책임을 느낄 수밖에 없다"고 말했다. 그러면서 "조만간 젊은 세대를 위한 대안을 정리해 내놓을 수 있을 것"이라고 전했다. 허진, "與 싫다는 2030…손혜원·유시민·설훈 '입' 때문만은 아니다", 〈중앙일보〉 2021년 4월 6일자.

28. 한나 아렌트, 《인간의 조건》, 한길사, 2021, 73쪽. 인용문 중 "행위" 다음 괄호는 필자의 삽입이다.

2장 청년을 위한 정당은 없다

주
1. 오민수, "기로에 선 보스 정치", 〈시사저널〉 1995년 8월 10일자.
2. "표창원의 여의도 프로파일링 16 - 청년 정치 육성시스템", 〈한겨레〉 2020년 9월 6일자.
3. 이 글은 기본적으로 여러 정치인과 정치계 인사들의 비공개 인터뷰에 기반해 작성했다. 이 작업이 가능하도록 도움 주신 분들께 깊은 감사를 드린다.
4. "92대선 맹활약「광화문팀」, 각후보캠프 스카우트戰", 〈동아일보〉 1997년 9월 25일자.

3장 청년세대는 준비되어 있는가

참고문헌
〈2021년도 국회의원 보좌직원 보수지급기준〉, 국회, 2021.
강원택 외, 《김대중을 생각하다》, 삼인, 2011.

강준만,《권력은 사람의 뇌를 바꾼다》, 인물과사상사, 2020.

강준식,《대통령 이야기》, 예스위캔, 2011.

김대중,《김대중 자서전》, 삼인, 2010.

니콜로 마키아벨리,《군주론, 만드라골라, 카스트루초 카스트라카니의 생애》, 연암서가, 2017.

레오 스트라우스,《마키아벨리》, 구운몽, 2006.

스티븐 스미스,《정치철학》, 문학동네, 2018.

이강로, 〈정치사적 맥락에서 본 박정희·전두환의 쿠데타와 집권과정 비교〉,《사회과학 논총》제19권 제1호, 전주대학교 사회과학종합연구소, 2004.

이동우, 〈김대중 대통령의 정치리더십 연구〉, 전북대학교 일반대학원 박사논문, 2012.

이정진, 〈청년정치참여 현황과 개선과제〉,《이슈와 논점》제1803호, 국회입법조사처, 2021.

이철승,《불평등의 세대: 누가 한국 사회를 불평등하게 만들었는가》, 문학과지성사, 2019.

임명묵,《K-를 생각한다: 90년대생은 대한민국을 어떻게 바라보는가》, 사이드웨이, 2021.

정대화, 〈15대 대통령선거 결과 분석〉,《노동사회》1월호, 1998.

정진아, 〈장면 정권의 경제정책 구상과 경제개발 5개년계획〉,《한국사연구》제176호, 한국사연구회, 2017.

정태환, 〈김대중 정권의 성립과 위기: 지역주의 정치 동학을 중심으로〉,《사회와 이론》5월호, 한국이론사회학회, 2008.

정한웅, 〈이승만의 권력 장악 과정에 관한 연구: 대중 동원 및 반공 이데올로기의 역할을 중심으로〉,《한국과 국제사회》제5권 제2호, 2021.

조이제·카터 에커트,《한국 근대화, 기적의 과정》, 월간조선사, 2005.

존 베일리스·스티브 스미스·퍼트리샤 오언스·하영선,《세계정치론》, 을유문화사, 2019.

4장 젊은 대통령은 어떻게 만들어지는가

주

1. 힐러리 코텀,《래디컬 헬프》, 착한책가게, 2020. 이후 엘라의 사례도 같은 책 참조.

2. 황인수·정태용, "대통령의 불행과 리더십 문제",《한국의 불행한 대통령들》, 파람북, 2020.

3. 박의수, 〈도산 안창호의 서번트 리더십 연구〉,《교육문제연구》제332집, 2009.

4. 김희봉, 〈밀레니얼 세대가 인식하는 리더의 역할〉,《리더십 연구》제10권 제4호, 2019.

5. 김홍범, "대통령 나이제한 美 35세, 佛은 18세… '젊은 수반'들, 코로나시대 두각", 〈중앙일보〉 2021년 6월 2일자.

6. 최강, "진보는 외부자극에, 보수는 공포에 민감", 〈한겨레〉 2014년 6월 3일자.

7. 박종현, "'노인 정치'에서 '노인이 행복한 나라'로", 〈한겨레〉 2016년 12월 12일자.

8. 강윤정, "서로 다른 뇌를 가진 보수와 진보", 〈브레인미디어〉 제28호, 2011.

9. Richards Hewer Jr·Randolph Pherson,《구조화 분석기법》, 박영사, 2016.

10. 펠릭스 가타리·질 들뢰즈,《천개의 고원》, 새물결, 2001.

11. 신승철, "횡단성으로서의 교사와 학생의 거리조절, 생태시민성과 사회성", 전환교육 연구소 강좌, 2021.

12. 헬레나 노르베리 호지,《오래된 미래》, 중앙북스, 2015.

13. A. H. 새비지 랜도어,《고요한 아침의 나라 조선》, 집문당, 1999.

14. 신승철,《모두의 혁명법》, 알렙, 2019.

15. 신승철,《묘한 철학》, 흐름출판, 2021.

16. 힐러리 코텀, 앞의 책.

17. 누가복음 12장 42절.

18. 신승철, 앞의 책, 2021.

19. Bart van Steenbergen, "Towards a Global Ecological Citizen", *The Condition of Citizenship*, Sage, 1994.

20. 요한 록스트룀·마티아스 클룸,《지구 한계의 경계에서》, 에코리브르, 2017.

21. 신승철, 앞의 책, 2021.

22. 패거리 정치에 대해서는 다음 글 참조. 라종일, 〈유감과 동정〉,《한국의 불행한 대통령들》, 파람북, 2020; 허태회, 〈대통령의 불행과 정치 구조〉,《한국의 불행한 대통령들》, 파람북, 2020

23. 라종일, 위의 책, 2020; 허태회, 위의 책, 2020.

24. 라종일, 위의 책, 2020.

25. 허태회, 앞의 책, 2020.

26. 위의 책.

27. EBS 다큐프라임 제작진·유규오,《민주주의》, 후마니타스, 2016; 고제규, "한표의 힘", 〈시사인〉 2017년 5월 1일자.

28. 브루스 립튼·스티브 베어맨,《자발적 진화》, 정신세계사, 2012.

29. Richards Hewer Jr·Randolph Pherson, 앞의 책.

30. 그레고리 베이트슨,《마음의 생태학》, 책세상, 2006.

31. 위의 책.

32. 펠릭스 가타리·질 들뢰즈, 앞의 책.

33. 힐러리 코텀, 앞의 책.

34. 위의 책.

35. 브루스 립튼·스티브 베어맨, 앞의 책.

36. Richards Hewer Jr·Randolph Pherson, 앞의 책.

37. 위의 책.

38. 한나 아렌트,《정치의 약속》, 푸른숲, 2007.

39. 위의 책.

40. 위의 책.

41. 황인수·정태용, 앞의 책.

42. 브루스 립튼·스티브 베어맨, 앞의 책.

43. 위의 책.

44. 위의 책.

45. 위의 책.

46. 위의 책.

47. 위의 책.

48. 그레고리 베이트슨, 앞의 책.

49. 켄 윌버, 《켄 윌버의 모든 것의 이론》, 학지사, 2015.

50. 브루스 립튼·스티브 베어맨, 앞의 책.

5장 젊은 정치인의 등장을 막아서는 것들

주

1. 토마스 칼라일, 《영웅숭배론》, 한길사, 2003, 12쪽.

2. 칼라일이 말하는 영웅에는 신(오딘), 예언자(마호메트), 시인(단테와 셰익스피어), 성
   직자(루터와 녹스), 문필가(존슨, 루소, 번스), 군주(크롬웰, 나폴레옹) 등이 있다. 이
   글에서 영웅은 군주, 곧 정치 지도자로 한정한다.

3. 토마스 칼라일, 앞의 책, 16쪽.

4. 金午星, 《指導者論》, 朝鮮人民報社厚生部, 1946. 김오성의 두 저서 《지도자론》과 《지
   도자군상》은 김남식·이정식·한홍구, 《한국현대사 자료총서》 제13권, 돌베개, 1986에
   수록되어 있음.

5. 위의 책, 14쪽.

6. 위의 책, 19~20쪽.

7. 위의 책, 20~29쪽.

8. 위의 책, 104~105쪽.

9. 위의 책, 119쪽.

10. 金午星, 《指導者群像》, 大成出版社, 1946.

11. 위의 책, 56~57쪽.

12. 김오성은 김일성과 무정을 거론할 때 특별히 유형을 분류하지 않았지만 무인武人 지
    도자라는 용어를 사용했다. 정리하면 무인형 지도자라고 분류할 수 있겠지만, 범위
    를 좀더 확충해 군부형 지도자라 칭하겠다.

13. 라종일·김현진·현종희, 《한국의 발견》, 루아크, 2021, 43~45쪽.

14. 라종일 외, 《한국의 불행한 대통령들》, 파람북, 2020, 205쪽.

15. 강상중, 《한반도와 일본의 미래》, 사계절, 2021, 182쪽.

16. 그레고리 헨더슨, 《소용돌이의 한국정치》, 한울아카데미, 2000, 61~63쪽, 82~84쪽,

405쪽.

17. "Statistical Analysis of Political Trends in Seoul"(1946. 3. 31), NARA, RG 332, USAFIK, XXIV Corps, G-2, Historical Section, Box No. 34, Opinion Surveys 1945-46 & Political Trends thru Repatriation and Removal of Peoples in Pusan Area; 한림대학교 아시아문화연구소,《미군정기 한국의 사회변동과 사회사》Ⅰ, 한림대학교출판부, 1999.

18. "Statistical Analysis of Political Trends in Seoul"(1946. 3. 31), NARA, RG 332, USAFIK, XXIV Corps, G-2, Historical Section, Box No. 34, Opinion Surveys 1945-46 & Political Trends thru Repatriation and Removal of Peoples in Pusan Area, p. 1~2.

19. 위의 자료.

20. 위의 자료.

21. 한비,《한비자》, 한길사, 2002, 885~887쪽.

22. 0세의 출생자가 향후 생존할 것으로 기대되는 평균 생존연수. 평균수명이라고도 한다.

23. 이기동 역해,《맹자강설》, 성균관대학교출판부, 2010, 68~72쪽.

24. 임성학,〈한국 정당의 재원구조 변화와 민주주의〉,《한국정당학회보》제17권 제3호, 2018, 79~83쪽.

25. 전용주,〈후보의 선거자금 재원과 정당의 자금 지원에 관한 연구〉,《정치정보연구》제22권 제3호, 2019, 390~391쪽.

26. 강신구,〈정치자금제도의 문제와 개선방안: 제19대 대선 선거비용 분석을 중심으로〉,《지역과 세계》제43권 제1호, 2019, 168~170쪽.

27. 한비, 앞의 책, 901~904쪽.

28. 위의 책, 893~894쪽.

29. 그레고리 헨더슨, 앞의 책, 514~515쪽.

참고문헌

NARA, RG 332, USAFIK, XXIV Corps, G-2, Historical Section, Box No. 34, Opinion Surveys 1945-46 & Political Trends thru Repatriation and Removal of Peoples in Pusan Area.

강상중,《한반도와 일본의 미래》, 사계절, 2021.

강신구,〈정치자금제도의 문제와 개선방안: 제19대 대선 선거비용 분석을 중심으로〉,《지역과 세계》제43권 제1호, 2019.

그레고리 헨더슨,《소용돌이의 한국정치》, 한울아카데미, 2000.

김남식·이정식·한홍구,《한국현대사 자료 총서》13, 돌베개, 1986.

金午星,《指導者群像》, 大成出版社, 1946.

金午星,《指導者論》, 朝鮮人民報社厚生部, 1946.

라종일 외,《한국의 불행한 대통령들》, 파람북, 2020.

라종일·김현진·현종희,《한국의 발견》, 루아크, 2021.

이기동 역해,《맹자강설》, 성균관대학교출판부, 2010.

임성학, 〈한국 정당의 재원구조 변화와 민주주의〉,《한국정당학회보》제17권 제3호, 2018.

전용주, 〈후보의 선거자금 재원과 정당의 자금 지원에 관한 연구〉,《정치정보연구》제22권 제3호, 2019.

토마스 칼라일,《영웅숭배론》, 한길사, 2003.

한림대학교 아시아문화연구소,《미군정기 한국의 사회변동과 사회사》I , 한림대학교출판부, 1999.

한비,《한비자》, 한길사, 2002.

6장 캠프정치, 팬덤정치 그리고 룸펜 정치인

주

1. 성상훈·전범진·조미현, "이대남의 반란… '취업·결혼·집 죄다 캄캄… 與 무능에 질렸다'", 〈한국경제〉 2021년 4월 8일자.

2. R. A. Dahl, *Polyarchy: Participation and opposition*, Yale University Press, 1971.

3. Pitkin, H. F., *The concept of representation*, University of California Press, 1967.

4. 위의 책.

5. 박영환·정하윤·이은정·허인혜·강주현·이재묵, 〈한국 국회의 실질적 대표성 증진의 조건: 여성 관련 법안 사례〉,《21세기 정치학회보》제28집 제2권, 2018, 69~91쪽.

6. 박상현·진영재. 〈국회 여성의원의 여성 관련 의제에 대한 투표행태: 제17·18·19대 국회 성평등 관련 법안을 중심으로〉,《21세기 정치학회보》제27집 제2권, 2017, 111~136쪽.

7. Mansbridge, J., "Taking coercion seriously", *Constellations* 3(3), 1997, pp. 407~416; Phillips, A., *The politics of presence*, Clarendon Press, 1995.

8. Mansbridge, J., "Taking coercion seriously", *Constellations* 3(3), 1997, pp. 407~416.

9. R. A. Dahl, 앞의 책.

10. 신유섭, 〈이익집단과 대의제 민주주의: 미국의 사례를 통해 본 교훈〉,《한국정치학회보》제42집 제2호, 2008, 261~281쪽.

11. 도묘연, 〈한국 이익집단정치의 제도화〉,《평화연구》제23권 제1호, 2015, 6쪽.

12. Bellin, Eva., "The Politics of Profit in Tunisia: Utility of the Rentier Paradigm?", *World Development* Vol 22, No. 3, 1994, p. 427.

13. Szakonyi, David., *Politics for Profit: Business, Elections, and Policymaking in Russia*, New York Cambridge University Press, 2020.

14. Meagher G. and Szebehely M., "The Politics of Profit in Swedish Welfare Services: Four Decades of Social Democratic Ambivalence" *Critical Social Policy* Vol. 39, Issue 3, 2019, pp. 455~476.

15. 이종희, 〈청년 정치대표성의 현황과 과제〉,《시민과 정치》제3호, 선거연수원, 2021.

16. 이준석, 《공정한 경쟁: 대한민국 보수의 가치와 미래를 묻다》, 나무옆의자, 2019, 103~104쪽.
17. 김용호, "대선후보 '캠프정치'라는 잘못된 관행", 〈중앙일보〉 2021년 8월 12일자.
18. 룸펜 정치인에 대한 논의는 이 책의 대표 필자인 라종일 교수님이 오래전부터 한국 정치에서 주목해야 할 개념으로 지적했고, 이 글도 이런 관심에서 정리했다.
19. 박병석, "룸펜 정치계급 선거브로커", 〈중앙일보〉 2000년 3월 14일자.
20. 위의 기사.
21. 심형준, "문팬·아나요·무수저후원회… 민주당 경선 '팬클럽 대리전'", 〈파이낸셜뉴스〉 2017년 2월 21일자.

참고문헌

Bellin, Eva, "The Politics of Profit in Tunisia: Utility of the Rentier Paradigm?", *World Development* Vol 22, No. 3, 1994.

R. A. Dahl, *Polyarchy: Participation and opposition*, Yale University Press, 1971.

IPU, "Youth Participation in National Parliaments", 2021.

Aie-Rie, Lee and Hyun-chool, Lee, "Women Representing Women: The Case of South Korea", *Korea Observer* 51(3), 2020, pp. 437~462.

Mansbridge, J., "Taking coercion seriously", *Constellations* 3(3), 1997.

Meagher G. and Szebehely M., "The Politics of Profit in Swedish Welfare Services: Four Decades of Social Democratic Ambivalence", *Critical Social Policy* Vol. 39, Issue 3, 2019.

Phillips, A., *The politics of presence*, Clarendon Press, 1995.

Pitkin, H. F., *The concept of representation*, University of California Press, 1967.

Szakonyi, David., *Politics for Profit: Business, Elections, and Policymaking in Russia*, New York Cambridge University Press, 2020.

도묘연, 〈한국 이익집단정치의 제도화〉, 《평화연구》 제23권 제1호, 2015.

박영환·정하윤·이은정·허인혜·강주현·이재묵, 〈한국 국회의 실질적 대표성 증진의 조건: 여성 관련 법안 사례〉, 《21세기 정치학회보》 제28집 제2권, 2018.

신유섭, 〈이익집단과 대의제 민주주의: 미국의 사례를 통해 본 교훈〉, 《한국정치학회보》 제42집 제2호, 2008.

이정진, 〈청소년의 정치참여 현황과 개선과제〉, 《이슈와 논점》 제1466호, 2018.

이종희, 〈청년 정치대표성의 현황과 과제〉, 《시민과 정치》 제3호, 선거연수원, 2021.

이준석, 《공정한 경쟁: 대한민국 보수의 가치와 미래를 묻다》, 나무옆의자, 2019.

이현출, 〈21대 총선과 여성〉, 《젠더리뷰》 제57호, 2020.

이현출·김경태·장재호·김현우, 〈의원입법 발의의 동학: 제20대 국회 전반기 보건복지위원회를 중심으로〉, 《미래정치연구》 제10권 제1호, 2020.

7장 정치의 고령화와 청년 정치의 활성화

주

1. 김윤종, "젊은 지도자, 유럽에는 있고 한국에는 없는 이유", 〈동아일보〉 2020년 6월 5일자.

2. Rumbul, R. and Parsons, A. and Harris, E., *Youth Participation in national Parliaments*, Geneva, 2021; 이종희, 〈청년 정치대표성의 제도적 제고방안〉, 《시민과 정치》 제3호, 선거연수원, 2021, 2쪽.

3. 라종일 외, 《한국의 불행한 대통령들》, 파람북, 2020 참고.

4. 이종희, 앞의 책, 6쪽.

5. 이동윤, 〈한국의 정당공천제도: 정당의 국회의원 후보는 누가 결정하는가?〉, 《정치정보연구》 제23권 제2호, 2020, 271쪽.

6. 위의 글.

7. 위의 글.

8. 이회창, 《이회창 회고록》, 김영사, 2017, 444쪽.

9. 17대 국회의원선거 이래로 정치개혁을 명분으로 각 정당이 무분별하게 '국민경선제도'를 도입했지만, 이런 개방형 국민경선제도가 오히려 정당의 기율과 기능을 쇠퇴시키고 정당이 아닌 후보 중심의 정책 공약과 선거운동 방식을 확대시킴으로써 정당 본연의 기능과 역할을 축소시켰다. 이에 대해서는 이동윤, 앞의 책 참조.

10. 서현진, 〈정당활동가의 의회충원에 관한 연구: 19대 총선을 중심으로〉, 《한국정치연구》 제23집 제1호, 2014, 79쪽

11. 위의 책.

12. 위의 책.

13. 위의 책, 81쪽.

14. 이동윤, 앞의 책, 271쪽.

15. Krister Lundell, *Determinants of Candidate Selection*, SAGE Publications, 2004.

16. 최장집, 〈다시 한국 민주주의를 생각한다: 위기와 대안〉, 《한국정치연구》 제29집 제2호, 2020, 11쪽.

17. 위의 책, 15쪽.

18. 위의 책, 8쪽.

19. 위의 책, 11쪽.

20. 위의 책.

21. 이동수 교수의 설명에 따르면 '가산제적 사회질서'라는 것은 각 개인이 주체가 되어 합리적인 계약관계를 맺고 사회적 유대를 형성하는 것이 아니라 혈연, 지연, 학연 등에 따른 가족, 집단, 조직 등이 중심이 되어 그것의 위계질서를 통해 사회적 유대관계를 형성하는 것이다. 이동수, 〈한국의 정치적 전통과 이념: 가산제와 신념윤리를 중심으로〉, 《한국정치연구》 제26집 제3호, 2017, 81쪽.

청년을 위한 정치는 없다

22. 위의 책, 81~90쪽.
23. 이동수 교수에 따르면 여기에서 '신념윤리'란 행동에 대한 책임을 강조하는 책임윤리에 반대되는 말로 선善이나 정의定義 같은 신념에 따라 행동하는 것을 독려하면서도 그 행동에 따른 결과는 중시하지 않는 윤리관을 말한다. 이는 과거 조선시대 당파들이 서로 내세운 명분론과 같은 것이다. 위의 책, 61쪽.
24. 라종일 외, 앞의 책, 56~57쪽.
25. 이동수, 앞의 책.
26. 라종일 외, 앞의 책, 187쪽.
27. 위의 책.
28. 김만흠, 〈지역균열의 정당체제와 선거제도 개편: 개편논란과 새로운 대안〉, 《한국정치연구》제20집 제1호, 2011, 241쪽.
29. 대통령은 3억 원, 서울시 같은 광역단체장은 5000만 원, 국회의원은 1500만 원, 기초단체장은 1000만 원인데, 조건이 15퍼센트 이상 득표하면 전액 반환되지만, 10퍼센트 미만일 경우에는 모두 반환되지 않는다.
30. 김연숙, 〈가치의 갈등과 한국인의 정치참여〉, 《한국정치연구》제26집 제3호, 2017, 215쪽.
31. 위의 책.
32. 최창수·박충훈, 〈지방정치 부패의 연속과 변화: 선출직 지방 공직자 부패와 제도와의 관계〉, 《한국공공관리학보》제34권 제2호, 2020, 9~14쪽.
33. 위의 책.
34. 함성득, 《제왕적 대통령의 종언》, 섬앤섬, 2017, 171~172쪽.
35. 김태우, 〈멀고 먼 정치 선진화의 길〉, 《우리들의 정치이야기》, 예맥출판사, 2000, 271쪽.
36. 최창수·박충훈, 앞의 책, 5쪽.
37. 서현진, 앞의 책, 81쪽.
38. 이종희, 앞의 책, 11쪽.
39. 함성득, 앞의 책, 336쪽.
40. 이동수, 《진보도 싫고, 보수도 싫은데요》, 이담북스, 2020, 25쪽.
41. James Caporaso and David Levine, *Theories of Political Economy*, Cambridge University Press, 1992, pp. 31~32.

참고문헌
김대중, 《김대중 자서전》, 삼인, 2019.
김연숙, 〈가치의 갈등과 한국인의 정치참여〉, 《한국정치연구》제26집 제3호, 2017.
김영삼, 《김영삼 회고록: 민주주의를 위한 나의 투쟁》, 백산서당, 2015.
노무현, 《성공과 좌절: 노무현 대통령 못다쓴 회고록》, 돌베개, 2019.
도묘연, 〈한국 이익집단정치의 제도화〉, 《평화연구》제23권 제1호, 2015.
라종일 외, 《한국의 불행한 대통령들》, 파람북, 2020.

라종일,《세계의 발견》, 경희대학교출판문화원, 2010.

서현진, 〈정당활동가의 의회충원에 관한 연구: 19대 총선을 중심으로〉,《한국정치연구》 제23집 제1호, 2014.

안병용,《문희상 평전》, 더봄, 2020.

오호택·김재선, 〈국회의원선거 공천제도 개선에 관한 연구: 미국의 제도와 시사점을 중심으로〉,《미국헌법연구》제26권 제3호, 2015.

윤여준·이해찬·김종인·남재희·정관용,《문제는 리더다》, 메디치미디어, 2010.

이동수,《진보도 싫고, 보수도 싫은데요》, 이담북스, 2020.

이동수, 〈한국의 정치적 전통과 이념: 가산제와 신념윤리를 중심으로〉,《한국정치연구》 제26집 제3호, 2017.

이동윤, 〈한국의 정당공천제도: 정당의 국회의원 후보는 누가 결정하는가?〉,《정치정보 연구》제23권 제2호, 2020.

이병완,《박정희의 나라, 김대중의 나라 그리고 노무현의 나라》, 나남, 2009.

이종희, 〈청년 정치대표성의 현황과 개선과제〉,《시민과 정치》제3호, 선거연수원, 2021.

이현출·김영삼, 〈전환기 대통령 리더십의 성공조건〉,《유라시아연구》제14권 제3호(통권 제46호), 2017.

이회창,《이회창 회고록》, 김영사, 2017.

임영섭, 〈심리적 접근법으로 본 역대 대통령들의 행태 분석〉, 경기대학교 행정사회복지 대학원 석사논문, 2018.

정두언,《잃어버린 대한민국의 시간》, 21세기북스, 2017.

최장집, 〈다시 한국 민주주의를 생각한다: 위기와 대안〉,《한국정치연구》제29집 제2호, 2020.

최창수·박충훈, 〈지방정치부패의 연속과 변화: 선출직 지방공직자 부패와 제도와의 관계〉,《한국공공관리학보》제34권 제2호, 2020.

함성득,《제왕적 대통령의 종언》, 섬앤섬, 2017.

8장 해외에서 불어오는 변화의 바람

주

1. 장덕진, 〈정치 엘리트 생성 메커니즘의 국제비교〉, 박태준미래전략연구소, 2014, 표1 부분 인용.

2. 홍석민, 〈전후 영국의 '합의의 정치'의 본질〉,《영국연구》제30호, 2013, 337~343쪽.

3. 권석하, "영국 보수당이 300년 이상 살아남은 이유는", 〈주간조선〉제2174호, 2011.

4. 토니 블레어,《토니 블레어의 여정》, 알에이치코리아, 2014, 68~73쪽.

5. "당은 공동소유제를 바탕으로 노동의 모든 결실이 노동자에게 돌아가도록 하는 것을 목표로 한다"는 제4조는 이른바 '생산-분배-교환 수단의 공동소유'의 원칙이다.

6. 이은애, 〈정치제도가 정치적 리더십 스타일에 미치는 영향〉, 연세대학교대학원 석사논문, 2005, 55쪽.

7. https://en.wikipedia.org/wiki/Tony_Blair. 영문 위키백과는 그 서술 근거 자료들이 상대적으로 잘 소개되어 있기에 초심자들은 전체 내용을 과신하지 않는 선에서 공부에 참고할 만하다. 위키백과를 직간접적으로 인용할 때는 원칙적으로 해당 문서의 버전을 서술해주어야 한다. 되도록 문서에서 언급된 근거 자료와 반례들을 찾아보며 조사해야 하고, 당연하겠지만 나무위키는 인용은 물론 어떤 참고의 대상도 될 수 없다.

8. 토니 블레어, 앞의 책, 84~85쪽. 블레어는 "가난한 사람은 먼저 가난에 관심을 갖는 사람을, 그다음으로 행동하는 사람을 필요로 한다. 하지만 가난에서 벗어나면 부유해지는 것이 그들의 목적이 된다. 바로 중산층이 되는 것인데, 노동당 내 문제는 평등에 대한 지식인들의 신념이 기회의 평등이 아닌 소득의 평등이라는 위험한 길로 잘못 들어선 것, 이에 따라 기회의 평등을 추구하는 이들은 자유를 가져왔으나 소득의 평등을 추구하는 이들은 제약을 만들었다"고 비판한다.

9. "David Cameron stakes his claim". *The Daily Telegraph*. Telegraph Media Services, 2005.

10. 강원택, 《보수는 어떻게 살아남았나》, 21세기북스, 2020, 414~415쪽.

11. 한규선, 〈영국의 정치교육〉, 《Journal of Political Criticism》 제12호, 2013, 45쪽.

12. 위의 책, 62쪽.

13. 이동수, 《진보도 싫고, 보수도 싫은데요》, 이담북스, 2020, 11쪽, 55쪽.

14. 기독교민주당·기독교사회당의 '청년연합JU', 사회민주당의 '청년사회주의자Jusos', 자유민주당의 '청년자유주의자Junge Liberale' 등이 활동하고 있음.

15. 이동수, 앞의 책, 57쪽.

16. 라종일 외, 《페레스트로이카의 충격과 파장》, 예진, 1990, 158쪽.

17. 손진석, "원고 없이 80분⋯ 마지막 기자회견서도 빛난 獨 메르켈", 〈조선일보〉 2021년 7월 24일자.

18. 강인선, "메르켈 총리는 왜 사생활 노출을 꺼렸을까", 〈조선일보〉 2021년 10월 15일자.

19. 박진영, "정직 실용주의로 16년간 독일 국정 안정적으로 이끌어", 〈세계일보〉 2021년 8월 7일자.

20. 안두원·김제관·김덕식·고보현, "뚝심의 마크롱 '퍼주는 복지 끝⋯ 이젠 일하자'", 〈매일경제〉 2020년 1월 3일자.

21. https://en.wikipedia.org/wiki/David_Cameron.

22. 에마뉘엘 마크롱, 《마크롱 혁명》, 북스타, 2018, 266~270쪽.

23. 손진석, "반대 무릅쓰고 백신 의무화 승부수 마크롱 지지율 한달새 41%로 상승", 〈조선일보〉 2021년 8월 24일자.

24. 한혜란, "프랑스 대통령 4명 배출한 '권력의 산실' ENA 내년 해체", 〈연합뉴스〉 2021년 4월 9일자.

25. 에마뉘엘 마크롱, 앞의 책, 37쪽.

26. 위의 책, 77~78쪽.

27. 위의 책, 144~145쪽.

28. 장덕진, 앞의 글, 표2 부분 인용.

29. 안두원, "31개국 3040 영리더십… 10년 넘는 정치경력으로 기득권 허문다", 〈매일경제〉 2020년 1월 1일자.

30. 최익재, "유럽·미국은 '유스퀘이크' 3040 정치혁명 중", 〈중앙선데이〉 2019년 4월 6일자.

31. https://en.wikipedia.org/wiki/Alexandria_Ocasio-Cortez. 실제로 자본주의는 상위 1퍼센트 초부유층만을 위한 경제 체제라면서 민주사회주의적 방법을 통해 자본주의를 폐지시켜야 한다고 주장함. 2018년 민주당 후보 경선에서 57.13퍼센트의 득표를 얻어 42.5퍼센트를 득표한 조 크롤리 민주당 하원 원내의장을 꺾고 후보직을 거머쥐었다. 크롤리는 당시 10선 현역 하원의원으로 낸시 펠로시에 이어 차기 민주당 원내대표가 될 가능성이 있었기에 이 결과는 이변으로 받아들여졌다. 샌더스는 "진보 풀뿌리 정치가 어디까지 갈 수 있는지를 보여주는 예"라며 크게 환영했다.

32. 고정애, "벨기에 38세 총리 등장…유럽 '젊은 리더' 바람", 〈중앙일보〉 2014년 10월 15일자.

33. https://ko.wikipedia.org/wiki/%EC%95%8C%EB%A0%89%EC%82%B0%EB%8D%94%EB%A5%B4_%EB%8D%94%ED%81%AC%EB%A1%9C.

34. https://en.wikipedia.org/wiki/Alexander_De_Croo.

35. https://ko.wikipedia.org/wiki/%EC%A0%9C%EB%B0%94%EC%8A%A4%ED%8B%B0%EC%95%88_%EC%BF%A0%EB%A5%B4%EC%B8%A0.

36. 안두원, 앞의 기사.

37. https://en.wikipedia.org/wiki/Mette_Frederiksen.

38. https://ko.wikipedia.org/wiki/%EB%A9%94%ED%85%8C_%ED%94%84%EB%A0%88%EB%8D%B0%EB%A6%AD%EC%84%BC.

39. https://blog.naver.com/coolmech/221783881331. "2020 신년기획-젊은 리더가 이끈다 ③연말 대중교통 무료·로봇이 키위 수확…뉴질랜드 전체가 실험실", 2020년 1월 17일.

40. 정교욱, "뉴질랜드 실업률, 거의 1년 만에 '최저치'로 떨어져", 〈뉴스코리아〉 2021년 8월 5일자.

41. "2020 신년기획-젊은 리더가 이끈다 ③연말 대중교통 무료·로봇이 키위 수확…뉴질랜드 전체가 실험실", 앞의 블로그.

42. 2020년 3월 14일, 코로나19 대유행에 맞서 정부는 3월 15일 자정부터 뉴질랜드에 입국하는 모든 사람에게 14일 동안 자가격리를 요구할 것이라고 발표했다. 뉴질랜드는 "세계 어느 나라든 폭넓고 힘든 국경 제한"을 의미한다면서 뉴질랜드의 국경이 3월 20일 오후 11시 59분 이후 모든 비시민권자와 비영주권자에게 폐쇄될 것이라고 말했다. 아던 총리는 뉴질랜드가 3월 25일 오후 11시 59분에 전국적 폐쇄를 포함한 경

청년을 위한 정치는 없다

보 레벨 4로 이동할 것이라고 발표했다. 국내외 언론은 아던 정부의 대응을 다루면서 그의 리더십과 뉴질랜드의 신속한 대응을 칭찬했다. 〈워싱턴포스트〉는 아던과 인터뷰하면서 기자회견 및 소셜미디어를 정기적으로 사용하는 것을 두고 "위기 커뮤니케이션의 마스터 클래스"로 묘사했다.

43. 김혜영·이혜미·조희연·권현지, "젊은 정치 실종… 아프니까 '청년 정치'다?", 〈한국일보〉 2020년 6월 18일자.

44. 도리스 컨스 굿윈, 《혼돈의 시대 리더의 탄생》, 로크미디어, 2003, 71쪽.

45. 위의 책, 81쪽.

46. 필자가 오래전부터 생각한 바람직한 정치가의 역할이다. 특히 대통령의 역할은 사회적 안정자stabilizer와 정치적 조정자coordinator의 조합이다.

47. 도리스 컨스 굿윈, 앞의 책, 117쪽.

48. 권강영, 《톱 리더의 조건》, 클라우드나인, 2015, 31~33쪽.

참고문헌

file:///C:/Users/user/Downloads/societies-08-00101.pdf.

http://weekly.chosun.com/client/news/viw.asp?ctcd=c01&nNewsNumb=002316100004.

http://weekly.chosun.com/client/news/viw.asp?ctcd=c01&nNewsNumb=002316100006.

https://aceproject.org/ace-en/topics/yt/yt10/yt210/the-importance-of-youth-participation-in-formal.

https://en.wikipedia.org/wiki/David_Cameron.

https://en.wikipedia.org/wiki/Emmanuel_Macron.

https://en.wikipedia.org/wiki/Jacinda_Ardern.

https://en.wikipedia.org/wiki/Youth_politics.

https://theconversation.com/britains-young-people-are-getting-back-into-politics-at-last-76682.

https://www.frontiersin.org/articles/10.3389/fpos.2020.00001/full#h8.

https://www.jrf.org.uk/sites/default/files/jrf/migrated/files/1859353096.pdf.

https://www.ntu.ac.uk/research/groups-and-centres/projects/young-people-and-politics-britain.

https://www.thegentlemansjournal.com/article/25-powerful-people-british-politics.

https://www.yna.co.kr/view/AKR20201216099400082.

강원택, 《보수는 어떻게 살아남았나: 영국 보수당 300년, 몰락과 재기의 역사》, 21세기북스, 2020.

강원택, 《어떻게 바꿀 것인가: 비정상 정치의 정상화를 위한 첫 질문》, 이와우, 2016.

권광영, 《톱리더의 조건: 결국 국가와 기업의 미래는 리더에게 달려 있다!》, 클라우드나인, 2015.

김봉중, 《무엇이 대통령을 만드는가: 위대한 대통령을 만든 네 가지 철학》, 위즈덤하우스, 2012.

도리스 컨스 굿윈, 《혼돈의 시대 리더의 탄생》, 커넥팅, 2020.

라종일 외, 《페레스트로이카의 충격과 파장》, 예진, 1990.

라종일 외, 《한국의 불행한 대통령들》, 파람북, 2020.

라종일, 《세계의 발견》, 경희대학교출판문화원, 2010.

매슈 크보트럽, 《앙겔라 메르켈: 유럽에서 가장 영향력 있는 리더》, 한국경제신문, 2017.

박지향, 《정당의 생명력: 영국 보수당》, 서울대학교출판문화원, 2017.

박찬욱, 〈의회 리더십의 이론과 실제: 미국과 영국 하원을 중심으로〉, 《의정연구》 제3권
　　제1호, 1997.

서현진, 〈정당 활동가의 의회충원에 관한 연구: 19대 총선을 중심으로〉, 《한국정치연구》
　　제23집 제1호, 2014.

슈테판 코르넬리우스, 《위기의 시대 메르켈의 시대》, 책담, 2014.

에마뉘엘 마크롱, 《마크롱 혁명》, 북스타, 2018.

오호택·김재선, 〈국회의원선거 공천제도 개선에 관한 연구: 미국의 제도와 시사점을 중
　　심으로〉, 《미국헌법연구》 제26권 제3호, 2015.

윤여준 외, 《문제는 리더다: 정관용이 묻고 남재희, 김종인, 윤여준, 이해찬이 답하다》,
　　메디치미디어, 2010.

이동수, 《진보도 싫고, 보수도 싫은데요》, 이담북스, 2020.

이은애, 〈정치제도가 정치적 리더십 스타일에 미치는 영향〉, 연세대학교대학원 석사논
　　문, 2005.

장덕진, 〈정치 엘리트 생성 메커니즘의 국제비교: 영국, 프랑스, 독일을 중심으로〉, 포항
　　공대 박태준미래전략문제연구소 포럼 발표문, 2014.

토니 블레어, 《토니 블레어의 여정》, 알에이치코리아, 2014.

한국의회발전연구회, 〈의회 및 정당의 정치교육 비교연구: 영국·프랑스·독일·일본·미국
　　의 사례를 중심으로〉, 국회 연구프로젝트 보고서, 2011.

한규선, 〈영국의 정치교육: 시티즌십 교육의 국가교육과정 필수교과 제정을 중심으로〉,
　　《Journal of Political Criticism》, 2013.

홍득표, 〈서양의 정치교육 체제와 내용: 미국·영국을 중심으로〉, 《인하교육연구》 제4호,
　　1998.

홍석민, 〈전후 영국의 합의의 정치의 본질〉, 《영국연구》, 2013.

청년을 위한 정치는 없다

1판 1쇄 찍음 2022년 01월 05일
1판 1쇄 펴냄 2022년 01월 20일

지은이 라종일·현종희·라경수·이나미·이상호·이현출·허태회·황인수
펴낸이 천경호
종이 월드페이퍼
제작 (주)아트인
펴낸곳 루아크
출판등록 2015년 11월 10일 제2021-000135호
주소 10083 경기도 파주시 회동길 480, 아트팩토리 NJF B동 233호
전화 031.998.6872
팩스 031.5171.3557
이메일 ruachbook@hanmail.net

ISBN 979-11-88296-54-5 03300